ちくま新書

日本が外資に喰われる

中尾茂夫
Nakao Shigeo

JN259804

1394

日本が外資に喰われる【目次】

プロローグ――「失われた三十年」とは何か

†不良債権の変貌

バブル全盛期だった一九八〇年代後半、皇居と同じ広さの不動産価値がカリフォルニア州全体の価値を凌ぐほどに高騰し、投資家は世界中から美術品を買い漁った。ゴッホの「ひまわり」は、安田火災によって約五三億円で落札された。ソニーはコロンビア・ピクチャーズを、松下はユニバーサル・スタジオを、三菱地所はロックフェラーセンター・ビルを買った。ジャパンマネーの席巻ぶりは、常軌を逸していた。(1) 一九八九年末、東京証券取引所の時価総額は、ニューヨークを抜いて世界一を記録した。

しかし、わずか数年で、世相は一変した。一九九〇年代以降、バブルが崩壊して後、当初言われた「失われた十年」は、「失われた二十年」となり、今や「失われた三十年」を迎えようとしている。まるで、バブル崩壊という経済現象を不可逆的な自然現象として認識し、人間の我欲《がよく》に原因を求める見解が流布したが、どうも納得できないというのが、大方の印象ではないだろうか。

その真相を辿っていけば、日本全体を揺るがした不良債権問題が浮上してくる。一九九七年十一月、北海道唯一の都銀だった北海道拓殖銀行の倒産、創業百年の山一證券の廃業を始め、翌一九九八年には日本長期信用銀行、日本債券信用銀行がともに消えた。二一世紀に入ると、「主婦の店」として一世を風靡した中内ダイエーが姿を消した。官民一体型の超優良企業だったはずの日本航空JALも二〇一〇年に破綻した。

振り返れば、不良債権問題が深刻化し始めた一九九〇年代、その解決に努めた銀行幹部が殺害されたり、自殺する事件が頻発したが、そのほとんどが未解決のまま今日に至っている。しかし、ふと気が付くと、当の不良債権問題は、いつの頃からかダークなイメージではなくなり、不良債権ビジネスという高収益を生む投資案件に変質していた。

そのカラクリを解くには、倒産をビジネス・チャンスと捉え、不良債権を安価で買い叩くという行為が鍵となる。その買い手は、俗に言う外資系投資ファンド（vulture investorと称される）だった。そして、次々と日本企業の所有権が外資系へと移り、「不良債権は蜜の味」(2)と言われるほどに盛況を極めた。この所有権の移転は、はたして正当なビジネス行為だったのだろうか。今、まさに検証の必要がある案件と言える。

二十年ほど前、この不良債権の外資系投資ファンドへの売却を決定した当時の政界有力者は、今なお、これを正当な政策だったと言えるのだろうか。

一方、かつて不良債権処理に躍起となった、不良債権の売り手たる邦銀は、今では借り手不在のまま低収益性と運用難に沈み、大手メガバンクから中小の地方銀行や信用金庫に至るまで、預貸比率（預金に対する貸付の比率）は低下の一途を辿っている。集めた預金の運用先（借り手）を欠く状態で、どこも生き残るのに必死である。

不良債権処理がブームだった二〇〇二―〇三年、「不良債権処理なくば景気回復なし」という政府筋の号令が鳴り響いたが、問題は、その不良債権処理の内容である。また、不良債権を処理しても、景気回復にはつながらなかったという現状をどう説明するのか。結果的に、不良債権を売却した邦銀は貸し手として撤退し、不良債権を買った外資系は日本経済における存在感を急速に高めている。

一方、「預金から投資へ」という文言が躍りながらも、証券勢もけっして明るくはない。山一廃業の後も、日興証券は、シティバンク傘下の日興コーディアル時代を経て、三井住友銀行に買収され、二〇一一年にSMBC日興証券と名を変えた（三井住友FGの子会社で非上場）。証券界の雄だった野村は名門投資銀行を目指し、二〇〇八年に倒産したアメリカの投資銀行リーマン・ブラザーズの元社員を破格の高給で再雇用したが、格差歴然の日本人社員に不平不満が溜まるという社内事情が聞こえてくる。

†外国資本の増大

ＯＥＣＤ（経済協力開発機構、本部はパリ）加盟三十五ヵ国の外国人移住者統計（二〇一五年。現在は三十六ヵ国）で、日本への流入外国人は、前年比約五万五〇〇〇人増の約三九万人となり、一位のドイツ、二位のアメリカ、三位のイギリスに次ぐ数字を記録した。(3)

概して、流入外国人と言えば、観光目的で来日する短期滞在者が消費するインバウンド効果ばかりが喧伝されがちだが、すでに移民として、長期滞在の外国人も、日本の少子高齢化による労働力不足を補う形で、流入者数が増えていることを窺わせる。ドイツやアメリカの移民数には遠く及ばず、あくまで単年度の数字であり、二〇一一年の東日本大震災で大きく減った流入数のリバウンド効果も否めないが、日本がＯＥＣＤ諸国中で四位とは、想像を超える、意外な多さである。

たしかに周囲を見渡せば、コンビニやスーパー・マーケット、ホテルや居酒屋、介護施設や家政婦業に至るまで、あらゆる労働現場で外国人労働者の姿は増えた。日本人の若者が嫌がる工事現場や製造業の工場に至っては、外国人がいなければ現場は成り立たない。日本人の若者が寄り付かない厳しい労働現場を、外国人労働力が埋めているのである。

しかし、そういった光景は、単純労働や低賃金労働ばかりではない。大手企業の役員にも多くの外国人を見かけるようになった。外資と言えば、通信会社のブルームバーグ、ファッション・ブランドのグッチ、ホテルのヒルトンといった、そもそもの外資系が思い浮かぶかもしれない。しかし、今や、多くの日本企業の大口株主を海外投資家が占め、経営者・役員に、外国人が就くことは珍しくなくなった。

フランスのルノーから派遣され、日産の経営再建に辣腕を振るいながら、二〇一八年十一月、自身の巨額報酬の有価証券報告書虚偽記載による金融商品取引法違反の容疑で、電撃的に逮捕されたカルロス・ゴーンは、その草分け的存在だった。

ちなみに、経営危機に陥り台湾のホンハイに買収されたシャープの外国人持ち株比率は、六九%である（二〇一八年十月十一日）。原発大手の米ウェスティングハウスの買収失敗によって、返済困難なほどの負債が嵩《かさ》み、本体の経営危機に跳ね返ってきた東芝の外国人株主比率は七二%である（同右）。

買収目的は、日本企業の技術であり、日本人という良質な労働力であり、そして消費市場としての日本の魅力が考えられる。ともあれ、日本資本だけでは経営が成り立たず、外資に買収されたのである。

実は外資か否かの線引き自体、容易ではない。たとえば、東京日比谷にある帝国ホテルの筆頭株主（ここ数年、三三・二%の保有比率[4]）には三井不動産が座るが、三井不動産そのものの外国人所有比率は五一・四％（二〇一八年十月十一日）[5]に及ぶ。帝国ホテルは、かつて米投資ファンドのサーベラスが筆頭株主だった時代があり、それを三井不動産が買い取った格好になったが、同社自体が、もはや過半が外資所有なのである。

今や、東京証券取引所で現物株式を売買する投資家の中心も海外投資家であり、大阪取引所で日経225（225銘柄の株価指数で日経平均とも言う）先物やTOPIX（東証一部全銘柄株価指数）先物、さらに日本国債先物に投資するのも、圧倒的に海外投資家である。だからこそ、東京や大阪の市場動向は、ニューヨークの株価動向や、日経225先物が上場されているシカゴやシンガポールの取引動向に、きわめて敏感に反応するのである。

一種のブームになっている観光立国化も、その内実は、東京や大阪といったインバウンド効果に沸く大都市部で、その中心に座るのは、日本の大手ホテルではなく、外国資本のレジャー産業である大手多国籍資本である（マリオット、ヒルトン、インターコンチネンタルのビッグ3等）。

たとえば、二〇一七年の都道府県別宿泊施設客室稼働率のトップは大阪府で、次いで東京都だが[6]、大阪のラグジュアリーホテルと言えば、かつてならば大阪最多の客室数を誇るリーガロイヤルホテル大阪がまずは浮かんだが、今やその面影は薄い。

現在、大阪のインバウンド力の存在感を上げるのは、セントレジスホテル大阪、ザ・リッツ・カールトン大阪、大阪マリオット都ホテル、インターコンチネンタルホテル大阪、そして最新は、中之島に建つヒルトン資本の最高級ブランドのコンラッド大阪といった外資系ラグジュアリーホテルである。一方、日本の大型ホテルは、概ね宿泊よりも宴会や婚礼を主とするところが少なくなく、宿泊中心で、しかも稼働率が低くても採算が合うような外資系とはビジネス・モデルが異なる。

†英語教育の過熱

語学教育での変貌も進む。二〇二〇年度からは、小学校での英語教科化（単位としてカリキュラム化）が始まる。子どもたちだけでなく、指導する教師側にも変化が求められている。大学でも、「グローバル人材」の育成という掛け声の下、われもわれもと、海外留学を目指す。

英語教育歴の長い鳥飼玖美子の、「「グローバルな人材とは英語ができる人材」としか考えない表層的な政策」(7)に問題がある、と説くような見解は、あまり省みられない。日本の大学は、まるで海外の有名大学へ日本人学生を斡旋する留学ブローカーのように見える部分も多く、これは国際化ならぬ、空洞化ではないのか、という懸念も消えない。

ここでは、言語こそが、国民国家の独立維持のための最後の砦だという重大なことが忘れられている。たとえばアメリカの政治学者で、言語による文化支配の研究で有名なベネディクト・アンダーソンは、イギリスを代表する劇作家シェイクスピアの作品は、その存命中、英語で書かれたがゆえに、ラテン語が支配的だった中世世界では無名だったが、イギリスの帝国としての台頭とともに知名度が上がったことを指摘している。ラテン語の没落と英語の台頭によって、イギリス以外では無名だったシェイクスピアが世界に名を馳せるようになったのである。(8)つまり言語と覇権とは、歴史的に近しい関係なのである。

少子化が進み、既存の小中学校の統廃合や校舎の取り壊しが増えるなかで、都心でのインターナショナル・スクールは活況を呈している。しかも、就学時の子どものみならず、就学前の低年齢層の子どもが、日本語すらままならないうちから、インターナショナル・スクールに通うケースが増えている。まるで、将来の「勝ち組」を目指し、親がわが子の英才教育に投資しているかのようである。

日本語の基礎すら固まらないうちに、英会話教育が始まり、年齢を重ねることで、どちらも中途半端なアイデンティティが育まれれば、一体、どのような大人に育つのだろうか。思索に耽るときは、日本語なのか、英語なのか。

結局、英語への不必要な敬意や憧憬と、母国語への軽視や蔑視さえ生まれないか。その結果、日本語は英語の下位に位置付けられる言語の階層構造が容易にでき上がる懸念はないのか。ASEANに出向けば、多くのエリートが英語を流暢に話すのは、植民地だった歴史的名残である。逆に、日本は日本語で高等教育ができる稀な国であることを忘れてはなるまい。

英語をうまく喋れない日本人が、アジア人が喋る英語を評して、「かれらの英語はなまっている」と言うのを聞いたことがある。そこには、英語をうまく操れない劣等感と差別意識の入り混じった複雑な心境が覗いていた。英語はコミュニケーションの手段であり、相手に意思が通じればそれでよしというわけにはいかないものか。

日本企業でも、社内言語は英語だという企業が出てきた。英語を流暢に喋り、海外留学組たちが社内や社会で実権を握るようになれば、うまく英語を使えない多くの日本人は肩身の狭い思いをするのではないか。その結果、本来の実力を発揮できずに辞めていく。現に、日本の外資系で働く日本人に、そういう話は少なくない。

要するに人材も資本も、役員から単純労働力に至るまで、外国資本や外国人が増え、自律性を担保する最後の砦であるはずの言語でさえ、英語の席巻が顕著なのである。

アメリカの文化的影響も無視できない。NHKのBSテレビではシーズン中、野球の米メジャーの対戦模様が流れ、アメリカの娯楽の代表のようなハリウッド映画やディズニーランドも、食ではスターバックスコーヒーやマクドナルドも、日本の日常にすっかり溶け込んでいる。なかには、米メジャーを目指す日本のプロ野球選手だけでなく、高校卒業時点でアメリカの大学を目指す若者すら出てきた。

さすがに、日本のアメリカへの属国化を指摘する識者の声が内外から聞こえるが、アメリカの文化やアメリカのビジネスを好意的に報じるメディアの大きな声には敵わない。スマートフォンに至っては、アップルのiphoneは人気が高く、アマゾンも消費者がカスタマーレビューをチェックする相手としてポピュラーである。

ともあれ、外資系が増え、英語が日常生活に不可欠となり、かつての日本的経営も細りつつある時代にあって、時代転換の出発点となった不良債権処理ビジネスに関わる政治経済力学を中心に、いかにして「失われた三十年」が演出されたのかを解いてみたい。

第1章 封建的市場主義の席巻

†資本&労働への偏見

一般に資本と言えば、資本と労働による労資交渉といった対立像が浮かぶ。しかしそうした見方は、企業における資本と労働の対立や闘争を必然視する階級史観だという理由から、避けられる傾向が強い。したがって資本家ではなく経営者、同様に労働者ではなく従業員という、対立色をできるだけ消し去った語彙が好まれる。

「和を以て貴しと為す」の聖徳太子に始まり、「仲よき事は美くしき哉《かな》」の武者小路実篤に至るまで、日本を覆う「和イデオロギー」とは相容れないからだろう。資本主義だとはいいながら、資本家も労働者もともに意識されない風土なのである。

『21世紀の資本』(1)という話題の本の著者、フランスの経済学者トマ・ピケティ来日の折、「資本」という語彙が使われたせいか、共産主義やマルクス主義との異同を問う質問が多かった印象が残る。資本を論議することをタブー視してきた日本的風土の反映だろう。

一方、資本という言葉が普通に使われる場合がある。会計や経理で記帳されるときである。資産や負債同様、資本も簿記・帳簿のなかではテクニカルに処理され、対立色とは無縁となる。

一九九〇年代の金融機関を規制したスイスのバーゼルに本拠を構えるBIS（国際決済

銀行）の自己資本比率（自己資本÷総資産）規制の影響で、銀行の健全性を問う概念として、自己資本比率という語彙も周知のものになった。これも、それまでの日本的風土には欠けた概念であり、外圧への対処の結果であり、邦銀経営を縛る大きな足枷《あしかせ》となった。日本的企業風土とは、「いいモノを安く売る」精神で、それは自己資本云々とは無縁だったからである。

いずれにせよ、これまでは人々の関心が資本の役割に集まることは稀だったのであり、「資本とは何ぞや」と正面から問われることも少なかった。さらに資本家とはいっても、自らのカネを事業に投じ、膨大な資産を所有する実例を見ることは少ない。その多くは家族経営で借金を抱え、わずかな従業員を雇い、経営を維持するのに追われていて、超富裕層という資本家イメージはポピュラーではない。

一方、大会社の経営者と言えば、自身では株式を持たず、大口株主はほとんど法人であり、しかも法人が所有する相手方も、法人による相互持合いであり、どこまで行っても個人が登場しない。つまり日本の大会社の株主には、アメリカのビル・ゲイツやウォーレン・バフェットといった資本家、あるいは大投資家はなかなか見当たらない。資本主義とはいいながらも、「所有なき資本主義」と揶揄《やゆ》される所以はここにある。

日本版の超富裕資本家を狙ったような堀江貴文によるライブドア経営は、株価操縦を意図しただけの犯罪（証券取引法違反）が露わになって、時価主義経営の胡散臭《うさんくさ》さとともに、東証マザーズから追放された。二〇〇六年一月、堀江は逮捕され、拘置所までの護送がテレビで実況中継された。

そういった株取引の犯罪性への無知は、ライブドアのような新規参入者だけではなく、西武資本のような巨大な老舗でも同じだった。二〇〇五年三月、グループの総帥だった堤義明がやはり証券取引法違反容疑で逮捕され、東証上場廃止に追い込まれた。特定の少数株主への過度な所有集中が、株式公開の意義を殺ぐという犯罪性が指弾された。その後、西武の大株主として登場したのはアメリカの投資ファンドであるサーベラスだった。

こういった日本社会を覆う空気は、経営者から資本家意識を失わせ、従業員にも労働者意識を希薄にさせるように作用する。いずれも組織に対する帰属意識（「俺は三菱」「わたしは三井」意識）こそ強烈だが、経営者は資本の動きを熟知せず（「法人資本主義」論の論客だった経済学者の奥村宏が喝破したように、相互持合いは無責任経営を生む(2)）、労働者も所属する組織のブランドに拘泥するものの、労働者意識は希薄である。

つまり、大企業で働く労働者は数十年、同じ会社で頑張ったら、もしかしたらトップの経営者の座につく可能性もあり、労働者という自覚は弱い。経営者も労働者もともに、「同じ釜の飯を食った者」というアイデンティティが抱かれるとなれば、企業を称してイエ社会と評されるのも無理はない。役員も従業員も、まるで三菱や三井や住友という一つの「イエ」や「藩」に帰属する家臣なのである。

企業に内定した学生は、入社前から内定先の企業を「ウチの会社」と呼び始めることが多い。そこには、契約に基づき企業で働くというよりも、勤務先企業にアイデンティティを重ねる感覚が強い。三菱や三井や住友というブランド企業で働く労働者は、薩摩や長州といった江戸時代の藩意識の現代版だろうか。

もちろん法的には、経営者と労働者は雇用契約を結ぶ関係にある。しかしどちらの当事者にも、実質、そういった雇用契約で結ばれているという自覚は薄い。どちらも同じ会社に所属する一員としての気分が強く、封建制下における「殿と臣下」の主従関係に基づく藩意識に近いと思われる。

退職した会社員が、「長年世話になった会社へ、ご恩を返さなければならない」と心情を吐露するのを聞いたことがあるが、まさに、そうした心情は多くの会社員に共通するのかもしれない。

日本は共同体資本主義だと言われるが、社長・会長から新卒に至るすべての会社員が当該会社への帰属意識を抱くのである。労資双方に、所属意識は濃厚だが、雇用契約意識は薄い。

†「階層性崇拝」

投資銀行から大学に転じたジャパン・スペシャリストのターガート・マーフィーは、日本人の精神的特徴を、江戸期朱子学の階層序列に拘泥する「階層性崇拝」だと見なし、日本人のメンタリティを深層において縛る根源として、明治以降の近代よりも、それ以前の江戸時代の影響の方が大きいと読み解く。

一方、支配される側の国民性として、いつも「仕方がない」と自分に言い聞かせ、周囲の状況に自らを順応させる「被害者意識」が濃厚で、自分の意志で行動する「主体性」が欠如した世界に生きているという感覚が社会的に蔓延している、とも言う。

マーフィーは、日本人を縛る歴史貫通的なメンタリティとは、民主主義とは対照的な階層性崇拝的な朱子学に基づく思考様式であり、そうした精神は、江戸時代において、その礎《いしずえ》が築かれ、幕府という中央集権国家による藩支配が原型となったと解説する。

そうした長い歴史的経験を有するからこそ、江戸時代に始まった異端排除目的で相互監視を図る隣組制度から、戦時ファシズム期における特高等の民衆生活監視に至るまで、いずれも人権侵害的で抑圧的な行為そのものですら、明治以降の近代社会にあっても親和的に受け入れられたのだ、と。

国際的には、東アジアの係争を協議する場が、アジア域内にはなく、もっぱらアメリカの意向に配慮し、外交権も安全保障権もなく、ひたすら対米従属化を好んで受容する日本は独立国とは言えず、保護国に近い。つまり戦後占領は今も続くという、日本人にとっては悲しく耳の痛い状況を指摘する。

しかも、こういった権力構造を維持する巧妙な仕掛けが、浮世絵から忠臣蔵や水戸黄門に至るまで、文化の隅々にまで浸透していることに特徴があるが、その一例として、権力批判に立ち上がったかつての学生運動の闘士ですら、階層性への拘泥という点では、権力を支えるエリート側の人間と同根の思考様式だったことを挙げる。

かくて、マーフィーは明治維新とは下級武士による体制内クーデターだったとして、その性格規定から革命性を剝ぎ取る。明治維新による近代社会の開始という時代性は否定され、江戸と明治以降に共通する、階層性への拘泥という朱子学的メンタリティがアメリカに対する属国性の性格と調和するのである(3)。

†森嶋通夫の儒教解釈

一方、ロンドンから舌鋒鋭い言説を投げ続けた森嶋通夫は、同じ儒教であっても、「仁」「義」を貴ぶ中国風と、「忠」を何よりも貴ぶ日本風とは異なるという興味深い儒教比較論から日中風土の相違を説いた。同じ名の儒教とはいえ、そこから見える、日中における儒教イメージはまるで異なる。

中国の儒教には、日本では最高位の徳目である「忠」はない。逆に、中国では最高に位置する「仁」が、日本の儒教の教えでは重視されない。ちなみに、「仁」とは「他人に対する親愛の情」のこと、「義」とは「正しい行い」のことで、「利」や「欲」とは対立する概念である。

このように、「仁」の軽視と「忠」の重視を日本的儒教の特徴だと捉える森嶋は、「忠は、日本では孝や悌と三位一体の関係にある概念であり、これらはそれぞれ社会の権力的、血縁的、年齢的上下関係を拘束した」と指摘している(4)。

たしかに、親子や兄弟姉妹、あるいは先輩後輩や上司部下や男女といった人間関係には、対等というよりも、階層序列という上下関係の「分」に拘泥する性格が根強い。「分」を守る姿勢と、「忠」に徹する思考は同列のものだろう。「分をわきまえる」といった言い方は、今も活きている。

さらに森嶋は、その晩年、日本没落の必然性を熱心に説き、警鐘を鳴らし続けた。森嶋が主張した起死回生の政策提案は東アジア共同体の形成だったが、多分、そうした政策を採ることは、アジアを見下す日本の政権中枢に座るエリートには不可能だろうから、したがって日本没落は必至だという遺言を残し、二〇〇四年に没した(5)。

実際、その後日本が辿った政治経済の失速ぶりとアジアでの孤立、つまり総体としての日本の没落は、森嶋の予想を上回るハイペースで進んでいると言わざるをえない。

本家中国の原意を修正して日本で適用されることは、社会的合意を支える風土の歴史的性格を知るうえで、すこぶる興味深い。マーフィーと森嶋に共通する認識は、いずれも日本人の思考様式を縛るメンタリティとして、厳しい上下関係や階層秩序の維持こそが、日本社会の時代を超えて貫く特徴だと説いたことである。マーフィーはその原理を朱子学の「階層性崇拝」に求め、森嶋は儒教に対する日本的読み替えから、日本人のメンタリティの基軸を「忠」だと説いたのである。

いずれから見ても、今日、上位の権力に対する過剰なまでの配慮を意味する「忖度《そんたく》」という語彙が流行るのも頷《うなず》ける。あるいは「空気を読む」という言い方も、上下関係とは無縁な平等や博愛への配慮はほとんどない。そうしたメンタリティの歴史的継続こそが日本人を縛る古層だという点で、両者の主張は一致する。

†マーフィーと森嶋の共通点

二人に共通するのは、日本の経済社会の全体像を、居住する人々の思考様式や文化・習俗から、国際政治や国際関係の諸力に至るまで踏み込んで捉えようとしていることである。その社会評論の学問的意義について付言してみたい。

一般に、分業が生産力拡大の重要な鍵であることは、経済学ではアダム・スミス以来の定石である。歴史的にも農工間分業が市場取引を生み出し、資本主義勃興につながったとみる見解が有力だろう。しかしながらあまりにも分業が進むと、個別の研究こそは進むが、それが全体構造のなかでどういう意味合いを持つかについては、見えにくくなってしまうことも少なくない。

経済学でも、市場や生産や消費は語っても、人間も生活も、ましてや国家や社会は語られなくなることが増えた。市場均衡や不均衡が数式で分析されればされるほど、人間の生の苦痛や社会の抱える問題は語られなくなり、経済の主役たるべき人間が消えてしまう。当初の政治経済学（political economy）としての性格を失い、政治や人間をまるで語らない数理経済学が主流となった。

二人の仕事が魅力的なのは、二人が日本社会の全体像を語り、そこに居住する人々の思考様式を分析し、現代という時代の歴史的位置づけにまで論及したからである。しかも、市場取引の現場に対しても、マーフィーは元投資銀行家としての経験から、また森嶋は奥村宏の法人資本主義分析を援用しながら、二人とも、市場をけっして抽象論では語らなかった。

アメリカ人ながらマーフィーは、主権者としての自覚を欠く日本人の哀しい歴史的呪縛の謎を、「階層性崇拝」という語彙で解いた。アメリカの強圧に主権を踏みにじられ、江戸時代以降の封建制的価値観に呪縛される日本社会に同情し、他方で、日本の主権に縛りをかけるアメリカのジャパン・ハンズの面々を痛罵する。その筆致に、マーフィーの日本贔屓の感情が覗く。

数理経済学者として業績を積み重ねた森嶋だが、晩年は専門的な数式を一切使わず、言葉だけで日本社会を語った。儒教論議から東アジア共同体論議まで、日本人の思考様式に焦点を当て、日本経済の高成長という「成功」がいかにして没落という「失敗」に逆転するのか、そのメカニズムを追った。

森嶋は、昨今流行《はや》りの海外留学組ではない。「メイド・イン・ジャパン」の経済学者としてのプライドをもっていた。一九九八年の大阪市立大学での講演で開口一番、「わたしはヒックスの弟子ではありません。かれはわたしの同僚です」と発言したことが筆者の印象に残る。ジョン・ヒックスはイギリスを代表する経済学者で、ノーベル経済学賞受賞者としても有名である。

森嶋は元大阪大学教授だったが、そこでの人間関係に嫌気がさし、イギリスに脱出し、ロンドン・スクール・オブ・エコノミクス（LSE）初の日本人教授となった。日本人的な「和」を嫌い、歯に衣を着せない辛口の評論活動が目立った。しかも、ノーベル経済学賞にノミネートされた数少ない日本人としても名を遺した。

†江戸封建制の風景

封建制の残滓《ざんし》は、日本の各地に宿る。たとえば二〇一五年春、北陸新幹線開通に沸いた金沢では、今でも、江戸時代の殿様前田家への愛着が強い。金沢城跡や兼六園だけでなく、武家屋敷跡も茶屋街も、まるで江戸時代そのままである。江戸期の景観が残ったのは、金沢や、その隣の小松が第二次大戦での空爆を受けなかったためで、街並みのほとんどが空爆を受けた東隣の富山市とは対照的である。

市中心部の尾山神社には、藩祖前田利家とその正妻のおまつの方が祀られている。そこに居住する人々が金沢ブランドに依拠するアイデンティティは、明治以降の近代ではなく、江戸時代の加賀百万石への誇りなのである。

石川県小松市の日本海側にある安宅《あたか》の関では、家来の弁慶が、源義経の命を助けるためとはいえ無礼を働き、涙ながらに詫《わ》びるという歌舞伎勧進帳《かんじんちょう》の世界が、美談として語り継がれる。勧進帳は今もなお、忠臣蔵と並ぶ人気演目である。その忠義を尊ぶ精神が、日本人の琴線に触れるのである。

近代日本を象徴する大都市東京も、江戸の構造を引き継ぐ。東京には、江戸時代の三百を超す広大な大名屋敷跡（藩主とその家族が居住する上屋敷、客人接待などのための別邸だった下屋敷）が残る。加賀百万石の前田家上屋敷が、現在の東京大学本郷キャンパスである。一方、港区芝界隈には、かつて広大な薩摩屋敷跡があり、幕末期の西郷隆盛と勝海舟の江戸城無血開城をめぐる談判《だんぱん》跡が残る。

江戸は、町人の居住地よりも、面積比でははるかに広い武家社会が聳《そび》え、明治近代は理念では江戸を封建遺制として否定したものの、実際には、大名屋敷等の江戸の地盤をしっかりと受け継いでいる。

芝公園に近い増上寺は徳川将軍家の菩提寺で、大石内蔵助《くらのすけ》を始め元禄討ち入りの赤穂浪士は高輪泉岳寺に眠る。東海道新幹線停車駅の品川も、江戸唯一の東海道五十三次の宿場町で、江戸情緒を「売り」にする歴史の風情は今も観光資源である。品川駅の南側に位置する御殿山の殿とは、徳川家康を指す。

そもそも資本の出自にしても、財閥の筆頭たる三菱資本の創業者の岩崎弥太郎は、下級とはいえ武士であり、江戸末期の長崎土佐商会の責任者である。封建領主を打倒し資本主義の扉を開けた西欧的ブルジョワジーではない。資本も国家官僚も、多くが江戸期の武士階級であり、革命という階級逆転は起こっていない。

封建制への郷愁は、東北仙台に行けば、殿様・伊達政宗への敬愛が強く、伊達家に関係する歴史的遺物が多い。福島県会津でも、明治期以降の福島県という行政区切りよりも、会津という藩意識が、アイデンティティとして今も強い。逆に福島市は、県央を南北に走る奥羽山脈で隔てられた会津よりも、むしろ仙台との行き交いが密である。

戦前、「東洋のマンチェスター」と称された商都・大阪は、明治期以降の工業・商業発展（その象徴が大阪取引所前に立つ五代友厚だろう）だけでなく、天下人・豊臣秀吉や、秀吉に殉じて「大坂の陣」で散った真田幸村への思慕が深い。

大阪環状線の玉造駅近くには、幸村が家康と戦った真田丸という出城跡があり、明智光秀の娘でキリシタン姫の細川ガラシャも眠る。江戸期の文芸を象徴する近松門左衛門や井原西鶴は江戸期が誇る上方文学だし、北浜の適塾《てきじゆく》は江戸後期に緒方洪庵が建立した学問所である。

日本的価値観や伝統文化として語り継がれる内容には、近代以前のものが多い。茶の間で人気を集めるテレビドラマは、先の源義経を始め、豊臣秀吉の立身出世、水戸黄門道中記、赤穂浪士忠臣蔵、坂本龍馬の薩長同盟仲介等々である。マーフィーの言うように、明治維新を、武家政権内部における体制内クーデターだったと捉えると、俄然、近代日本の歴史的評価は変わってくる。

たしかに、明治期には、サムライがいなくなり、形式的には「四民平等」が成立した。しかしながら、徳川幕府は倒れたものの、封建制打倒を掲げて闘った市民やブルジョアジーは不在だった。ましてや、幕末をへて出来上がった明治新政府は、共和制の政治形態は薄く、古《いにしえ》の天皇を将軍に代えて担ぎ出す王政復古だったことを忘れてはならない。

この近代の出発が、政治形態として王政復古だったことの意味合いは大きい。幼い明治天皇を頂点に担いだ西南雄藩の下級武士たちは、権力と権威の二重構造を作為的に作り上げた。真の政治権力は権威の陰に隠れ、表には表出しないという社会構造はその後も長く続いた。

現在の官庁各省庁のトップを見ても、表向きは大臣だが、実権は事務方トップの事務次官が握り、現場の仕切り役の権限は局長が握る、という関係に似る。日本では実際に権力を掌握する者は表面には出ず、隠然と振る舞うことが伝統なのかもしれない。ガヴァナンスの仕組みは判然とせず、ぼんやりとするのが相応しいということである。「神輿《みこし》は軽いほうがいい」というのはそのような権力構造を指している。その結果、責任の所在が不明で、無責任体制になってしまう。

「和魂洋才」という言葉がある。日本各地に封建制の遺物がしたたかに残っているのは、そうした歴史風土の名残である。それは今も社会の中枢にデンと座り、脳裏を差配している。

一方、近年、江戸時代再評価、明治維新見直しといった論調が一種のブームとなっている。それは、江戸時代をもって日本近代の出発点と見なし、封建制下の暗い江戸時代像を否定し、戦争のない平和な二百六十数年だったと、前向きに捉えるもので、「パックス・トクガワーナ」とも称される。

だが、ターガート・マーフィーは、そういった平和で安定的だった社会としてではなく、朱子学のヒエラルキー概念の強い、階層序列意識が育まれた社会として江戸時代を捉え、しかも、そういった序列意識が明治近代以降も脈々として続き、今日に至っていると捉える点で、特徴がある。江戸、明治、戦後と、連綿と続く日本人特有の考え方の底流に流れる共通性である。

テレビドラマの水戸黄門や大岡越前が、長年にわたって茶の間で支持を受け続けたのは、誰もあれが史実そのままとは思わないにしろ、人情味溢れる「お上《かみ》」が仕切るドラマの筋書きが、日本人好みの権力観だったからだろう。一見、偏見から自由に見えそうな若い受験生も、偏差値ランキングという物差しによる「階層性崇拝」から離れられない。

†「会社員」とは何か

「職業は会社員」というアイデンティティは日本人特有のメンタリティではないだろうか。職業が商社マンとか銀行員ではなく、会社員というのは一見不思議である。とはいえ、日本で自らの帰属意識を際立たせるものと言えば、それは会社だろう。

欧米では「my company（わたしの会社）」とは株主の発する言葉である。ところが、日本では「ウチの会社」という台詞を吐くのは、所有とは無縁の従業員である。

日本では、まったくのオーナー企業なら別だが、どこまで出世しても、サラリーマン重役で役員が占められ、所有とは無縁な役員が経営者の椅子に座る。とくに大企業であればあるほど、その傾向が強い。かれらに資本家意識はないし、資本家というほどの潤沢な資産もない場合が多い。

もちろんシステムとしては資本主義だから所有と無縁ではない。たとえば三菱重工が三菱商事の株式を所有し、逆に三菱商事が三菱重工の株式を所有するという場合（いわゆる相互持合い）は、支配的株主は個人ではなく、法人である。

しかしながら、本来、資本主義と共同体は相容れないものである。共同体は封建制の構成単位であり、それを打ち破って生まれたシステムが資本主義である。貨幣を媒介にした商品交換によって市場が生まれ、システムとしての資本主義が登場した。

そこでは、労働力も市場で売買され、労働者として登場するわけだが、日本の場合、労働力は市場を動かず、一つの会社に定年まで勤める場合（終身雇用）が少なくない。長期にわたり同じ会社に在籍する労働者は、会社という組織とアイデンティティを一体化させる。給与とは、労働力を対価とした契約だという意識が薄くなる。

もちろん今日では、実績次第で翌年度の報酬が上下する契約や、プロスポーツの場合など、例外はある。ところが、会社では、そもそも「資本と労働」のような対立概念で構成員を捉えることが少ない。

さらに江戸時代とは異なり、転職も転居も自由である。しかしながら自意識としてはどうだろうか。昔の武士も、現在の給与所得者も、アイデンティティは類似する。民間だけでなく、「大蔵一家」「日銀マン」「県庁マン」という誇り高い帰属意識が強い。公務員にも、納税者のために働くという公僕意識は弱く、むしろ、エリートたる「お上」意識が強いのではないか。

しかも概ね、会社員の多くが自らを中間層と自覚する。だが、一般的に、自営業者に比べ、所得や経費、あるいは課税への納税者意識が低い。それは、源泉徴収で自動的に事前に税金を天引きされる給与所得者には、異議申し立てをする確定申告の場が基本的に根付いていないからである。心理的にも、税務署という「お上」への敷居が高く、人生を通じて税務署に行ったことがなく、納税者意識すら欠く人が少なくない。

たとえば、収入から経費を差し引いた額が所得であり、そこから事前に徴収《ちょうしゅう》（源泉徴収）される課税額を差し引いた額が手取り額である。年度末の確定申告で事後的に課税額が決まる自営業者とは対照的である。そこでは、納税者が自ら算定し申告した必要経費を差し引いた正味の金額から、課税額が計算される。つまり、給与所得者とは異なり、経費の自己申告権がある。

ところが、「確定申告者＝富裕層」だと誤解する給与所得者が驚くほど多い。なぜなら、給与生活者のなかで、確定申告の義務を負うのは二〇〇〇万円以上の収入者に限られるからだろう。一方、経費が自動算定される多くの給与所得者は、給与所得以外の経費が自己申告可能だということをほとんど知らず、しかも雇用主が事前に支払うこの方法を「面倒なことを避けられた」などと、喜んでいる。

これでは、所得や税に対して関心が薄いのも当然だろう。給与所得者は納税者といっても、その事務担当は、雇用主が行い、納税の事務作業経験のない給与所得者は納税の実感が乏しい。確定申告して初めて、納税の仕組みや納税現場を知る。株式投資を理屈で喋るのと、実際に株式投資をやってみるのとでは、雲泥の差があることと似る。

意識上は、税とは封建制下で徴収される「年貢」に近い。そもそも、源泉徴収とは戦費調達を目的に、ナチスドイツを手本として一九四〇年に始まったものだが、それがそのまま今日に至っている。事前納税（予定納税）の源泉徴収と、事後納税である確定申告とでは、徴税側も納税者も、租税を巡る発想を異にするのは当然だろう。

これは、実際には、次のような相違を生む。もしも会社員が会社業務外での副業を行って謝礼を手にしたとしよう。それが給与所得だと分類されれば、実際の所得額は自動的に計算され、それに対する課税額も決まる。経費算定の権限が給与所得者にはないからである。

ところが、同じ行為が給与所得としてではなく雑所得として算定されれば、当該収入を得るうえで購入した資料や接待費等が経費として認められ、当該経費を差し引いた正味（収入－経費）が所得ということになる。経費云々の申告権が実質的に納税者にあるかどうかで、実際の税額が異なるのである。

つまり、源泉徴収による徴税システムは、圧倒的多数派を占める給与所得者の所得額を漏れなく捕捉し、徴税漏れを防ぐだけでなく、勤務先を通して納税させることで、税金や経費への自覚を麻痺させ、「お上」の敷居を高めることに貢献している。したがって、個人営業者とは異なり、会社員の収入である給与所得に対しては、一〇〇％が捕捉されているうえに、事実上、経費請求権すらない。

源泉徴収による事前徴収を実現し、最大の割合を占める給与所得者の収入の一〇〇%を捕捉できたことが、徴税の要だろう。カネの流れを捕捉することこそ、権力の源泉にほかならないからである。

†労働市場の未熟

もちろん、会社員だと便利なことも多い。五十歳で会社を退職した元新聞記者が、フリーになって初めて会社という枠組みに守られていたことが分かったと説く、稲垣えみ子の経験談は興味深い(6)。

稲垣は、住宅を借りようにも、会社員時代は質問もされなかったプライベートな詳細を、たしかに家賃を支払うことが可能かどうかを確かめるように、不動産屋で執拗に聞かれた経験を綴っている。給与所得者だと勤務先名を言うだけで信用を得るが、フリーとなれば、そういうわけにはいかない。

この日本の会社主義は、法人資本主義ともイエ社会とも称され、経済学や社会学の恰好の研究対象とされてきたが、その社会的存在は日常的でありながらも、正体や本質の解明は、なかなか容易ではない。

日本人の社会観はむしろ狭い周辺に限定された世間と言ったほうが相応しいかもしれない(7)。そういった問題意識をもつ社会学者の菊谷和宏が、一八九四年にフランスで起こったドレフュス事件と、一九一〇年の大逆事件とを同様の冤罪事件として比較しながら、日本に存在するのは「社会と人間」ではなく、「国家と国民」にほかならないと重い問題提起を投げかける。「戦争を祭りのように祝い、「非国民」を迫害する日本「国民」がどうして「人間」を尊重しえようか」、「国民は戦後もやはり臣民としてあるのではないだろうか」と菊谷は問う(8)。

新卒から会社員へというリクルート活動（学生の就活）は、毎年繰り広げられる光景である。学生は自らの未来を懸けて、内定を得るためにいくつもの企業を回る。結局、基本的に「日本の労働市場はone time market（一回だけの市場）」なのである。学校を卒業した新卒のときは、就活で就職先を見出すのに奔走するものの、いったん雇用されると、定年退職まで自身を労働市場に晒《さら》すことのない場合を終身雇用と呼ぶ。

つまり、自身を労働市場に晒したのは、新卒時の一度だけということも多い。日本の労働力の支配的部分は、市場社会だ資本主義だと言いながらも、労働市場の現場を知らずして定年を迎えるのである。

しかしながら、いったん中途で失業すると、日本の未熟な労働市場では、次の雇用先を探すのは難しい。中途採用の需要は極端に小さく、再雇用先を見つけるのは至難の業《わざ》だからである。欧米のように、転職に対する楽観的ニュアンス（次の雇用を見つける猶予機会）は少ない。しかし外資系企業を覗いてみれば、そこで働く圧倒的部分が転職組であり、日本企業のように何年卒という新卒ばかりの労働者構成との相違に驚く。

しかも、転職を繰り返せば労働力の価値が上がる欧米とは異なり、日本では「どこも勤まらない人間」という烙印を押されやすい。この価値観の逆転は、同じ市場経済とは言うものの、なんとも興味深い。どんなにグローバル化した大企業であっても、通年採用を原則とする日本企業はほとんどない。

いつ大学生の就活を解禁にするかは、企業側と大学側で揉める年中行事である。それに比べ、外資系の多くは、通年採用を原則とし、新卒採用は少数派でしかない。

このような労働市場の特徴は、日本人労働力にどのような性質を付与するだろうか。中途転職は圧倒的に不利となれば、会社にできるだけ従順な姿勢を生む。長期在職で退職金が上積みされ、定年退職が優遇される。労資交渉は団体交渉であり、個別交渉の機会はなく、集団行動を生む。On-the-Job Training（ＯＪＴ）と称される日本的経営の現場とは、結局、雇用して後に、「自社風」の色合いに労働力を教育する慣行を好む。他社で出来上がった労働力は歓迎されないのである。

つまり日本企業では、技術や人事慣行のポータビリティ（持ち運び可能性）が低い。さらに退職時に支給される巨大な退職金は、給与の先延ばしだと否定的に解釈されることは少ない。

日本では、新発売や新商品、あるいは新卒、新入生、新築、新人、新婚といったように、「新しい」という表現は魅力的に響く。資本市場の世界でも、新発債やIPO（initial public offering 新規株式公開）には人気が集まる。投資家はあまり転売せず、長年にわたって保有し続けるのがいい投資家といったイメージも強い。

これは、長期雇用を前提とした労働市場での価値観の資本市場版である。つまり、短期での売買が嫌われ、長期投資こそが好まれる。したがって、発行市場が巨大な割には、転々売買される流通市場はそれほどでもない。労働市場も資本市場も長期性こそが、日本型の特徴なのである。

同じムラに囲い込み、同じ色合いに染め、お互いを「仲間」だと意識する。そこで育まれる同族意識は、経営者から労働者まで共通する。したがって、経営者と労働者には敵対関係は生まれにくく、「仲間意識」が醸成される。余所《よそ》で出来上がった労働力を嫌う「ムラ社会」という名の共同体が成立するのである。そうした「ムラ」に反発し、馴染めない輩《やから》は、徹底的に排除され、イジメの対象になる。

どこの組織にもある同調を強いる圧力がこれである。そこには、組織への帰属意識の高い労働者がいて、自律性の高い労働者は嫌われる。

†経営者も共同体意識

苦節数十年で役員になったとしても、当該役員は新卒以来生え抜きとして入社し、したがって、会社の人間関係や部署の位置づけには習熟しているものの、トップとして要求される経営や財務のプロではない。労働力だけでなく経営者も移動しない。

経営者も、そのポジションにつくまでは従業員であり、経営手腕を磨くことはなかった。一方、金融テクニックの発達で、経営者として、習得すべき市場の情報は数多い。M&A(企業合併&買収)、買収相手先を担保にした借入での買収LBO(leveraged buyout)、非公開株式の買収を得意とするファンドPEF(private equity fund)等々だ。

そのうえ、リーマン・ショックのような金融恐慌にでもなれば、CDS(credit default swap 破綻保険)やCDO(collateralized debt obligation 債務担保証券)のような高リスク回避の多様な金融商品が頻発し、それに習熟しなければ莫大な損失を負いかねない。

一方では、ファルチャーニ文書(9)やパナマ文書(10)が暴いたような、租税回避のタックス・ヘイブン(租税回避地)の誘惑もある。多国籍企業化すれば、多くの国際貿易は企業内取引で行われ、タックス・ヘイブンを介した利益操作（transfer pricing という移転価格）によって、課税を免れることが可能となる。要するに、いかにして利益の最大化を狙うかは、企業にとって、きわめて巧妙に、かつグローバルになってきている。

また多国籍化による外注生産（offshore production）も、まったくポピュラーになった。日常の衣服の多くが made in China を始めアジア製品が多い。日本市場はブランド消費市場としては有名だが、当該ブランド商品の生産はというと、やはりアジアが多い。

日本では、会社の社会的地位は、東証一部上場とか、二部上場といった序列が重視され、市場での競争よりも、市場秩序の維持が優先されがちだった。ところが今や、ＲＯＥ（自己資本利益率）やＲＯＡ（総資産利益率）や自己資本比率といった経営判断が日々求められる。投機家の空売りのターゲットになったときや買収提案への対応等々、かつてとは事情が異なる場合が多い。

東証一部と二部には明らかな階層差があり、通常、二部で成功すれば一部に鞍替えする企業が少なくない。ところが、アメリカではＮＹＳＥ（ニューヨーク証券取引所）と新興市場ナスダックとには階層差はなく、あくまで競争関係である。

ナスダックで株式公開して大企業に浮上したのはマイクロソフトだけでなく、インテルやアップルやアマゾンといった著名なＩＴ関係銘柄も、今もってナスダック銘柄である。

しかも、二〇一八年十月現在、マイクロソフト、インテル、アップルは、ナスダック銘柄であると同時に、ニューヨークの代表的銘柄から成るダウ三〇種平均株価の構成銘柄でもある。

資本市場での取引は上がるか下がるかの読みが錯綜し、激しい乱高下が繰り返される。投機家は大暴落必至と判断すれば、借株で大きく売り浴びせ、底値になったときに買い戻し、借株を返済し、大儲けする。いわゆる空売りである。買い戻した株は貸し手に返却し、売値と買値の差額から借株手数料を差し引いた額が利益になる。

そこでは、下げと読んだ投機家が儲け、標的になった会社株は、投機家の餌食になる。年次に順じてタテ社会を上ってきて、資本の動きを教育・訓練されたことのなかった経営者は、このような市場の猛威に対処する術《すべ》を持ちあわせていない。

日本では、ジャスダックやマザーズでの公開企業は、いったん成功すれば、東証に上がりたがる。その市場間関係は競争関係ではなく、階層序列である。やはり、東証はマザーズよりも格上であり、東証一部は東証二部よりも格上なのである。これは銀行でも同じで、メガバンク、地銀、第二地銀、信金等、それらの業態を分ける階層秩序は厳しい。

†労働市場の変容

しかしながら、そうした日本型システムや日本的経営と称された牧歌的風景が過去のものとして、過ぎ去りつつあるのも、日本における現下の大きな特徴である。

それは、非正規労働力という低賃金労働者の増加によって、労働市場そのものが変容しつつあるということである。かつて戦後日本経営の特徴として、終身雇用制、年功序列賃金体系が挙げられたが、終身雇用とも年功序列とも無縁な労働力が増大し、今や全体の四割近くが非正規労働力である。かれらには、ボーナスも退職金もなく、年金や健康保険の保障もないことが多く、劣悪な権利状態を強いられている。

日本の労働市場の十数年の変貌ぶりを俯瞰すれば、ここ四年（二〇一四―一七年）あまり、非正規雇用の割合は全体の三七％台の高止まりを続け、二〇一七年までの十五年間で八％ポイントの増加を示している。一方、正規労働者数は、二一世紀に入って以降二〇一七年までほとんど変わらず、あるいは微減気味ですらある。

二〇一七年における非正規労働者の内訳は、パート四九％、アルバイト二〇％、派遣六％、契約一四％と続く。(11) 業界別では、非正規雇用労働者は、スーパー・マーケットやコンビニや飲食店で圧倒的比率を見せ、製造業や商社では比較的少ない。

図 1-1　非正規労働者の男女別、年齢別内訳（2017 年）

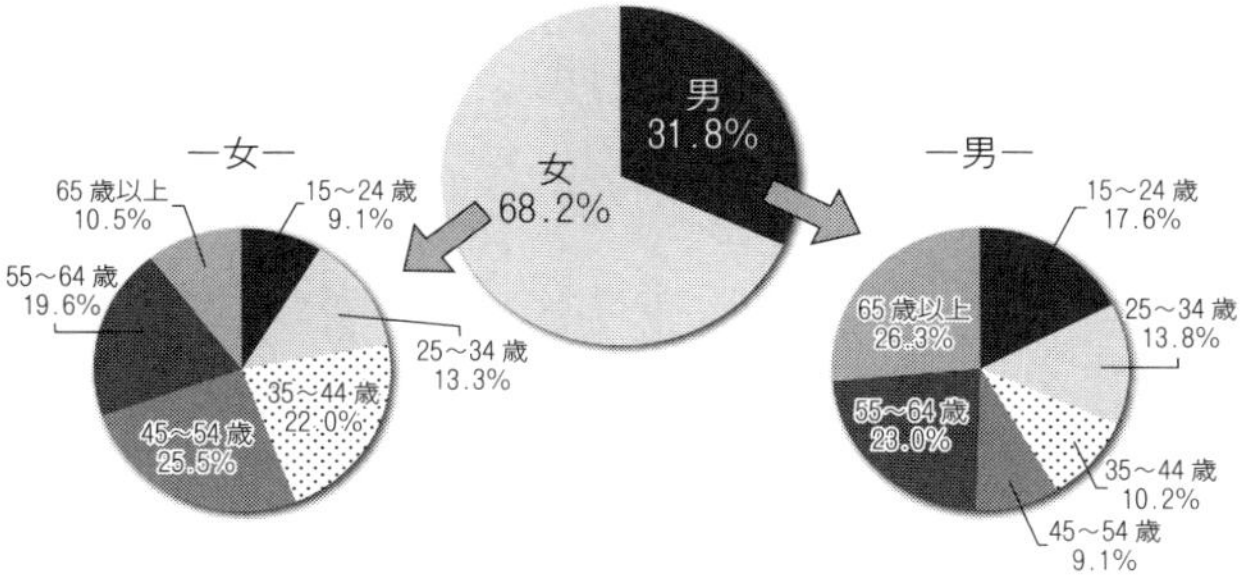

出典：総務省統計局 HP

図1－1は、二〇一七年時点での非正規労働者の年齢別&性別内訳を記したものである。男女別では、圧倒的に女性が多い。年齢別では、男性は六十五歳以上が最多を占め、五十五歳以上を含めると、ほぼ半分を占める。女性は、男性より二十歳近く若返って三十五—五十歳代が半分近い。つまり、男性は定年退職後、あるいは定年に近い年齢層が、非正規として働いているということである。一方、女性の方は、若い主婦層や単身女性が非正規労働者の中心を担う。

男性高齢者の非正規労働者増大は、定年延長によって、雇用の継続が推奨されているとはいえ、その実態は、一旦退職して以降、非正規として再契約される場合が多い。そのままの労働条件で再雇用されることは稀だろう。

たとえば派遣労働者は短期雇用を繰り返し、職場を転々とするが、かれらに賃金を支払うのは、かれらが働く現場の派遣先企業ではなく、派遣元企業である。派遣元企業は派遣先企業から受け取った派遣料金のなかから、仲介手数料を差し引いた残りを、給与として派遣労働者に渡す。要するに派遣元企業は、仲介手数料を主たる収益源とするビジネスを営むのである。

日本の労働事情を観察したフランスの社会経済学者エマニュエル・トッドは、ヨーロッパで移民労働力が果たしている役割を、日本では非正規労働力が担っていると言う。日本の非正規労働力とヨーロッパにおける移民労働力の、劣悪化した労働条件（低賃金や職場環境）を強いられる類似性云々は、容易には気づかない問題提起だろう。

周囲を見渡せば、ホテルやスーパー・マーケットから居酒屋や道路工事やコンビニに至るまで、外国人労働者を見る機会が増えた。今や非正規労働力といっても、かつてのパート主婦や学生アルバイトだけでなく、派遣や契約といった雇用形態の多様化が進んだことがわかる。

パート主婦を除く非正規労働者は、九二九万人、就業人口の一四・九％に上り、しかも全階級区分のなかで一番数が増えている階級だと特徴づける社会学者の橋本健二は、彼らをアンダークラスと名付ける（それ以外の分類は、資本家、新中間、旧中間、正規労働者の四分類）。その六割弱が親と同居し、低収入の老親を扶養しなければならないシングルの女性が多い。また、アンダークラスの男性に至っては極端に未婚率が高く、低所得者にとっ

て家族形成がいかに困難であるかを物語っている。(12)

ところが、こういった雇用を雇用形態の多様化と言って礼賛する識者もいる。現場を知らず、無責任な言論人が、自らのことは棚に上げ、軽妙なコメントを投げる。そうした面々が政府の審議会委員に就き、政府原案を支持するカラクリなのだから、政府筋と識者は一種の共犯であるとも言える。

要は、かつての終身雇用や年功序列が旧聞に属するような光景が増えたのである。非正規といえば、かつてはパート主婦や学生アルバイトが中心だったが、今や学校卒業後も労働市場を転々と渡り歩く、派遣や契約といった非正規労働者が増えた。一億総中流と言われた時代は遠く、格差や階級という語彙が実感を伴って響く時代になってしまった。

†資本市場の激動

前述したように、日本型システムの変化の一つは非正規労働力の増加だが、もう一つは、資本市場そのものの変容も見逃せない。たとえば、株価が上がるのではなく、暴落するのに、なぜ暴利を得ることが可能なのか。そもそも空売りやオプション取引とはどういう仕掛けなのか。買収資金不足でも、「小よく大を制す」梃子《てこ》の原理を応用したLBO(leveraged buyout 買収先資産を担保にした借入金による買収)等で強引な買収を仕掛けてくる資本の動きにも、警戒を払わなければならない。

山一證券株が暴落して自主廃業に追い込まれたとき、暴落する山一株を尻目に、巨大な利益を上げる投資家が頻出するのを、怪訝な顔で見ている人は少なくなかった。同様のことは、長銀株や日債銀株でも起こった。

株価が下落すれば、いつ買収されるか知れない状況下では、日々の自社株の価格変動に神経質にならざるをえない。そのためには、収益性を上げ、自己資本比率を高く維持し、配当性向を上げて、株主の要求に応えなければなるまい。俗に言う「モノ言う株主」への配慮である。一言でいえば、資本市場や株主への理解を欠くようでは、経営者たる資格を失うことになりかねない。

つまり、資本への無関心は許されなくなったのである。変容を強いた端緒となったのは、一九九八年の日本長期信用銀行の破綻だった。経営難に陥った同行は国有化され、多額の不良債権が日本国民の税金で処理された後、外資系ファンドのリップルウッドに売却され、新生銀行として再スタートした。ちなみに、二〇一八年六月末現在、新生銀行の外国人株主比率は五二・三四％である。(13)

世界の激動が続く中、日本も無縁であり続けることはできない。時代は、時々刻々と変わりつつある。日本の株式取引を動かす主役はもはや、海外投資家である。全体では、外国人株主比率は保有残高で三割程度、取引シェアでは六割を超え（日本取引所ＨＰ）、金融機関、事業法人、個人投資家を上回る存在に浮上した。

かつて日本企業の大株主だった銀行や生保といった金融機関は、株主として、大きくシェアを下げている。とくに世紀の変わり目に、大きく比重を下げたのは、不良債権処理のために、それまでの保有株を手放して、処理を急いだからだろう。そして、不良債権処理として売り急いだ株式は、税金によって処理され、不良債権ではなくなった正常債権として生まれ変わり、それを安く買ったのが、外資系だった。銀行保有シェアの急落した世紀の変わり目頃に、急速にシェアを上げたのが海外投資家だった（図1－2参照）。

二一世紀に入って以降の外国人株主の上昇ぶりは顕著であり、かつて大口株主だった生保や信託銀行といった大株主を上回る存在である。もはや日本の資本市場の最大のプレーヤーは、海外投資家である。

しかも、事業法人も金融機関も、さらには個人も、いずれも大きく下げ続けているのとは対照的に、外国法人比率だけは大きく上昇している。一番のシェア下落は、銀行や生保といった金融機関である。一九八〇年代には四〇％近くあった比率が、今や一〇％を切る。

モノ言う株主は相互持合いを黙認する日本人株主を大きく上回る。外国人株主比率が一〇％を超えたのは一九九〇年代後半だったが、それから二十年も経たないうちに、今や三

図 1-2　株式保有者別内訳（1970 年度-2017 年度）

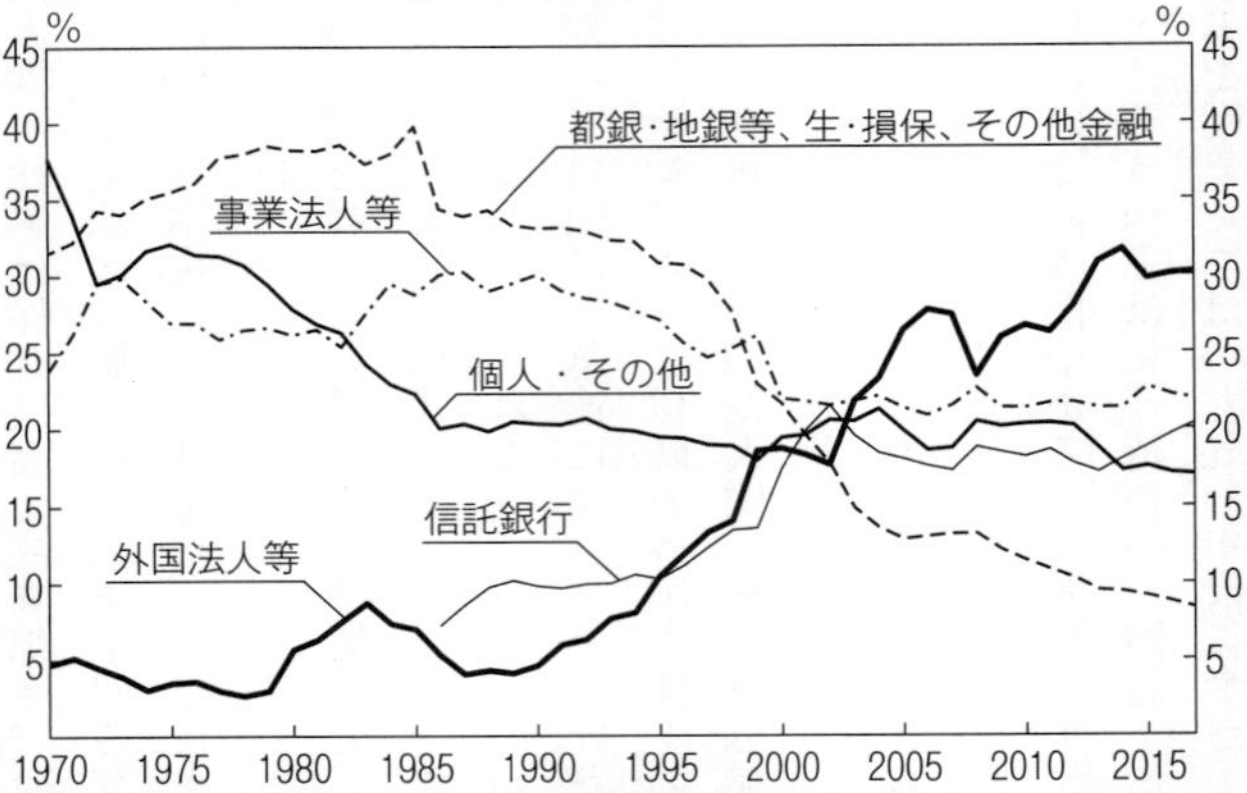

出典：「2017 年度株式分布状況調査の調査結果について」日本取引所 HP（2018 年 6 月）

〇％超と急増した。

しかも、一見日本企業だと思われる企業も、所有という点では、外国人株主が上位を占める事例は数多い。表1-1は、外国人持ち株比率が二〇一六年に五〇％を超える企業一覧である。日本オラクル、リーバイ・ストラウス、日本マクドナルドといった外資系はともかく、かつては日本企業が支配的株主だった企業が、いつの間にか海外投資家の所有に変わっている場合が増えている。この間（二〇一二年→二〇一六年）に急速に外資比率を伸ばしているのは、パチンコ事業のユニバーサルエンターテインメント、台湾のホンハイに買収されたシャープ等々である。

五〇％以下の保有比率とはいえ、たとえ

表 1-1　外国人持ち株比率 50% 超の企業一覧（2012 年度&2016 年度）

順位	社名	16年度（%）	12年度（%）
1	日本オラクル	87.20	82.80
2	リーバイ・ストラウスジャパン	84.11	84.19
3	ユニバーサルエンターテインメント	79.22	9.66
4	MonotaRO	77.57	79.92
5	中外製薬	76.57	75.97
6	アゴーラ・ホスピタリティー・グループ	73.21	63.31
7	ドンキホーテ HD	73.01	56.13
8	シャープ	72.73	15.42
9	いちご	71.50	80.68
10	日本ライトン	68.40	66.40
11	日産自動車	68.30	72.21
12	市光工業	64.09	34.82
13	HOYA	61.61	53.81
14	GCA	61.10	41.11
15	ミスミグループ本社	60.61	61.36
16	昭和 HD	59.46	38.06
17	アサツーディ・ケイ	59.33	65.42
18	ラオックス	58.40	65.21
19	ソニー	58.10	32.70
20	オリックス	57.88	57.76
21	日本マクドナルド HD	57.59	56.05
22	レナウン	56.79	44.60
23	エス・エム・エス	56.57	16.32
24	SMC	56.47	55.81
25	大東建託	56.37	56.48
26	ティアック	55.70	0.56
27	コムシード	54.51	4.03
28	ビーピー・カストロール	54.27	54.25
29	ファナック	54.20	53.65
30	ジャパンシステム	54.06	53.69
31	クリムゾン	53.88	31.58
32	新生銀行	53.01	55.70
33	みらか HD	52.98	54.12
34	三井不動産	50.94	48.07
35	良品計画	50.73	37.01

出典：『日刊ゲンダイ』2017 年 8 月 4 日。東京商工リサーチの調査から

ば三井住友FG四六%、日立製作所四四%、コマツ四四%、三菱地所四三%と、なかなかの高率である（一%以下は切り捨て。二〇一八年六月末現在）[14]。

この比率自体も高率ながら、数字以上の意味合いがあることに注意する必要がある。大手企業の所有比率で、大きなシェアを占めるということは、その取引相手である中小企業への影響という点では、たとえ中小企業の株

式を直接に保有していなくても、間接的に影響力を行使できるということである。

外資が三井住友FGの四六％を保有するということは、企業集団としての三井グループ全体、あるいは住友グループ全体への影響度という点で、きわめて大きな意味合いをもつ。なぜならば、三井グループや住友グループに所属する関係企業に対して、たとえ、非上場企業であっても、取引上の影響力を行使できるからである。

東証の広報では、日本の取引所はNYSE、ナスダックに次ぐ世界三位だという台詞をよく聞くが、その足元は盤石ではない。資本市場では海外投資家が圧倒的存在感をもち、国内では「預金から投資へ」といった言葉が躍るなか、日本の家計はゼロに近い超低金利下でも一向に預金離れしない。東証で日本株を売買する主役は、すでに海外投資家に移っているのである。

しかも海外投資家の参入は、市場そのものの変質を招いている。相互持合いが主流だった時代は、配当性向が低くても、相互の経営不干渉によって経営内容に口を差し挟まない向きが強かったが、今は「モノ言う株主」の台頭で、株主からの経営への発言が増えた。

投資ファンドが支配的株主の場合、当該ファンドは投資家への投資収益の還元を第一に考えるから、当然、株主としての収益要求は強くなる。毎期の株主への配当額は株主総会の議決事項であり、したがって外国人株主の要求が高率配当であれば、配当性向が高まるのは当然だろう。

しかも、「モノ言う株主」とは外資系の性格を代表するものの、必ずしもそれには限らない。日本企業の大口株主も、収益性が伴わない場合は、持合い解消に出ることも少なくなく、かつての相互持合い的な、一種の馴れ合いは消えつつある。二一世紀初頭、数々の買収騒動を繰り返し株価フィーバーの主役を演じた、ライブドアや村上ファンドが繰り広げた一連の行動が記憶に残る。

だが問題なのは、ライブドアや村上ファンドによる買収騒動が、証券取引所の民営化（すでに日本取引所自体が民営化され株式上場されている）や、時価主義経営といった大きな問題提起を行ったにもかかわらず、結局は買収しようとした側の証券取引法違反容疑での逮捕で終わり、その意味合いは総括されなかった、という点だろう。

民営化された後に上場された日本取引所グループ（東証と大証の合併）自身が、村上ファンドに買収されかかった大阪証券取引所の顚末をどう考えているのかは、分からない。

図1－3（54頁）にあるように、一般的に各業界を代表する銘柄の株価は高く、配当性向も高い。二〇一七年に計算が始まったこの銘柄指数は、一般に高まる配当性向に対して、配慮せざるをえなくなった日本企業の代表的銘柄の姿勢がよく表れている。かつて、法人相互での株式の相互持合いが主流だった時代では、それは部外者からの買収を防ぐための

図 1-3　日経 225 高配当株 50 指数

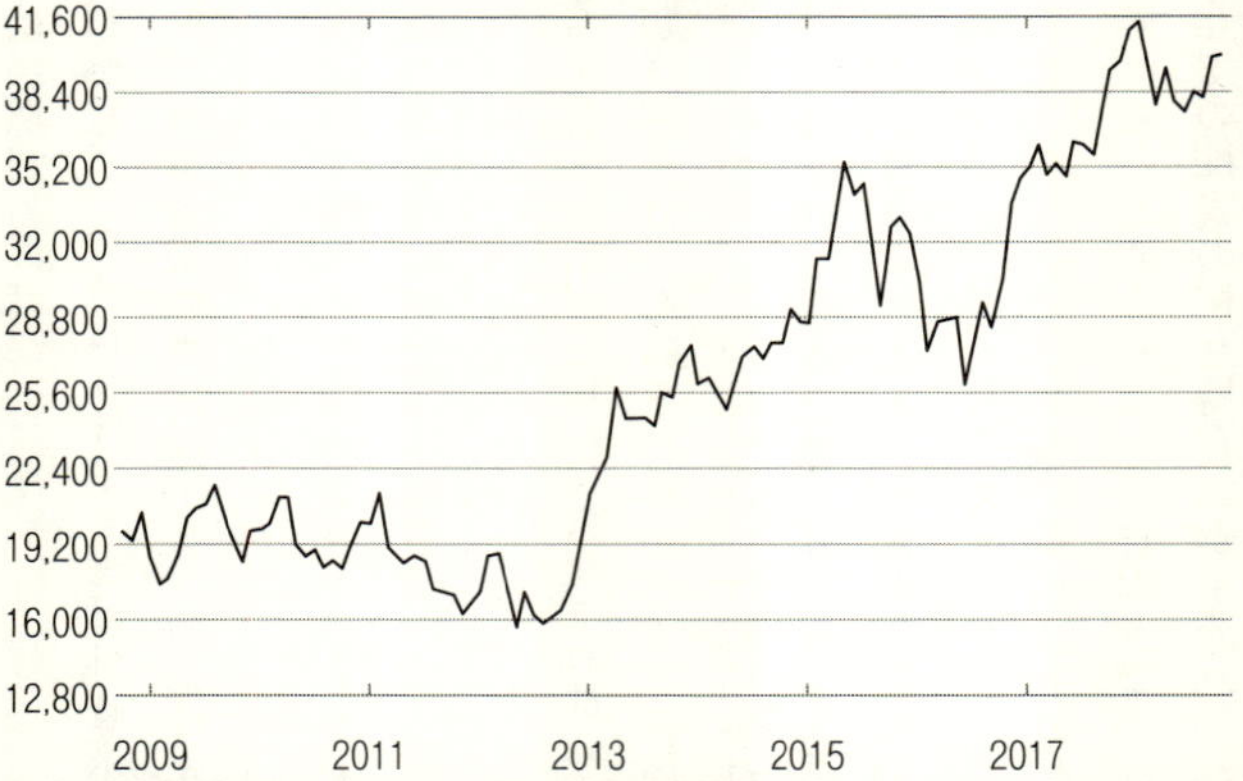

出典：日経電子版。配当利回りの高い 50 銘柄株式を指数化したもの（2001 年末を 10,000 とした指数）で、2017 年 1 月より計算を開始したもの。2018 年 10 月 1 日までの 10 年間。

安定株主工作に主たる目的があり、そこでは高配当を求める企業集団の意思は弱かった。しかしながら今や、代表的銘柄ほど配当性向が高くなり、かつ株価も高いことをうかがわせる。

かつては、持合いによる配当性向の相殺という理由から、配当自体は、それほど神経質には配慮されていなかった。お互いに配当に配慮せず、安定化と相互信認のために、株式を持ち合うことが多かったからである。

「法人資本主義」論の論客だった奥村宏は、日本の法人所有の特徴をアメリカの機関投資家所有と比較して、「利益率の高い会社ほど配当性向が低くなるというところに日本の特色がある」とし、その理由として「支配証券として株式を所有しているのであり、配当をもらうのが目的ではない」からだと説明した。[15] 相互持合いと配当性向との関係を言い当てた奥村説は興味深い。

ところが、外資系ファンドの保有比率が上がるにつれて、この日本的な低配当傾向は変わりつつある。大企業グループの大手とはいえ、株主への配当に配慮せざるをえなくなったからである。高配当を要求する外資系ファンドが大口株主になったことによって、外資系の参入、「モノ言う株主」としての存在感が上昇し、株主への高配当が恒常的になったのである。その結果、経営姿勢が変化し、日本市場の性格、日本企業の行動パターンが確実に塗り替えられつつある。

海外投資家の内訳は、年金ファンド、投資ファンド、ヘッジファンドといった各種ファンドが中心で、日本市場の最前線はファンド資本主義だと称しうるし、その担い手はファンドに投資する海外投資家である。その機縁となったのが、前述の不良債権ビジネスであり、それに多くのファンドが参入したのである。

日本国民の税金を投入することによって不良債権を処理し、身軽になった物件を破格の安値で買い漁ったのが外資系ファンドだった。あるいは、外資が買って美装にリノベートされた物件を、他の企業に転売した。「蜜の味」とは外資側から不良債権処理を眺めた率直な評価だったろう。

こうしたファンド資本主義の浸透によって、上場企業における株価重視の経営姿勢が強まっている。その結果、労働分配率が下がり（つまりは給与の下落）、株主配当や経営者報酬は増え続けている傾向が強い。それは、上場企業の役員報酬で「一億円プレーヤー」が増えていることにも表れている。二〇一八年三月期に一億円以上の報酬を得た役員の数は前期比一五％増の五三八人で、初めて五〇〇人を超えた。[16] すでに触れたように、有価証券報告書虚偽記載による金融商品取引法違反の容疑で逮捕された日産のカルロス・ゴーンが、この象徴だろう。

こうした株式市場でのファンド資本主義化の展開や外資系参入の増大とは裏腹に、個人マネーは、株式や債券や投信よりも、相変わらず、圧倒的に預金志向を強めている。預金残高は、ほとんどゼロ金利に近い歴史的超低金利下にあっても依然として増え続け、金融機関に集まった預金残高は、二〇一七年三月末に、過去最高の一〇五三兆円となった。史上初の一〇〇〇兆円超えである。[17]

一方、空前の財政赤字を抱える日本国債の行方に、熱い眼差しが集まる。日本人が最大の保有者だから、暴落の可能性を懸念する必要はないなどと言って安堵するようでは、資本の論理が理解できているとは言えない。振り返れば、リーマン・ショックが欧州に波及した二〇一〇年のギリシャ国債暴落（ユーロ危機＝金利急騰）のとき、海外投資家の所有

図 1-4　低下を続ける日本国債の格付け

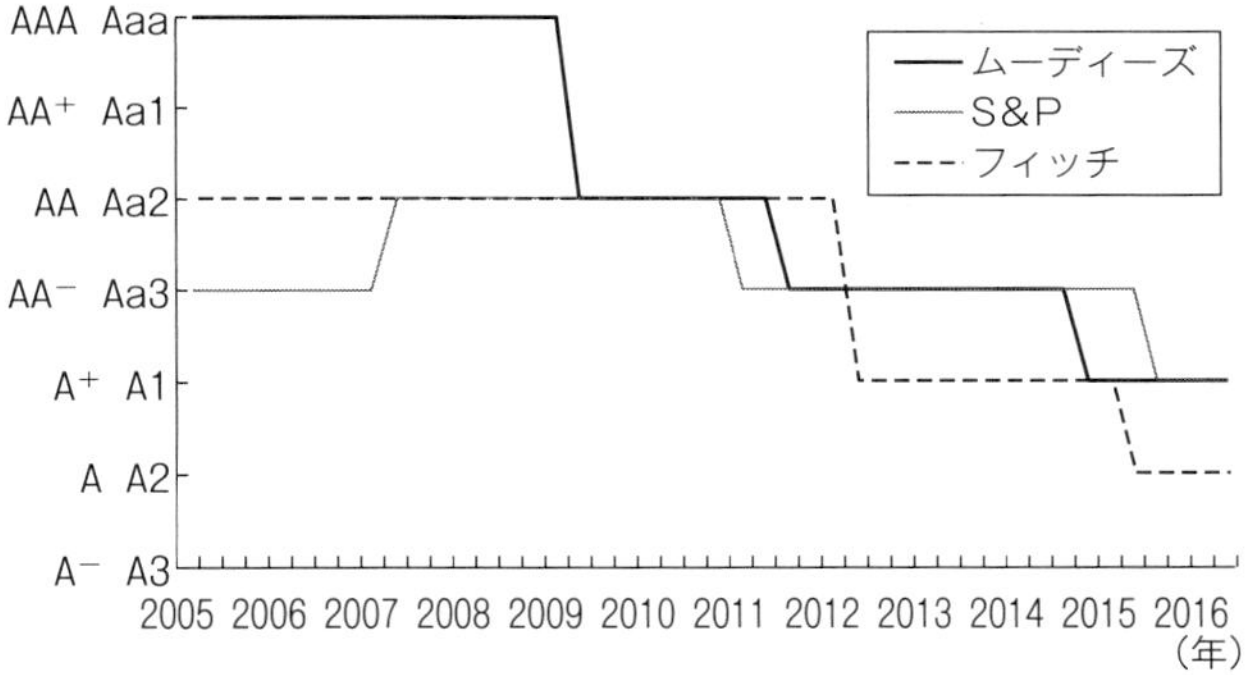

出典：Bloomberg.　三菱 UFJ リサーチ&コンサルティング「経済レポート」（2016年6月7日）HP。

比率の低さが、日本国債には暴落リスクがないと安堵する根拠とされることが多かった。

ところが、日本の財政事情を危惧する声は次第に大きくなりつつある。格付け会社の大手三社は、政権の消費増税延期を受けて、格付けを引き下げた（図1－4参照）。消費税率引き上げ延期は、もっぱら国内の消費事情を冷え込ませる懸念からだったが、国債の格下げがもたらす暴落リスクへの配慮はなされなかったのではないか。

もちろん国家は一方では資産を抱えていて、国債という負債が増えたからといって、すぐに破綻するものではないが、財政再建への強い意気込みを欠けば、投資家の信頼を裏切り、叩き売りから暴落に向かうリスクがあることを自覚すべきだろう。

まるで、物価高騰が好景気の証しでもあるかのような論調が躍るが、物価高騰は金利を引き上げ、金利高騰は国債価格を押し下げ、国債を保有する事業体（たとえば日本銀行や金融機関）に、保有資産の劣化（評価損）を強いることを忘れてはならない。同時に、金利上昇は、国債を発行する国家の返済能力をも危うくし、ビジネス・ローンを借り入れている事業体や、住宅ローンを負う家計の返済能力をも直撃する。リスクを知ることなく暴走する危険性は、一九三〇年代の軍部暴走の危険性を薄々は知りながらも、何の手も打たなかったことの結果を考えれば、分かるだろう。

たしかに、日本国債保有は、圧倒的に国内勢である。とりわけ、長期国債はその九四％が国内勢保有である。しかも、かつての銀行や生保といった国内金融機関保有を上回って、日本銀行が最大の保有者である。そもそも日銀の国債引き受けを禁じた財政法への抵触が懸念されるなか、日銀保有分がこれほど急上昇しているのは異常である。

これは、日銀が景気刺激のために、市場から国債を買い取り、景気刺激のために、市中に流動性を供給しているからである。売り手はかつて最大の保有者だった国内の金融機関だろうから、銀行や生保の比率が下がり、日銀保有比率が上がるといった按配なのである。逆に、長期債のリスクを懸念する海外勢は、短期の国庫証券を圧倒的（約六〇％）に保有する。長期債の将来性はリスキーだと眺める海外勢の判断が感じられる（図1－5参照）。

図 1-5　日本国債等の保有者別内訳（2018 年 3 月末）

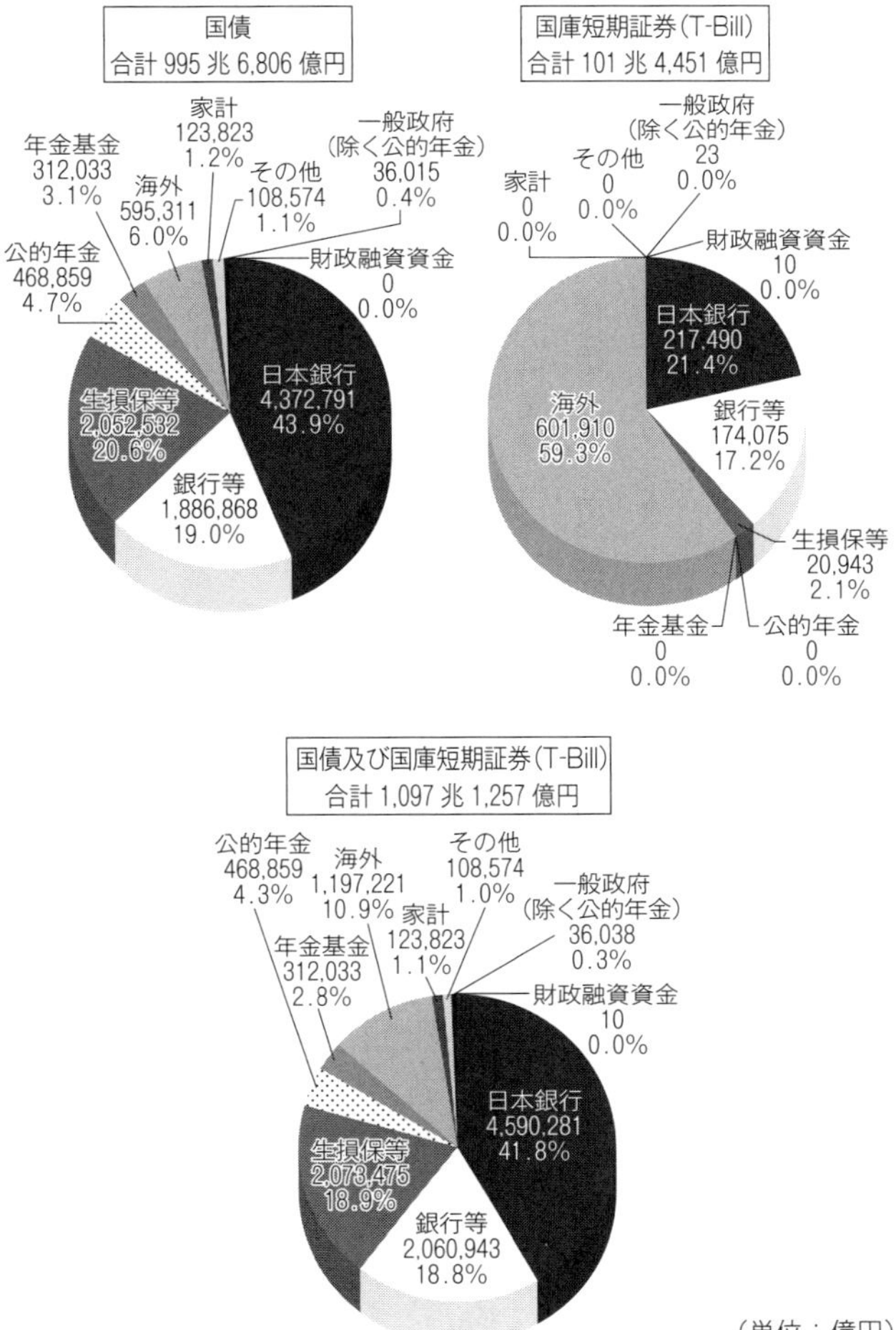

（単位：億円）

出典：日本財務省 HP

さらに、先物取引の世界は圧倒的に外資が仕切る。したがって、危機が衆目の一致するところとなり、先物で暴落に賭ける海外投資家の売り浴びせへの殺到が現実になったならば、はたして日本の監督官庁は対応できるだろうか。

負債返済の可否を問う市場の警告に対して、答えられるのかという問題である。先物取引を占有する大阪取引所の主要商品は、日本国債先物なのである。そして、その株価指数への連動は不可避だろう。

流動性が狭隘だから暴落がないという論理は、かつて持合い株が支配的な日本株の暴落危機はないと嘯《うそぶ》いた三十年前の失敗から、何も学んでいない。流動性が潤沢でない狭隘な市場は、売り浴びせに弱い。空売りで売り浴びせた外資系投機筋の行為で、あっという間に暴落し、バブル崩壊の引き金になった株価暴落を忘れてはなるまい。

図1－4の日本国債格下げも、消費税率の引き上げ延期が引き金になったが、それは日本の財政再建への先行き不安が高まったからである。アメリカからの膨大なアメリカ製武器購入の約束、しかもその支払いをローンで行うことが、すでに報じられている。それだけではない。外遊のたびに諸外国への経済支援を表明し、新たな財政支出を約束する。そのうえに、二〇二〇年の東京オリンピック等への公共事業支出、高齢化社会での社会福祉や医療費支出等々、考えれば、それらを国債発行という借金で賄い、日銀がそれを買い支

えるという構図がいつまでもつかは誰にも分からないが、いつまでも大丈夫だとは誰も思わないだろう。

その場合、さらなる格下げの恐怖で、投資家がどう出るか。そして市場はどうなるか。水面下における悲喜こもごもの市場予想は時々刻々と迫ってくるように思われる。保有しているのが直物ならば、その直物の下落分の損失で済む。だが、下げで儲けるプット・オプションに膨大な金額を賭けた場合、投資家は巨利を狙ってくる。そのような市場の恐怖に、監督官庁は太刀打ちできるだろうか。そこで先物のデータを覗いてみよう。

†先物取引の概要

「失われた三十年」という時代で、唯一、絶好調を続けた面々がいる。ほかでもない海外投資家である。とりわけ、大阪北浜の大阪取引所では圧倒的主役である。

たとえば、株式売買の概要は、直物は兜町の東京証券取引所で、先物は北浜の大阪取引所で、という分業がなされている。大阪の先物株式売買の中心は、日経２２５先物と、取引単位の小さい日経２２５ミニ先物、ＴＯＰＩＸ先物であり、大阪取引所における先物取引全体では日本国債先物の取引が大きい。しかも、いずれも、圧倒的に海外投資家が主役である。

ちなみに、大阪取引所といえば、一見、日経225先物が最大の上場商品だという印象が強いかもしれない。なぜならば、そもそも日経225先物は、一九八六年のシンガポールSIMEX（現在はSGX）に次ぎ、一九八八年に大阪で始まった商品だからである。

一方、日本国債先物はプラザ合意直後の一九八五年十月から東証で取引され始めた商品だが、東証&大証の日本取引所グループへの統合（二〇一三年一月）に伴って、大阪に取引が移ったにすぎない。が、今や大阪取引所での商品別取引内訳では、日本国債先物が最大の取引商品である。

かつて大投資家だった事業法人や金融機関は、株式を持ち合ったまま保有し続ける傾向が強く、残高でこそ大きいものの、日々の取引比率では小さい。しかしながら、今や東証の現物も大阪の先物も、いずれも海外投資家が圧倒的に主導している。個人は相変わらず、投資選好よりも、たとえゼロに近い超低金利でも銀行預金志向が強く、投資は根付いていない。

ここで現場の緊迫した実例を一つだけ挙げよう。金融庁は二〇一八年七月三十一日、日本国債の先物取引市場で、相場を操縦して利益を得たとして、三菱UFJモルガン・スタンレー証券に対して、金融商品取引法違反による課徴金約二億一八〇〇万円を納付するよう命じた。金融庁によると、二〇一七年八月、同社のディーラーが大阪取引所で長期国債の先物取引をした際、注文と取り消しを繰り返し、取引が活発なように見せ掛ける「見せ玉」という手法で価格を変動させたという。[18]

先物市場では、株価指数取引でも日本国債取引でも、現場を仕切っているのは、圧倒的に海外投資家であり、だからこそ価格の不正操作も可能で、金融庁もなかなか発見できなかったのではないか。一般的に、こうした不正な「見せ玉」と、日本国債の合法的な空売りとの区別は、専門家でも容易には見抜けない。先物取引の現場で、監督官庁の当局と投機家筋との緊迫した様子が伝わってくるようである。

膨張する一途の財政赤字がこのまま続けば、いつの日か日本国債が暴落し、金利が高騰し、景気が失速する不安は消えない。もしもそうなれば、負債の返済が不可能なローンの借り手が続出し、債券を運用している金融機関も巨大な評価損を抱えてパニックに陥るだろう。その後は、最悪の場合、二〇一〇年のギリシャで起こったような国債の投げ売りや預金封鎖も、一つの可能性として考えられる。

ここで忘れてならないのは、直物と先物との取引の性格上の大きな相違である。先物は保有していなくとも取引に参加できる。何の現物も保有していない投資家でも、価格下落を見込んで先に売り浴びせ、価格が下がったところで市場で買い戻し、その差額決済（差金決済）で差益を狙う。こうして現物の日本国債ではわずか六％にすぎない保有比率の海外投資家が、大阪取引所の先物取引では圧倒的比率を占めるという関係が生じるのである。

三十年ほど前のバブル崩壊の頃、日本では、暴落が利益を生むという資本の動きを理解できていなかった。株価暴落は、現物を所有する投資家にとっては打撃だが、先物に関しては、空売りにせよオプション取引にせよ、「下げ」に賭けた投機家が、暴利を得る絶好のチャンスとなる。国債取引も株価指数取引も価格の乱高下する原理は同じである。いずれも、北浜の大阪取引所で取引される主要銘柄である。

こういう最悪のシナリオが現実になる日が来るのだろうか。絶望が社会を覆ったとき、そういう空気を見抜いた投機筋が、日本国債や株価の暴落を見越して、「暴落」に巨大な資金を先物で賭ける、という可能性はけっして否定できない。現に、先物取引は、圧倒的に海外投資家が仕切る世界なのであり、日本企業ははるか後塵を拝している。やや専門的な匂いがなくもない、先物取引のテクニカルな説明は後に回し、日本マネー（株や債券等々）の行方を左右する、先物の概要を記しておきたい。

たとえば、日本国債先物取引を見れば、一九八五年の取引開始当初は、海外投資家の比重はそれほど大きくはなかったが、ここ十数年、海外投資家の比重の伸びが著しい（図1－6参照）。

二〇一七年一年間の東京証券取引所における海外投資家の取引金額比率は、東証一部で

図 1-6　日本国債先物取引の取引者別内訳の推移

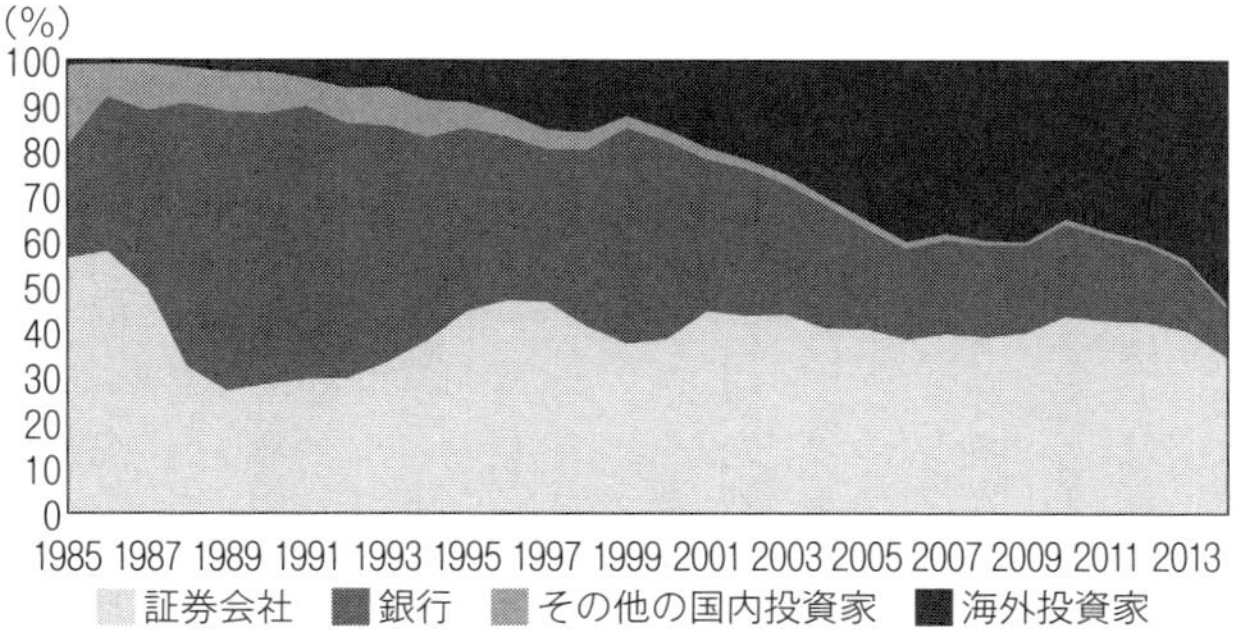

出典：JPX グループのデータより野村総合研究所作成。野村総合研究所金融 IT ナビゲーション部、2015 年 11 月。

七二・五％を占める（保有残高比率ではないことに注意されたい）。これは委託取引（ブローカー業務のことで、以外は自己取引）における比率で、委託取引は東証一部で八三・五％を占めるため、これが取引の全貌を反映すると言ってもよい。海外投資家は、日本株の保有残高では三割超の直物の保有比率だが、日々の取引では、七割を超すほどに大きい。

次いで、日本株価指数の先物取引に占める海外投資家の割合を見てみよう。取引はほとんどが委託取引で行われ、全体の八六・四％を占め、圧倒的である（以外は自己取引）。同じく委託取引における二〇一七年一年間の海外投資家の取引高比率を見ると、日経225先物で八一・八％、取引単位の小さい日経225ミニ先物で七八・一％、東証上場銘柄全体を対象としたＴＯＰＩＸ先物で九一・九％、日本国債先物では九三・四％を占める。つまりＴＯＰＩＸ先物と日本国債先物は、九割以上の取引が海外投資家による売買なのである。

東証＆大阪取引所取引データを見れば、二〇一七年の一日当たり平均取引額は、日経２２５先物が一・八九兆円に対して、日経２２５ミニ先物が一・八兆円、ＴＯＰＩＸ先物が一・六兆円だから、これだけでも大阪取引所における株価指数先物は五・二九兆円となり、同年における東証一部の一日平均取引額二・七兆円、以外の市場（東証二部やマザーズやジャスダック）を含む東証全体の株式取引全体での、一日平均取引額の三兆円を大きく上回る。

しかも、同じ二〇一七年における大阪取引所での日本国債先物取引額は一日当たり四・九九兆円で、株価指数先物三銘柄の合計取引額に近い。いかに、大阪取引所における先物取引の比重が大きいか、また、それが日本の市場全体に与える影響が大きいかは明白だろう。[19]

しかも日経２２５先物よりもＴＯＰＩＸ先物で海外投資家の比重が大きいというのは、日本を代表する大企業から成る日経２２５銘柄ではなく、東証には上場しているものの、必ずしも代表的銘柄とは言い難い２２５以外の銘柄を発掘して、重点的に投資している海外投資家の存在が見えてくる。

一方の日本国債は、直物でこそ所有しないが（だから自己売買は少ない）、所有する必要がなく、売買価格の差益を狙う先物取引では、その将来価格を読みながら、きわめて積極的に売買を繰り返している。つまり株価指数も日本国債も、先物取引では海外投資家の独壇場だという重大な事実が浮かび上がってくる。「これほど外国人の影響力の強い市場はない」（ゴールドマン・サックス証券のキャシー・松井）と言われる所以である。[20]

かつて一九九七年秋の山一證券や、あるいは同年のアジア通貨危機で経験した悪夢の再来が気がかりになるのも、ゆえなきことではないだろう。

第2章

所有権簒奪の力学

†チャルマーズ・ジョンソンの論説

一九九〇年代の世界、とくに欧米におけるアジア論や日本論を考えたい。当時、アメリカの政治学者サミュエル・ハンチントンは「文明の衝突」論で、脚光を浴びていた。西欧対イスラムを分ける断層線という文明対決の構図は、冷戦後の世界経済を説明する原理として注目を集め、とりわけ、日本では、八つの諸文明の一つとして日本文明が単独で括られていたこともあって、ハンチントン説は人気を博した(1)。

それに対し、アメリカ西海岸のカリフォルニアから発する政治学者チャルマーズ・ジョンソンによるハンチントン批判はすこぶる興味深い。そもそもハンチントン説では、東南アジアという文明範疇が明示されておらず、それは中華圏とイスラム圏の混在場所だとして括られている。この括り方自体、いかにハンチントンがアジアに素人なのかを暴露するものだ、と。さらに、韓国は中華圏なのに、なぜ日本は独自の日本文明圏なのか説明がない。その線引きに科学的根拠はなく、ハンチントンの恣意的判断にすぎない、と批判した。

否、むしろ、それは日中分断をよしとする、ワシントンの政治的判断に迎合した賜物《たまもの》である、とジョンソンは断言した。日中を同一文明と括ると、両者の関係が友好的になり、アメリカのアジア戦略にとっては好ましくない、とするワシントンの政治的判断の反映だというのである。

後者の批判は傾聴に値する。なぜならば、そもそも日本文明という括りを提示したことが、日本でのハンチントン人気の理由だったからである。だが、ハンチントンは日本文明を高く評価していたのではない。日本を単独の文明として括られて喜ぶ日本人にとって、ジョンソンのハンチントン批判は好ましいものではなかったらしく、流行らなかった。

ではなぜ、ハンチントンは日本を別格扱いにしたのか。それは、日本は他のどの文明とも共通性をもたない、その孤立性を特徴だと捉えたからである。したがって、たとえば、アメリカに移住した日系人は、日本文化に拘泥せずにアメリカ社会に溶け込み、アメリカ風文化に馴染んでしまう。これは、ほかの移民と比べれば、日系人の特徴だというのがハンチントンの主張だった。

しかも、その文章からは、日本の伝統や文化や歴史への好意的姿勢も敬意もほとんど感じられない。とくに、西欧やイスラムの歴史的説明に費やす驚くほどの饒舌ぶりに比べ、日本についての言及は少ない。にもかかわらず、日本を日本文明として括るハンチントンの論説に、嬉しさを隠しきれない日本の言論界の風潮は、滑稽ですらあった。

ジョンソンが指摘するように、そもそもハンチントンは日本やアジアの伝統や歴史に精通していない。その点、ジョンソンは軍人としての日本滞在歴も長く、経産省論や沖縄論から、戦前のゾルゲ事件まで、日米関係史への造詣《ぞうけい》が深く、守備範囲も広い。だが、ジョンソンに関しては、その経産省論だけは、日本の官僚による行政指導の有効性を指摘したものとして好意的に評され注目を浴びた。しかしながら、その辛辣な批判的アメリカ帝国論や植民地としての沖縄基地論、さらには独特のアジア通貨危機論が、日本で評価されることはなかった。

沖縄論では、いかに沖縄で人権が蝕まれているかに同情を寄せ、沖縄は「地球最後の植民地」だ、と言い切った。それは、差別された側の日本人こそが発するべき言説ではなかっただろうか。どんなに強力な支配力であったとしても、かならず、その支配された側の苦痛は、支配する側に跳ね返ってくるものだという論理（Blowbackという逆流）はジョンソンの著作を貫くものだった。そこに、経験を踏まえたジョンソン流の正義感を見る。(2)二〇〇九年の民主党政権が短命に終わったことも、首相のガヴァナンス力の欠如もさることながら、そういうふうに追い込んだワシントンの政治的動きを批判した。

†アジア通貨危機論議

チャルマーズ・ジョンソンの著作を貫く視点は、自らもかつて軍人としてその一員だったアメリカの軍産複合体、およびワシントン政権主流派への痛烈な批判である。しかも日本を属国、もしくは衛星国として蹂躙《じゅうりん》するアメリカの軍事力を中心とした政治権力の構造を、グローバルに広がる基地帝国として性格づけた。グローバリゼーション自体も、かつて帝国主義と言っていた語彙の言い換えにすぎないと、一刀両断する。

筆者が主としてジョンソンのアジア通貨危機認識を取り上げるのは、アジア通貨危機を、同時期に起こった日本の金融危機と同様に、「資産の壮大な歴史的移転」だったというジョンソンの認識がきわめて独特であり、にもかかわらず日本における金融不安認識が、そういった視点をあまりにも無視しているように思えるからである。それは、図らずも日本のアジア認識の過度な偏りを照らし出したように思われる。

換言すれば、日本を単独文明として別格扱いにしたハンチントンは、日本で人気を集め、日本の金融危機にアジア通貨危機との類似性を喝破したジョンソンのアジア通貨危機論は無視されてしまった。そこには、はからずも日本社会における支配的世界観が現われており、二人の論説比較は意義深いというのが筆者の視点である。

アジア通貨危機では、まるで通貨を叩き売られたアジア側に原因があるというような言説（crony capitalism 縁故資本主義）が圧倒する時期もあったが、ジョンソンはそうした欧米における支配的見解と無縁だった。しかもアジア通貨危機とほぼ同時期に起こった、日本の信用不安（山一證券倒産から日本長期信用銀行国有化まで）との類似性を説くという視点を提供したのもジョンソンだった。

そもそも日本の論説で、この二つの危機を同列に論じる言説があっただろうか。これは日本をアジアの一環として論じる主張そのものが欠けているゆえである。

日米比較や日英比較ならばポピュラーだが、民族的には相似た同士であるにもかかわらず、日韓比較や日タイ比較など、さっぱり流行らない。この傾向と、両者の危機を別物だと眺め、比較の対象とすらしないという姿勢とは、同根なのではないだろうか。

日本の信用不安とタイ・バーツ危機を、同列に据えて比較する視点そのものが欠けている。一九九〇年代における邦銀危機と一九八〇年代におけるアメリカの貯蓄貸付組合S&L (savings & loans) 危機との比較ならば、論説が多かったにもかかわらず、である。

欧米では、日本をアジアの一国として論じる姿勢はいたってポピュラーである。現に、公刊された世界銀行『東アジアの奇跡』(3)では、日本は、高成長アジア経済の一例として、東アジアや東南アジア諸国と一緒に括られ、HPAEs (High-Performing Asian Economies) として、その経済成長における政府の役割が論じられている。

逆に、先に挙げたターガート・マーフィーは、日本人がよくアジアというとき、そこに日本が含められてはいないことに気付き驚いた、と言っている。さらに、イギリス在住歴の長かった森嶋通夫も、マーフィー同様、日本では「日本とアジア」という表現が違和感なく使われるが、イギリスでは「イギリスと欧州」という言い方は聞いたことがない、と評した。なるほど、それは、「東京と日本」という言い方が奇妙なのと同じだろう、と。

†株価暴落による所有権簒奪

チャルマーズ・ジョンソンは、一九九七―九八年のアジア通貨危機とは、所有権のバーゲン・セールともいうべき壮大な簒奪《さんだつ》だった、と喝破する。しかも、欧米の投資家による、元々の地元所有者からの破格の割引価格での収奪だった、と。

バンコクの目抜き通りにかつて聳えた地元所有者の瀟洒《しょうしゃ》なビルが、あっという間に欧米投資家の所有に変わってしまった。そして、それは東京やソウルでも同様に、数多い企業や不動産が、欧米投資家の手に渡った、と。この所有権の巨大な移転にこそ、日本の信用不安やアジア通貨危機に共通する性格があると見なすのがジョンソンの認識である(4)。

これは、欧米における支配的アジア観だった「縁故資本主義」説、あるいはポール・クルーグマンの論説で人気を博した「生産性向上なき生産力増大」説といった周知の言説とは、大きく異なる見方である。

「縁故資本主義」説とは、およそアジアにおける官は腐朽・腐敗を極めており、しかも情報は不透明で隠蔽されやすいがゆえに政府の財政規律が緩み、市場での公的筋への信頼を得ることは困難だという主張である。情報の不透明性、財政規律の喪失、腐朽・腐敗の常態化といった数々の難点が、投資家の激しい売り叩きを呼ぶ、というものだった。

一方、クルーグマンの主張は、東アジアの高成長経済は、けっして生産性向上によって成されたものではなく、人的資源（膨大な人口）や投入原材料の増大によって達成された成長なのだというものだった。

そういった経済は、人口増と原材料投入の停止とともにストップすると予想した。それは、かつて驚くべき高成長ぶりを示した旧ソ連経済が、生産性向上を欠く同様の欠陥によって、成長の頓挫に逢着した歴史と同じである、と。(5) その予言の直後に、アジア通貨危機が勃発し、その信憑性は俄然高まった。

しかしながら、こうした長い論争を背景に、チャルマーズ・ジョンソンが打ち出したのが、所有権簒奪論としてのアジア通貨危機論であり、日本も同じだと見なす。一九九七年十一月の山一證券の廃業、一九九八年には日本長期信用銀行や日本債券信用銀行が経営危機から国有化され、外資系投資ファンドに転売された。

これらを目の当たりにした日本興業銀行は、おそらく「次は我が身」という危機感を抱いたのだろう。富士銀行や第一勧銀と一緒に、みずほに統合される道を選択した。これによって、日本独特の金融機関だった長期信用銀行という類型は消え、独特の債券だった割引債（ワリコーやワリチョー等）も利付金融債（リッコーやリッチョー等）もなくなってしまった。

ところが、時期的に重なる（一九九七―九八年）にもかかわらず、日本の信用不安とアジア通貨危機の背景を、そのメカニズムの類似性に焦点を当てて論じた論客は、ジョンソン以外にいただろうか。不良債権問題を解決できないために経営不能に陥ったのだから、危機脱出のために不良債権処理を急げというばかりだった。要するに、不良債権を累積させた銀行の自業自得だという批判だった。

叩かれた銀行は、不良債権先の担保物件を次々に捨て値で市場に放出し、それを買収したのが外資系投資ファンドだった。気がつけば、かつて名門と呼ばれた老舗企業や旧一流ホテル・老舗旅館の所有が、続々と外資系投資ファンドの手に落ちて行った。周囲を見渡せば、あっと言う間に、外資系経営や所有の企業が増えたのである。

たとえば、宮崎にある第三セクターの失敗事業だったシーガイアは、投資ファンドのリップルウッドに買収されて、シェラトンに改装された。中内ダイエーの抱える不良債権だった福岡ドームは、アメリカの投資会社コロニー・キャピタルに買収された後、シンガポール政府投資公社リアルエステート（GICRE）に売却され、そして現在はソフトバンクに売却されている。同じくダイエー所有だった新神戸駅前の新神戸オリエンタルホテルはモルガン・スタンレーに売却され、現在は、ANAクラウンプラザホテル神戸として営業する。

一九九〇年代には不良債権問題と言えばダークなイメージ一色で、不良債権取立てには暴力団等との軋轢《あつれき》が絡み、邦銀の当該物件担当者にとっては、命がけと言っても過言ではない状況だった。現に、不良債権処理に精力的だった関係者のなかには、銀行トップを始めとする「自殺者」が相次いだにもかかわらず、真相解明には至らなかった。ところが、一方では、恐怖の的だった不良債権処理が、今度は不良債権ビジネスに化け、高収益源(安値で買い叩き高値で転売するビジネス)と見なされるようになったのである。

この不良債権をめぐる「謎」は解明されないまま今日に至っている。投資ファンドを、ハゲタカやハイエナと称したり、あるいは企業再生ファンドと呼んだり、その評価が依然として定まらないのは、「謎」が解明されていないからである。

振り返れば、一九九七年十一月、創業百年の山一證券株暴落が引き金だった。パニックが襲った市場に、莫大《ばくだい》な買い注文が入った。倒産確実の株をいったい誰が買うのか。その四カ月前、安定していたタイ・バーツの為替相場も突然の暴落に襲われた。その後、危機はインドネシアや韓国にも飛び火していった。この危機は、縁故資本主義に特有の腐敗が、あるいはアメリカの経済学者ポール・クルーグマンの言う生産性の向上なき生産力増大が、原因だと言われた。

しかし何事も、時間の経過によって、真相が浮かび上がってくるものである。騒動の渦中では見えなかった意外な真相が分かってきた。当時は一部の少数派を除き、あまり関心を集めなかったが、この二つのできごと(日本とアジアの信用不安や金融危機)には重大な共通点があったのである。

叩き売った側は外資系投資ファンドや金融会社であり、暴落の憂き目に遭った側は、いずれも地元企業だった。はたして、これはたんなる偶然だったのか。山一證券廃業の翌一九九八年、長銀や日債銀も破綻し、結局は外資系投資ファンドの手に渡った。二一世紀に入ると今度は、日本最大のスーパー・マーケットで「ゾンビ企業」と揶揄された中内ダイエーも解体され、買い手として国内外の投資ファンドが手を上げる争奪戦が展開された。

こうして再整理すれば、アジア通貨危機も日本の金融危機も、空前の所有権移転劇だったという点で、両者は共通する。日本の老舗企業や都市ホテルが、次々と外資系の手に落ちていった。それは、バンコクやソウルの中心街に外資系が増えたのと同じで、これらは破格の安値での「史上最大の資産移転」だったのである。

韓国が通貨危機直後にIMFの管理下に入り、解雇が吹き荒れたとき、IMFを「I am fired(解雇された)」と揶揄するプラカードが続出したことを思い出す。IMFの指導に従って積極的な資本自由化策を採った韓国では、今や、財閥も大手銀行も、実質、外資系の手に落ちている。

もちろん、売り叩かれた側に問題がなかったわけではないが、それが主因ではない。なぜなら暴落後、海外投資家は再びアジアに、新規投資家として戻っている。高収益物件を割安で手に入れた外資系投資ファンドは、日本やアジアで新規ビジネスを再開した。もちろん、高収益を狙って転売を繰り返す投資ファンドに経営はできない。ホテルなら老舗ホテルに現場を任せ、投資ファンドは所有に徹するか、差額を手に入れて転売する。

投資ファンドの高収益は、配当として投資家に還元される。かくて日本もアジアも、ヘッジファンドや不動産ファンド、あるいはPEF（private equity fund 未公開株式買収ファンド）絡みのビジネス慣行が流行し、ファンド資本主義と言われるようになった。

†暴落はバーゲン・セール

たとえば、ある株価が一〇〇円のとき、当該株を大量に借り受けた投資家が暴落を予想して、市場で叩き売れば、価格が下がる。予想が当たって株価が一〇円にまで暴落したときに買い戻し、元の所有者に返済すれば、一株当たり九〇円の差益を得る。一〇〇万株の投機資金を投じた賭けだったならば、投資家は九〇〇〇万円という差益を稼げることになる（手数料除外）。

投機は当たれば儲け、外れれば損失である。結果的に投機差益が転がり込んでも、倫理的非難を受けることはない。市場とはそういうものだと言ってしまえば言えなくもないが、これが初めから、価格を暴落せしめる仕掛け（＝破格の額の株式の借入れ）があったとすれば、まったく話は違ってくる。具体例に進む前に、投機の原理を考えておこう。

プット・オプション取引のメカニズムについて、日本取引所HPをもとに、発生する損益イメージを見ておこう（図2-1参照）。買い手と売り手が、価格の推移によって、どのように損益が発生するのかが分かる。要は、予想が当たれば「儲け」、予想が外れれば「損失」ということである。

投資家Aは株価下落を予想して、「下げ」に賭けた。したがって、売り手のBにオプション料（五〇円）を支払って、当該株を一〇〇〇円で売る権利（プット・オプション）を買ったとする。オプションとは売り買いの選択権のことである。売る権利をプット（put）、買う権利をコール（call）と言う。

しかし、実際には当該株は下がるどころか、一二〇〇円に上がってしまったとする。その場合は、一〇〇〇円で売る権利（プット・オプション）は行使できず、オプション料五〇円は捨てることになる。投資家Bは、一二〇〇円に上がった株価の読みが当たり、オプ

図 2-1　プット・オプション取引による損益解説

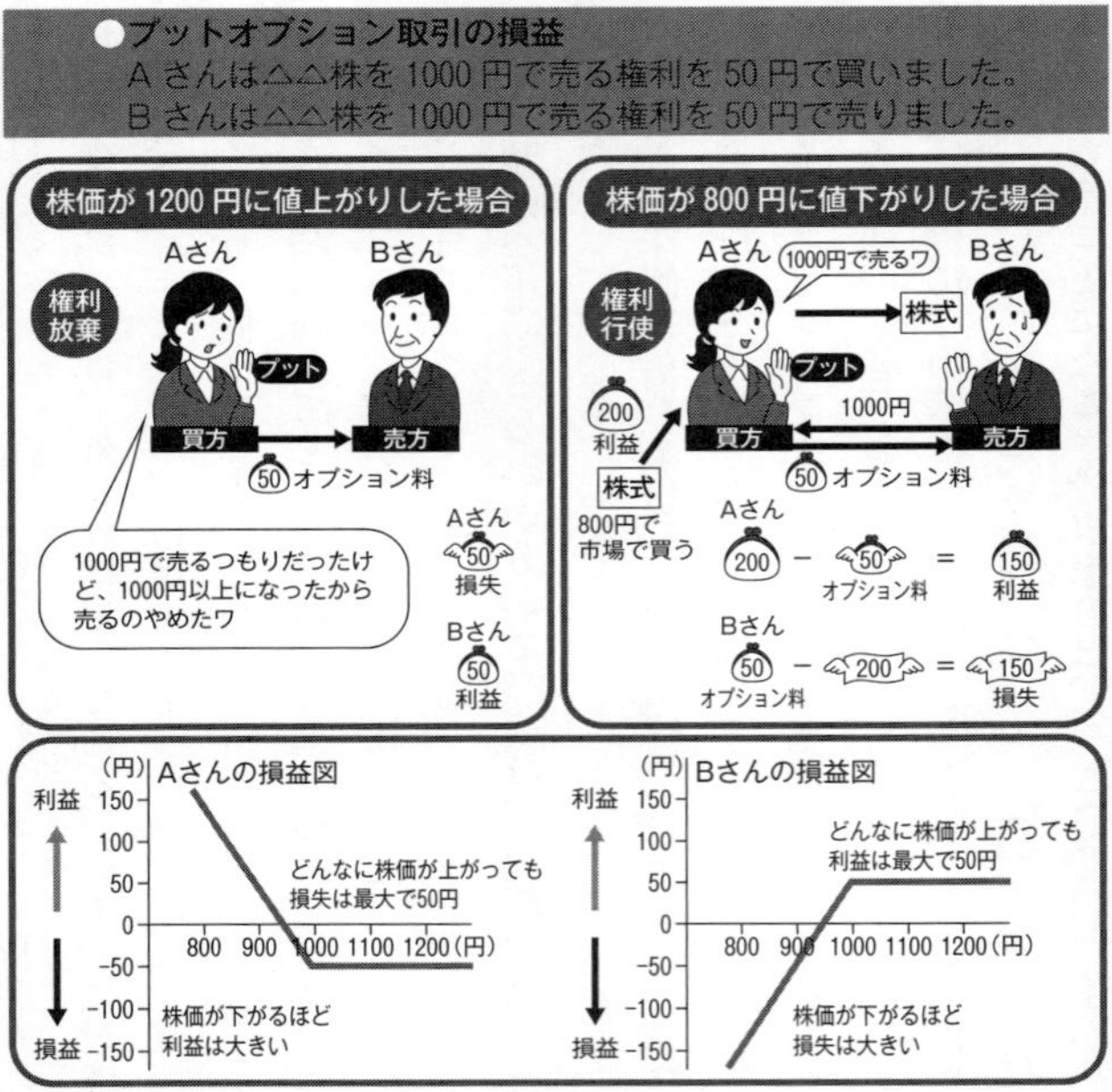

出典：日本取引所グループ HP をもとに作成

ション料五〇円を稼ぐことができた。このゲームは、当該オプションの売り手Bの勝ちである。

ところが、今度は逆に、株価が八〇〇円に下がった場合はどうなるか。市場では株価が八〇〇円なのに、投資家Aは当該株を一〇〇〇円で売る権利（プット・オプション）を買っている。したがって当該株を一〇〇〇円で売却すれば、五〇円のオプション購入料金を差し引いても、一五〇円の利益が手に入る。かくて、株価が下がれば下がるほど、投資家Aは利益を入手できる。

歴史的事実に即して敷衍すれば、投資家Aは日本株の「下げ」に賭けた欧米の投資家、プット・オプションの売り手Bは日本株の上昇を信じて疑わなかった日本側株主だった。「下げ」が当たった欧米の投資家には巨大な利益が転がり込み、長期保有者の日本側株主は莫大な損失を被った。この日本側株主というのが、それまで日本市場における支配的株主だった生保、銀行、事業法人だったのである。

†九・一一とプット・オプション取引

「売る権利」の売買であるプット・オプション取引の生々しい実例として、二〇〇一年九・一一（アメリカ同時多発テロ）との関係を探ることも、同取引がいかに情報と関わるかを知るうえで、参考になる。先の抽象的な説明よりも、市場と情報がからむ現場が想像されやすいかもしれない。

多くの人々が、当時は夢にも思い浮かばなかったであろうテロ事件と金融取引との関係について言及してみたい。おそらく、日本では、これを指摘するだけで陰謀論の誹《そし》りを受けそうだが、陰謀等のレッテルを貼る前に、現実の金融市場の取引メカニズムを知るべきだろう。

日本の識者の弱点は、たとえ国際金融や通貨の専門研究者であっても、「陰謀論者」というレッテルを貼られるのを嫌がり、これ以上の論究には進まないことである。これは、企みを持つ者には好都合である。知られたくない核心を突く見解には、「あれは陰謀論だ」と言えば、それで事実に蓋をすることができるからである。

米国防総省や米CIA等のアメリカ中枢の金融情報指南役として関与してきた、市場の専門家であるジェームズ・リカーズの分析によって、実際の市場の現場を見てみよう。(6)

リカーズは、九・一一におけるテロリストの金融取引とテロとの関係をモデル化するように、米CIAから依頼を受けた。それで彼は、ウォール街史上屈指の伝説的トレーダーでオプション取引の専門家であるジョン・マルヘレンに対して、墜落した航空機会社株式のインサイダー取引があったかどうかを尋ねた。マルヘレンの回答は、「あれは、私がこれまで見た最もあからさまなインサイダー取引だった」というものだった。

実際、マルヘレンの会社自身も、世界貿易センタービルへのテロ攻撃と、先物取引所が閉鎖されるわずか九十分間に、S&P500銘柄の先物を猛烈に売りまくり、七〇〇万ドルもの利益を手にした、という。だが、それはマルヘレンがテロ一味の情報をあらかじめ知っていたというわけではない。

テロリストによるテロ決行日を、ビン・ラディンが知ったのは同年九月五日だった。残された取引期間は四日間。テロリストおよびその周辺部にいた者たちは、ニューヨーク株式市場の「下げ」を予想するオプション取引に賭けていたのだ。サウジアラビアの富裕な一族だったビン・ラディン自身も、株式市場については博識で、ビン・ラディンのこのテロ事件と株式市場についての言質を、リカーズはこう伝える。

「ニューヨーク株式市場の損失は、一六パーセントに達しました。この数字は史上最大だと言われました。二三〇年以上前にあの市場が開設されて以来、一度もなかった数字だと。……あの市場の取引総額は四兆ドルに上ります。ですから、……損失額を出すと、それはアラーの思し召しで六四〇〇億ドルに達する」

テロリストはパニックに賭けたのである。その恰好の対象がオプション取引だった。テロリストとはいえ、その周囲には、金銭的な支援をする富裕層や仲間や家族等々がおり、テロリスト攻撃が間近に迫ったという情報は、口コミから社会的ネットワークを通じて広がっていった。多少長くなるが、重大な情報なので、リカーズの文面をそのまま引用しよう。

「テロへのカウントダウンが進む中で、市場のシグナルはツナミのように押し寄せた。特定の銘柄の下落に賭ける取引と上昇に賭ける取引は、通常は一対一だ。ところが、九月六日、七日の両日には、ユナイテッド航空株の下落に賭けるオプション取引が上昇に賭ける取引を十二対一の比率で上回った。九月八日と九日は週末で、証券取引所は休みだった。テロ攻撃前の最後の取引日は九月十日で、その日はアメリカン航空株の下落に賭けるオプション取引が上昇に賭ける取引を六対一で上回った。……テロ攻撃後の最初の取引日には、テロ前日の終値からユナイテッド航空の株価は四三パーセント、アメリカン航空の株価は四〇パーセント下落した。……オプション取引を行った者たちは莫大《ばくだい》な利益を得ていたのである」

こういった推論はリカーズだけのものではない。イリノイ大学の研究者アレン・M・ポテシュマンの、二〇〇六年までの四年間に行ったデータ研究に基づく結論は、以下のようだった。

「九月十一日に至るまでの数日間のオプション市場での異常な活動を示す証拠があり、これは投資家がテロ攻撃の事前情報にもとづいて取引したことと符合する」

なお、スイス金融研究所による、九・一一と金融取引についての結論も同様だった。

「プット・オプションの数は統計的に見て大量で、これらのオプションを行使することで実現される……利益の合計額は一六〇〇万ドル以上に上る。これらの発見は、やはり攻撃前のオプション市場の異常な活動を立証しているポテシュマンの証拠（二〇〇六年）を裏付けている」

いずれの見解も、九・一一に絡むオプション取引で、「下げ」に賭けたプット・オプションの取引が異常に膨張したのは、何らかの事前情報を知っていて、「下げ」によって莫大な利益が生じたのだと結論づけているのである。

では、なぜ、そうした読みができたのか。言うまでもなく、テロ攻撃の情報を知っていたからである。もちろん、リカーズが質問した相手のマルヘレンが、テロの関係者だというのではなく、テロについての事前情報も知らなかっただろう。しかし、株式市場を熟知する者として、事件勃発前後の異常事態を知るや否や、先物市場での売り浴びせという空売りに賭け、そして、それで儲けたのである。

つまり、周辺の関係者ではない者ですら儲けを実現できたのだから、事前にテロ攻撃情報を知っていた者にすれば、莫大な利益を手にすることはもっと簡単だったはずである。日本的な知的風土では、投資専門家のリカーズの読みも、イリノイ大学のポテシュマンの学術研究も、さらには、スイス金融研究所の研究も、すべて「陰謀論」として一笑に付されるのだろうか。

市場の胡散臭さと不気味さがここには提示されている。プット・オプションを買った投資家がすべて、テロ情報を知っていたわけではない。「下げ」に賭けた投資家のほとんどは知らなかったはずである。しかし、事件直前のそうした売買動向（異常な量のプット・

オプションの買い予約）から、何らかの市場の下落ムードに賭けた投資家が「売り」に殺到したというわけである。

リカーズの言うように、「弱気の賭けが強気の賭けを上回る一方的な取引は、その銘柄に関するマイナスのニュースがある場合は異常ではないだろう。だが、当時、航空会社についてはとりたててニュースはなかった」。しかし、その他大勢の投資家は、「下げ」に賭ける市場の異様なムードを察知し、一挙に、そうした「下げ」への賭けを増幅させた。これが市場の恐ろしさだろう。これは陰謀でも何でもない。正当な先物取引である。九・一一当日、市場の大混乱を予想したからこそ、ニューヨーク証券取引所は即座に閉鎖され、次の取引開始は翌週の九月十七日だった。

翻って、日本の歴史に残る市場開閉事件と言えば、一九七一年八月のニクソン・ショックの嵐が世界中を吹き荒れるなか、欧州その他の外国為替市場は閉鎖したが、東京だけは閉鎖せず、金兌換を失って下落確実だった米ドルを、一ドル＝三六〇円の固定レートで買い支え続けた愚策が記憶に残る。

その結果、日本に膨大な米ドル売りが押し寄せ、米ドルを買い支え、日本円という過剰流動性（マネーサプライ）を市中に供給することになった日本経済は、巨大なインフレ圧力を被った。しかしその後、多くの研究者やジャーナリストはその行為を「謎」だとは言うものの、その旧大蔵省の失政が総括されることはなかった。日本では、政策決定権を掌握していた高官や政治家の失政が総括されないのは、残念ながら戦争直後だけではない。

多様な情報が交差するなかで、市場の動きがどうなるのか。それを読む識者や投資家は、どのような情報が市場に影響を及ぼすのかについて、アンテナを張って市場のシグナルを読まなければならない。アメリカの九・一一も、同様に、多様な情報が市場での取引の動きを左右したのである。「上げ」に賭けるコール・オプションと「下げ」に賭けるプット・オプションの圧力が市場を動かすが、その大本は情報である。

インサイダー取引の現場の様子が伝わってくれば来るほど、情報の重大さが改めてクローズアップされるべきだが、少なくとも陰謀論としてレッテル貼りをする姿勢からは、真相究明に向かう姿勢は生まれない。

†日本の先物観

アメリカのフリージャーナリストのグレゴリー・ミルマンは、日経225先物の上場をめぐる日本側関係者と海外の実務者とのやり取りから、日本側の先物観を明かす。バブル沸騰の頂点で、日経225先物の下落に賭けたプット・オプションの投資家が、日本最大の投資家だった生命保険会社に対して求めたプット・オプションは相当なものだった。

日本の生保が海外投資家に売ったプット・オプションがどれほど巨大だったか、その金額については、「正確には誰にも分からない」ものの、ミルマンは、一〇〇億ドルから七五〇億ドルが市場に出回ったというSEC（アメリカ連邦証券取引委員会）の委員の推計を記している。(7)

これは一ドル＝一〇〇円で換算しても、一兆円から七・五兆円になる。数兆円以上の規模の取引だったと推測されている。海外の投資家とは、ゴールドマン・サックス、ソロモン・ブラザーズといった面々だった。しかし、大量に株式を保有していた日本の生保には、暴落したときに買い戻すというような無謀（？）な取引の現実的可能性が分かっていなかったのだろう。

この日経225プット・ワラント取引（日経225を原資産とする売りオプション）がAMEX（ニューヨークにあるアメリカン証券取引所のことでAmerican Stock Exchangeの略）で始まったのは一九九〇年一月十二日のことだった。結果は、バブルの上昇継続を予想した日本側の負け、暴落に賭けた米投資銀行が巨大な利益を得た。(8)

これについては、ミルマンが、詳細な交渉経緯を明かす。AMEX側は、同じニューヨークにあるNYSEとの競争に勝つため、できるだけ競争力のある魅力的商品を欲していた。そこでAMEXが目をつけたのが、日経225オプション取引だった。だが、東証から交渉に臨んだ副理事長はとにかく規制強化一本槍で、新商品の開発を許さなかった。このときの東証側の姿勢を象徴するのが、東証副理事長の行った講演で、ミルマンはその思考様式を明かしている。

「デリバティブ市場が株式市場、つまり現物市場から投資家をだまして連れ去り、その結果日本の株式市場を弱体化させた……。われわれは、尻尾が犬を動かすこと（主客転倒）は避けるべきだ(9)」

つまり、日本としては、株式市場はあくまで現物市場が主導すべきであって、先物市場は付加的なものにすぎないという考え方だった。結果はどうだったのか。まずは、東証はアメリカ側との交渉に失敗し、AMEX側は独自の日経225オプションを商品化させることに成功した。次いで、帰国した東証副理事長は、大阪での規制強化に乗り出したが、逆に、大阪で減少した日経225先物取引はシンガポールに流出し、シンガポールにとっては、恵みとなった。

そして、ついに、アメリカ議会がこの経緯を知り、規制強化案件についての善処（つまりは規制緩和の要求）を、日本の蔵相（現在の財務相）宛てに提出するという事態に至った。一九九二年三月のことである(10)。

†SIMEXでの先物規制交渉

ミルマンによると、同じ東証副理事長は、アメリカで、AMEXでの日経225先物での自由化反対交渉に失敗しただけでなく、シンガポールでの調整にも失敗した。先物の直物への影響を考えれば、東京市場の動向は、日本の深夜に取引されるシカゴCMEの日経225先物や、日本の早朝に取引が始まるシンガポールSGX（一九九九年にSIMEX〔シンガポール国際金融取引所〕とシンガポール証券取引所が合併した、シンガポール取引所のこと）の日経225先物を抜きには予想できない。その主たる投資家は、各種ファンドの欧米投資家だからである。

かれら投資家は、シカゴやシンガポールでの相場を睨みながら、翌日の東京での直物相場に備える。しかも、シカゴCMEとシンガポールSGXは相互相殺協定を結んでいる。

シカゴもシンガポールも大阪も、さらに東京でも、株式取引（現物も先物も）に携わる主役は、ヘッジファンド等、プロの投資家集団である。そこには、短期利鞘を狙うヘッジファンドもいれば、長期運用で構える年金ファンドもいる。ファンドと言っても、その運用姿勢は多様で、日本株での運用で利鞘を稼ごうとするファンドからすれば、どの市場も運用先の一角にすぎない。

ミルマンは、日経225先物に対する規制をめぐる日本側とシンガポール側とのやり取りを記す。ときは、一九九二年春、場所はシンガポール、当時の大蔵省から天下った東京証券取引所副理事長はSIMEX理事長のアン・スウェチャンと対峙して、シンガポールが大阪と同じ日経225先物取引の規制強化に服するように迫った。

英語と中国語の二つを母国語とするチャンは、シカゴのノースウェスタン大学でMBA（経営学修士）を取得し、帰国後、シンガポール金融庁に就職し、その後、SIMEXに転じたという経歴をもつ。ノースウェスタン大学は、シカゴ大学と並ぶ中西部における市場主義のメッカとして有名で、チャンもそうした教育に育まれた。東証副理事長の威嚇《いかく》的なジェスチャーに屈せず、チャンは規制するか否かを決するシンガポールの権限を、日本に譲《ゆず》るつもりはないと告げた。

「もし日本の目的が先物取引を抑え付け、駄目にすることであり、一方、シンガポールの目的が先物取引市場の発展を目指すものであるなら、共通の協力基盤を見出すのは無理でしょう（中略）外国の取引所の規制がわれわれの取引所を束縛できるとは思いません」(11)

こうした規制をめぐる動きの根底には、先物取引が直物相場に悪影響を及ぼすことを遮《しゃ》断《だん》したいという、日本の政策当局の姿勢があった。したがって、大阪では、先物取引の規制が強化され（証拠金や手数料の引き上げ）、日経225先物ならぬ、日経300先物が行政指導によって作られた。

行政当局は、先物取引については習熟していなかった。だからこそ、東証副理事長はアメリカのAMEXへ、さらにシンガポールのSIMEXへも、規制強化によって、先物取引を力ずくで抑え込もうという姿勢で一貫していた。

そもそも、大阪証券取引所が日経225先物取引を開始したいという申請が承認されたのは一九八八年のことだったが、そのとき、東京銀行の本田敬吉顧問（当時）は、「それはフランケンシュタインみたいなもので、とても大蔵省の手に負えるものではなかった」[12]と語る。

一九九四年二月、日経300先物の取引が大阪で始まった。今でこそ、日経225先物は市場メカニズムを維持する重要なものだとされているが、前述のように、当初は直物への悪影響を懸念する声が大きかった。一方、行政指導による日経300先物は取引需要も乏しく、評判も芳しくはなく、二十年近い歳月を経て二〇一三年六月に取引を停止した。

†日本を覆う先物原罪論

市場こそが現場である。情緒的レッテル貼りでは、確かな現実の深層は解明できない。

二十数年前、あれほど流行った暴落の原因を先物に求める「先物犯人説」は、今では、すっかり姿を消してしまった。市場を監督する行政の失敗を象徴するかのような日経300先物は、総括されることなく、ひっそりと消えていった。しかしながら、「先物悪玉論」自体は、建前は別として、関係者の頭からは依然離れていないのではないか。

ところで、AMEXやSIMEXで規制強化を叫んだ東証副理事長は、絵に描いたようなエリート官僚の天下り人生を歩んでいる。筆者は、その先物をめぐる交渉現場について、ミルマンの記述から知っただけだが、市場を抑え込もうとする日本の官僚の脳裏にある「先物元凶」観は、世界中に情報として知られる結果となってしまった。そして危惧されるのは、知られたということだけではなく、現在に至っても、この思考様式から解放されていないのではないか、ということである。

しかしながら歴史を遡れば、こうした先物観は今に限ったことではない。世界最初の先物取引所とも言われる大坂堂島米市場だが、その開設は徳川吉宗の治世下にあった一七三〇年のことだった。しかしそれ以前から、江戸期の大坂には多くの蔵屋敷が並び建ち、米は主要な取引商品であり、日本各地から大坂に流れ込んだ米売買で、各藩はその財政をファイナンスしていた。大坂が「天下の台所」と称されたのはそれゆえである。江戸時代における市場経済の発達ぶりを象徴する証拠として、よく採り上げられる事例である。

ところが興味深いことに、幕府は当初から、帳合米《ちようあいまい》取引と称される先物取引に好意的ではなかった。米相場が乱高下するのは好ましくなく、公認される以前は、大坂で取引される米市を警戒していた。一六五四年に江戸幕府が大坂で出した触書《ふれがき》が、その思考様式を端的に示している。

「大坂で米仲買をする者の内、諸大名の蔵屋敷から米を買い、代銀の三分の一を支払い、手形を貰い受け、期日はあるとはいえども、その期日を延ばして手形を転々と売買することにより、米価を高値にしている者がいる。この売買は先年にはなかったことで、近年になって米仲買の者たちが始めたことである。とりわけ大坂だけでこうした商売が見られるので、これを禁ずる」(13)

このように、公設市場開設の八十年近く前の一七世紀半ばから、豪商淀屋の店先で行われた自然発生的な米取引こそが、実質的な先物市場の発祥だと言えるだろう。筆者の経験だが、シカゴ連銀のエコノミストの話のなかにも、この大坂が先物取引の発祥の地だということはよく出ていた。「シカゴの先物市場はそれをコピーしたのさ」と。筆者は、ちょっと誇らしげな気分を抱いた記憶がある。

閑話休題——現物の米がないにもかかわらず、見込みで米手形が振り出され売買されていたというのだから、一七世紀半ばの大坂には、すでに先物取引が行われており、そして、その中心に豪商淀屋がいて、そうした相場取引を苦々しい顔で抑え込もうとしていたのが幕府だったのである。[14]だからこそ、淀屋は幕府に潰されたと言えるだろう。

江戸時代にあって、この米相場の乱高下を「お上」の力で捻じ伏せようとした幕府のDNAは、一九九〇年代初頭に株価乱高下を先物取引規制強化で抑え込もうとした日本の行政当局に引き継がれている、と言うことができないだろうか。

二〇一七年十二月に刊行された日本取引所グループ『日本経済の心臓 証券市場誕生！』[15]は、江戸時代にすでに市場機能を担っていた堂島米取引所について、世界最初の先物市場として誇らしげに高い評価を下すものの、一九八〇年代に取引が開始された日経225先物や日本国債先物に対してはコメントがない。

先物取引を価格下落（江戸時代は米、現代は株価）の元凶（「先物犯人説」）として嫌い、規制強化を狙ったものの、時の勢いには勝てず、結局は、先物取引を公認するというように、方針転換せざるをえなかったという点で、共通するのではないか。

†危機自体が儲けの標的

アジア通貨危機には、日本の信用不安と共通のメカニズムが見出される。通貨か株式をいずれも大量に借り入れて、市場で叩き売り、通貨や株式が大きく値を下げたところで、それを買い戻すことによって、破格の安値で元の物件を所有できるという投機行為であり、「下げ」で儲けるメカニズムである。

アカデミズムでもジャーナリズムでも、支配的見解は依然として、縁故資本主義説や生産性向上を欠く生産力限界説といった「国内要因支持説」が主流だったが、ジョセフ・スティグリッツのような一部の経済学者は、少数派ながらも、この件を指摘していた。いわゆる「投機主犯説」である。

「ある投機家がタイの銀行へ行って二四〇億バーツを借りたとしよう。もとの為替相場だと、これは一〇億ドルに交換できる。一週間後、為替相場が急落する。一ドル＝二四バーツだったものが、いまでは一ドル＝四〇バーツになっている。彼は六億ドルをバーツに換え、その二四〇億バーツで借金を返済する。残りの四億ドルが彼の儲けだ(16)」

為替相場の乱高下によって、いかに差益を得ることができるか。そのメカニズムが「下げ」での儲けを狙った為替投機にあることは明白である。一九九六年までは、きわめて安定していたタイ・バーツ相場が、一九九七年から一気に暴落に転じた（図2－2）。

負債通貨が高値に推移する米ドルで借り入れていたならば、借り手は膨大な差損を被り、悲劇が襲うことになる。米ドル建てでの借入れは、固定相場に近かったタイでは、金利が低いことも手伝い、きわめてポピュラーなビジネスだった。多くの地元タイの金融会社は

図 2-2　タイ・バーツの対米ドル為替相場の推移（1981 年–2016 年）

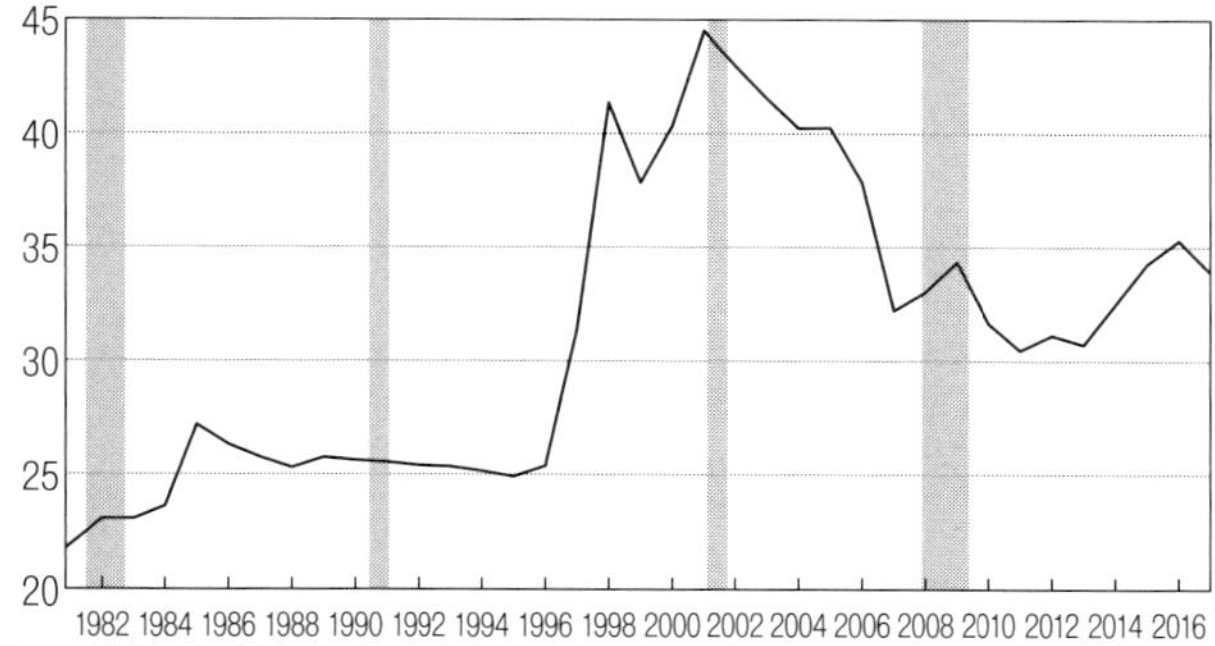

注：1 米ドルに対するバーツ価格
出典：Federal Reserve Bank of St. Louis, *Economic Research*

米ドル建てでの対外負債に積極的だった。

しかし、一方、下落するタイ・バーツの借り手は濡れ手で粟となる。バーツの借り手とはタイに投資を目論む海外投資家であり、米ドルの借り手は安い金利で米ドルを借り入れ、タイでのビジネスを展開する地元投資家だった。タイでビジネスを遂行するには、借り入れた米ドルはバーツに転換されて使われることになる。給与支払い、取引相手への支払い等、現金にはバーツが要る。要するに、バーツを借りていた海外投資家は大儲け、米ドルを借りていたタイの地元投資家は破産続出だった。

ここで、たまたま相場の読みが当たっただけではないかとか、あるいは縁故資本主義の不明瞭さが投機家にタイ・バーツの売りを実行させただけだ、という見解も多い。これは、タイ・バーツの自滅だという論理で、原因はタイ国内にあるという見解になる。

しかしながら、タイの公的筋やビジネス慣行の不透明さゆえに、あるいは公的筋の腐敗や腐朽ゆえにタイ・バーツが暴落したというのならば、海外投資家は通貨危機の後、なぜタイへ戻ってきたのか。バブル崩壊の前後で、タイの縁故資本主義の内実が変わったとは到底思えない。

しかし、通貨危機の前後で劇的に変わったことがある。それは、タイの不動産（地価）や企業（株価）や労働力が、バーツ安のために劇的に下がったということである。結果として、タイ向け投資を目論む外資にしてみれば、土地も企業も割安で買収・投資しやすく、雇用も割安になったということなのである。

実際、FRB（米連邦準備制度理事会）の調査レポートでは、アジア通貨危機で儲けた大手米銀は多かった。つまり、為替の乱高下メカニズムを利用した儲けは、巨大なバーツ建て負債を抱えていた米系の銀行やファンドへ、逆に損失を被ったのは巨大な米ドル建て負債を抱えていたタイの地元金融会社、と勝敗はみごとに分かれたのである。

なかには、アジア通貨危機諸国への貸付債権がいちばん大きく、しかも危機後は大きく当該債権を減らしたことで、犯人は邦銀にありという「邦銀主犯説」が大きく唱えられたりもしたが、それは的外れである。なぜならば、貸付債権の不良債権化を恐れた邦銀が、自己防衛のために債権額を減らして撤退したにすぎないからである。

通貨や株式の暴落から投機益を狙うような芸当は、邦銀にはけっしてできないし、そのノウハウもないというのが、バンコクで調査した際の筆者の感想である。またFRBが調査したような、投機で収益を稼ぐ大手米銀のような邦銀データを見つけることもできなかった。ジョンソンの言うように、アジア通貨危機とは、所有権の巨大な簒奪だったという見解が真相に近いだろう。

そういう意味合いで、ジョンソンは日本の金融危機もその他アジアの通貨危機も、資産のバーゲン・セールという点では同じで、破格の安値で買い漁る欧米資本を「ハイエナ」「ハゲタカ」（原語はいずれもvulture）と称したのである。

第3章

アジア型から市場主義へ

†「入亜」「脱亜」の綱引き

一九九〇年代から二一世紀にかけての日本の対外戦略の大枠での変更は、アジアシフト構想の後退と、それに対して、アングロサクソン型、ビッグバン政策といった市場主義的発想への転換だった。かつて頻発された「市場の失敗」という言葉が後景に退き、「市場主義の有効性」「市場メカニズム」あるいは「国家の失敗」「国家の退場」といった言葉が席巻した。

一九八〇年代後半、日本が世界最大の債権大国に浮上したことと対照的に、アメリカは世界最大の債務国に転落した。つまり、日本は最大の貸し手で、アメリカは最大の借り手となった。しかしながら、貸し手の日本は米ドル建てで債券を有するため為替リスクを負い、借り手のアメリカが為替リスクを免れるという、歪《いびつ》な構造だった。それは、債権国が債務国通貨建て債券を保有し、為替リスクを債権国が負うという奇妙な関係だった。

なぜ日本は、経済大国や債権大国に浮上したにもかかわらず、バッシング（市場の閉鎖性や為替相場の過度な円安）ばかりを受け、貸し手という貢献度を評価されることがなかったのか。アメリカはジャパンマネーの流入がなければ、金利引上げは必至であり、そうなれば、景気失速を余儀なくされたはずだ。そうしたジャパンマネー流入を評価する発言

（アメリカ経済の下支え）どころか、ジャパンマネーの過度な流入がアメリカをはじめ世界の物件（古城や老舗ビルから名画まで）を買い占める元凶だと批判された。

一方、共同体形成では、欧州ではECからEU[1]への発展ムードが高まり、北米では、NAFTA[2]という北米三カ国の共同体結成ムードが高揚していた。そうした中にあって、日本はどうするのか、東アジアにおける共同体形成をいかにデザインするのか、日本の役割とは何かといった話題は大きな関心を集めた。

アメリカの国際政治学者で、『ジャパン・アズ・ナンバーワン』の著者として有名なエズラ・ヴォーゲルによれば、日本が「脱亜」ではなく、アジアに戻る「入亜」という選択肢をとることは難しい。なぜなら、日本経済の貿易相手国に占めるアジアの比重が増大したとはいえ、こと投資で見る限り、日本の投資先相手国は圧倒的にアメリカ、次いで欧州だからであり、したがって、日本のアジア回帰は無理という判断だった[3]。

一方、アジアの共同体構想に対して、当初からきわめて前向きで積極的発言を繰り返したのは、マレーシア首相のマハティールだった（二〇一八年に首相職に復帰）。一九九〇年前後から、当時マハティールが主張したのはEAEG（東アジア経済グループ）、のちにEAEC（東アジア経済協議体）と呼ばれる構想になった[4]。

マハティールのEAEC構想は、オーストラリアやニュージーランド、さらにアメリカを公式メンバーから除くものだった。これらアジアだけのメンバーからなる共同体結成に、いつでも強い横槍を入れてきたのが、アメリカだった。

「ASEAN＋3（日本・中国・韓国）」という枠組みは、二〇〇五年に出発した東アジアサミットの中核メンバーであり、第一回会議はマレーシアで開催された。しかし、すぐに、オーストラリアやニュージーランドやインドが、さらに米ロも加わって、東アジアサミットの構成メンバーは「ASEAN＋3＋5」（＝十八カ国）にまで拡大した。

構成メンバーの選択については、多様な思惑が交錯した。基本的にアメリカを除外するいかなるアジアだけでの共同体の枠組みも、アメリカは拒否した。

日本も、「ASEAN＋3」というグルーピングでは、中国の覇権への警戒心を拭えず、アメリカの意向に従う方が無難だという配慮が働き、当初から東アジアサミットへのアメリカの参加（オブザーバーではなく公式メンバーとして）を求める発言を繰り返した。結局、東アジアサミットは、膨張の一途を辿ったAPEC（アジア太平洋経済協力会議）同様、あまりにも過大な組織が求心力を喪失するかのような愚を犯した。

しかし、それこそがアメリカの意図だと言うのが、アジアパワーに次代の牽引車を見出す政治学者の進藤榮一である。進藤は、アメリカの狙いを、「東アジアサミットを事実上形骸化させ、地域統合の進展に歯止めをかけ」ることだと喝破した。参加国の数が増えれば、利害が錯綜して、統合へのコンセンサス（合意）と制度化が難しくなるからである。[5]進藤の主張は、マハティールの読むアメリカのアジア戦略の狙いと重なる。つまり、アメリカは、APECにも東アジアサミットにも、アメリカ抜きのアジア共同体形成への気運を阻止するために参加したというわけである。

アジアとEUとの決定的相違は、APECにも東アジアサミットにも、システムと呼べるような制度が何もないことである。EUには、独自の政策立案を行う欧州委員会、独自の議会である欧州議会、そして司法は欧州司法裁判所というように、国民国家とは別のEUのためのシステムが機能している。

それに、EU全域ではないが、単一通貨の発行銀行ECB（欧州中央銀行）も中央銀行として機能しており、ユーロが国民通貨に替わっている。さらに、軍事機構としてはアメリカとEUが組むNATO（北大西洋条約機構）があり、アジアとはASEM[6]（アジア欧州会合）という地域間提携の常設会合を立ち上げている（ここにはアメリカは入っていない）。

総じて、アジア独自のシステムがないのは、アジアの高成長経済に魅力を見出す欧米がアジアの成長の果実を、自らの域内に取り込もうとする思惑の反映である。したがって、アジア域内協定こそほとんどないが、アジアと非アジアに跨る地域間協力（APECもASEMもそうだ）は多い。

かくてアジア志向を採るべきかどうか（「入亜」か「脱亜」か）については、議論自体が錯綜する一方で、実際の日本の外交方針（もしくは国際戦略）は、次第に「脱亜」の色濃いものに傾いていった。いや正確に言えば、外交姿勢として「脱亜」と「入亜」のいずれを選択すべきかの決断を下せないまま、ずるずると「脱亜」の姿勢を強めた、と言う方が当たっているかもしれない。地政学的には「アジア」よりも「アジア太平洋」という括りが優先され、「日米基軸」「日米同盟」という視点が圧倒するようになった。

政府ガイダンス型市場経済という性格付けが、アジアには妥当するといったかつて流行った旋律は、市場の規制緩和や民営化を最優先する考え（まさにアングロサクソン型市場認識）の下で、掻き消されていった。系列や企業集団や経済団体が、政府筋の行政指導の下、経済活動の主役だったかつての日本経済は変貌を遂げ、官庁名の変更（たとえば大蔵省→財務省&金融庁）や企業の合併（たとえば都市銀行→メガバンク）が頻発した。

†日本の陳腐なアジア観と現実

財界の一部には、関係改善の進捗しない中国を避けて、ASEANへの投資や貿易を促進しようという言説がある。日本の政権中枢の言う価値観外交も、かつて一九六〇年代の冷戦外交の「中国封じ込め策」の再版である。しかしながら、これは東アジアやオセアニア域内、あるいは欧米ですら、どこからも支持されていないように見える。

　さらに中国や韓国は反日だが、ＡＳＥＡＮは親日だという単純な分類も的外れだろう。そもそも、人口比でこそＡＳＥＡＮの華人は少数派だが、ほとんどのＡＳＥＡＮ各国で経済を牛耳るのは華僑・華人であり、そのビジネス・マインドは、かつてのような反中国ではない。むしろ、経済の発展に懸けるＡＳＥＡＮの域内パワーはすこぶる熱い（共産ドミノ阻止という当初の目的は過去のものとなっている）。

「バンブー・ネットワーク（bamboo network）」とも称される華人系人脈は、ＡＳＥＡＮを超え、中国本土でも欧米でも融通無碍《ゆうずうむげ》だ。しかも、日本社会が企業を媒介にアイデンティティを育むのに対して、個人ベースのつながりを重視する華僑社会は、会社や企業だけでなく、血縁、学校、地縁等々、個人間の結びつきによって広がる。

　かつて明治期にあって、福澤諭吉の「アジアにあってアジアでない」（「脱亜論」）というような意識は現在も続いている。福澤の論説自体は明治期の文明開化に賭ける矜持《きょうじ》を述べたものだったが、戦後にあっては、日本は唯一のＧ７参加国であり、唯一の先進国であり、最大の援助国であり、さらには技術大国であり、貸し手であり、ＧＤＰのシェアでもアジアで圧倒するといった数多い経済的指標によって育まれたと言える。

　しかしながら、こういう認識では、アジア経済の現下の変貌ぶりは理解できない。すでに二〇一〇年に中国のGDPは日本を上回り、世界のガヴァナンス機構の一角に座るG20には東アジア諸国が五ヵ国（日本、中国、韓国、インド、インドネシア）も並ぶ。先進諸国クラブの代名詞OECDには、韓国も一九九六年に加盟した（二〇一八年現在三十六ヵ国で、本部はパリ）。

韓国のGDPは、ロシアやオーストラリアよりも大きく、インドは旧宗主国のイギリスに次ぎ、フランスを抜く。時代の変化を無視し、日本がアジアで唯一の先進国で最大の経済大国だという旧聞に属する意識では、中間所得層増大をベースに高成長に沸く東アジア経済の沸騰ぶりは理解できない。二〇一七年で、一兆ドル以上のGDP十六ヵ国中、五ヵ国がアジア勢なのである。アジアの経済力向上の勢いには目を見張るものがある。

たとえば、為替相場を購買力平価で再計算すれば、アジアのメガ都市（とくに中国沿岸部）における一人当たりGDPは、日本に近づくことを根拠に、エコノミストの大泉啓一郎は、アジアのメガ都市の経済力や購買力（消費水準）は、地方の経済力とはかけ離れていることを強調する。(7)

つまり、中国やASEANのメガ都市圏のボリューム・ゾーン域内で生活する中間層には、もはや途上諸国という名称は当てはまらず、先進諸国に近い生活水準を有する新興国だという。大泉は、アジアのメガ都市に在住する所得の高い富裕層が、日本の文化や食品の積極的な消費者であり、日本製品のブランド力というソフトパワーは、そういう人々に支えられている、と指摘する。

一九九〇年代、高成長ニューエコノミーを享受したアメリカへは一六六〇万人という大勢が移住したが、二〇〇〇年代に九四〇万人へ、さらに二〇一〇年代は五六〇万人へ減少した。一方アジアへは、九〇年代はわずか一〇〇万人超だった移住者が、二〇〇〇年代には一六七〇万人、一〇年代には一三七〇万人である。

今や、世界の新規移住者の三六％がアジアへ向かい、欧米へはそれぞれ二〇％。移住者を送り出す側としても、人口の多いアジア出身者は世界の移住者の四一％を占め、しかもアジア域内での移住者が世界全体の二五％を占める。アジアの高成長が移住者（労働力）を世界中から惹きつけ、生産力高揚に寄与している光景が浮かぶ。アジア開発銀行（ADB）は、二〇五〇年には世界のGDPの五割をアジアが握り、産業革命以前の一八世紀と同じ状況に戻る、と予測する。(8)

現に、東京はアジアの主要な金融センターにすら追い抜かれ、その競争力維持に青色吐息で、アジアの主導的金融センターを目指すという当初の思惑は見事に外れてしまった。アジアの金融取引の現状を一瞥《いちべつ》しておこう。

たとえば外国為替取引で、二〇一三年に日本はシンガポールに、そして二〇一六年には香港にも抜かれた。BIS報告書では、二〇一六年四月の一日平均の外国為替取引額は、イギリス二兆四〇六〇億ドル、アメリカ一兆二七二〇億ドルの二大市場に対し、シンガポール五一七〇億ドル、香港四三七〇億ドル、日本は三九九〇億ドルだった。

この外為取引を通貨別に見れば（同じく、二〇一六年四月の一日取引平均）、米ドル四兆四三八〇億ドル、ユーロ一兆五九一〇億ドル、日本円一兆九六〇億ドル、英ポンド六四九〇億ドルと続く。つまり、日本円と外貨との交換である外国為替取引の相当部分が、東京ではなく、シンガポールや香港で行われているのである。その背景には、円取引のオペレーションを東京からシンガポールや香港に移した外資系金融機関の、戦略変更が大きく作用したとジャーナリストの太田康夫は読む。

そして太田は、シンガポールや香港の躍進と、片や東京の没落に、「市場企画力の差」を見出し、日本の市場が、中国やインドやASEANといったアジア市場への入り口として機能していない閑散ぶりに警鐘を鳴らす。(9)

貿易取引もかつてとは激変した。ASEAN全体の輸出入の国別内訳の最大は、もはやASEAN域内が二〇％を超えてトップを占める。国別でも、輸出相手国は、中国、アメリカ、EU、日本であり、輸入相手国は、中国、日本、EU、アメリカという具合である。つまり輸出入ともに、ASEAN最大の貿易相手は中国なのである。日本はいずれでも、

図 3-1　ASEAN の貿易相手国内訳（2016 年）

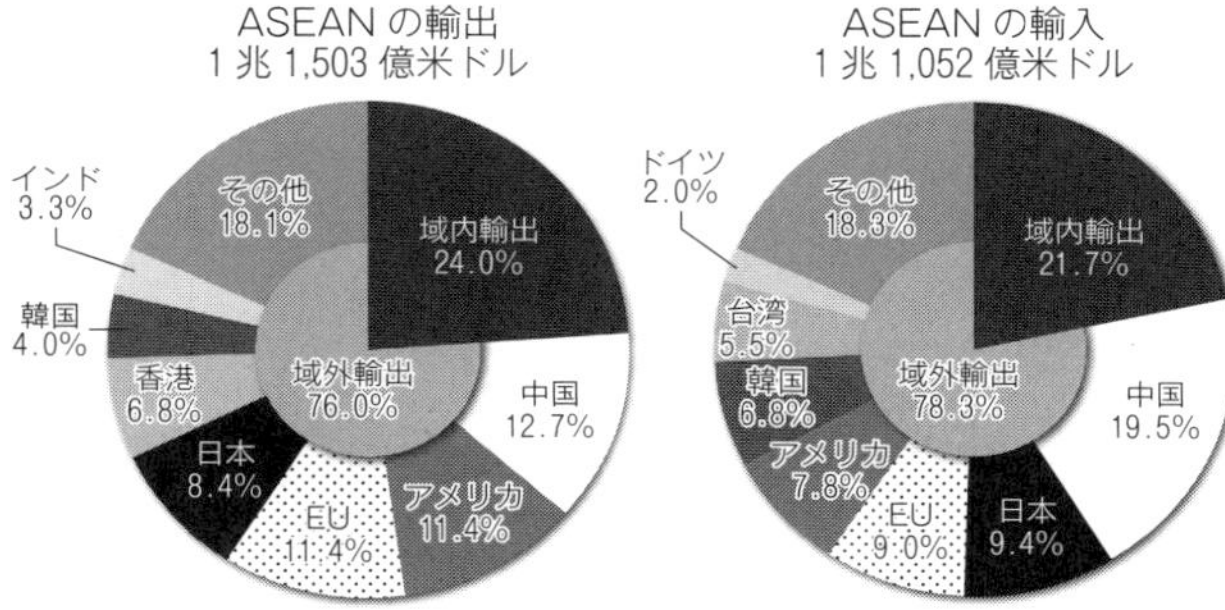

出典：IMF, *Direction of Trade Statistics*. 外務省 HP

その後塵を拝している（図３－１参照）。

かつてＡＳＥＡＮと言えば、日本から資本財を輸入して組立加工し、アメリカの消費市場向けに最終商品を輸出するというパターンだった。ＡＳＥＡＮの低賃金が対米輸出の武器であり、多国籍企業の企業内分業（intra-firm trade）によって、日米がＡＳＥＡＮの経済発展を支える中心に座るという見方だった。

しかしながら、そのようなＡＳＥＡＮ「工場論」だけでは、工場で働く低賃金労働者のイメージが浮かんでしまい、現在のボリューム・ゾーンと称される中間所得層の増大に支えられた「消費市場」へと発展する光景を見逃してしまう。

しかも、ＡＳＥＡＮにおける経済的担い手のエリート層には圧倒的に華僑が多く、中国人を熟知し、かつ欧米の植民地だったという過去の歴史から、旧宗主国の欧米にも精通する。したがってASEANは、官庁や企業や大学で、地元の言語のみならず、英語や中国語が飛び交う世界である。日本の裏庭のような感覚でASEANを見下す日本人エリート層には、ASEANの逞《たくま》しさは理解できないだろう。

アメリカからは、世界のガヴァナンスは「G2体制」だという表現が聞こえてくる。一九八〇年代は、「G2」とは日米のことだったが、今では米中を指す。そうした論客の一人が、ワシントンDCにあるシンクタンクのピーターソン国際経済研究所のフレッド・バーグステンである。一つの根拠として、二〇〇六年十二月に始まった米中戦略経済対話(Strategic Economic Dialogue: SED)のような、緊密に定期的に話し合う大掛かりな協議機関が米中にはすでにある。

しかも、この会議は、アメリカ側(当時のブッシュ大統領)が中国側(当時の胡錦濤国家主席)に打診して実現したもので、相互の主要閣僚がテーブルに着く。「G2体制」と称される現実がすでに存在するのである。

こうした公式テーブルで情報を交換し合う常設協議体がすでに存するなか、「中国封じ込め」のような非現実的戦略論が通用するはずもない。

さらに、米中の緊密な関係をチャイメリカと呼ぶ、ハーバード大学の歴史学者ニーアル・ファーガソンのような論客さえいる。しかもファーガソンは、中国、香港、シンガポール、台湾を広域中国と呼び、そのGDP総計がアメリカに近づくと言う。かつて流行ったジャパメリカ（日米）の現代版である。(10)

このような米中間の政治交渉によって、アジアの国際秩序が仕切られる風景は、極限化した二〇一七―一八年の米朝緊張を解きほぐすうえで、米中間相互のやり取りが最重要になりつつあるという現実を教えてくれるものだった。北朝鮮の後ろ盾として中国が動けば、アメリカは米中対話での折衝で応える。北朝鮮の金正恩委員長は、シンガポールでの歴史的米朝首脳会談（二〇一八年六月）の前後、訪中を繰り返した。

ASEANの経済的中心を握るのは圧倒的に華僑・華人であり、かれらは中国名とローカル名の複数の名前をもち、複数の言語を話す。インドネシアで華人叩きが激しさを増した一九九八年のアジア通貨危機の際は、多くの富裕層華人は華人の多いシンガポールに脱出して難を逃れ、騒動が鎮静化すると、シンガポールとインドネシアとの往来を繰り返した。政治中枢をローカル・エリートで占めるプリブミ（インドネシア語で「大地の子」という意味）政策をとるインドネシアでも、やはり経済の中心は華人である。

†物流の中心・アジア

アジアの経済発展とともに、物流拠点としてのアジアの存在感は大きく上昇した。港湾にせよ空路にせよ、その位置づけは大きい。かつては、神戸や横浜が世界的な港湾拠点として多忙を極めた時代もあったが、次第に、アジアの他の港湾にそのビジネスを奪われ、今では、上位五十の港湾には顔も見せない（表3－1）。

それにしても驚くことに、二〇一六年におけるコンテナ取扱量を見ると、中東のドバイを除けば、ベストテンに入る港湾はすべて東アジアである。アメリカのニューヨークや欧州のロッテルダムも、取扱量で、東アジア各港湾の後塵を拝するようになった。

これには、多少の説明が要る。たとえば、東京や大阪で作ったモノを中国に運ぶ場合、かつては東京や横浜から上海まで、あるいは香港に輸送したのだが、今では、博多まで陸路（多くが鉄道）で運び、博多港からコンテナに積んで韓国の釜山に、それから大型船で世界各地に向ける方が、いろいろな意味（コストや利便性）で都合がいい、という。したがって、かつての神戸、横浜という二大港町は順位を落とし、釜山は大幅に上がったのである。

筆者の釜山での経験だが、釜山港で多くの保税倉庫を建てて投資しているのは、意外にも、日本の商社や運輸会社といった日本資本だった。釜山に投資した方が、税制の優遇を受け、かつ大型船への積み替えも容易だし、さらには労賃も日本より安いとなれば、神戸・横浜から出港しなくても、小型船で博多・釜山間を輸送すれば利便性は高い。とりわ

表 3-1　世界の港湾ランキング（コンテナ取扱量）

1980 年

	港	国	取扱量
1	NY・NJ※	アメリカ	1,947
2	ロッテルダム	オランダ	1,901
3	香港	香港	1,465
4	神戸	日本	1,456
5	高雄	台湾	979
6	シンガポール	シンガポール	917
7	サン・ファン	アメリカ	852
8	ロングビーチ	アメリカ	825
9	ハンブルク	ドイツ	783
10	オークランド	ニュージーランド	782
12	横浜	日本	722
16	釜山	韓国	634
18	東京	日本	632

2001 年

	港	国	取扱量
1	香港	中国	18,000
2	シンガポール	シンガポール	15,520
3	釜山	韓国	7,906
4	高雄	台湾	7,540
5	上海	中国	6,334
6	ロッテルダム	オランダ	5,944
7	ロサンゼルス	アメリカ	5,183
8	深圳	中国	5,076
9	ハンブルク	ドイツ	4,689
10	ロングビーチ	アメリカ	4,462
18	東京	日本	2,770
21	横浜	日本	2,400
25	神戸	日本	2,100

2016 年

	港	国	取扱量
1	上海	中国	37,133
2	シンガポール	シンガポール	30,904
3	深圳	中国	23,979
4	寧波	中国	21,560
5	釜山	韓国	19,850
6	香港	中国	19,813
7	広州	中国	18,858
8	青島	中国	18,010
9	ドバイ	UAE	14,772
10	天津	中国	14,490
31	東京	日本	4,700

注：2016 年取扱量は LLOYD'S LIST CONTAINERS 推定値。取扱量単位は千TEU。※NY・NJ はニューヨーク・ニュージャージーの略。

出典：Lloyd's List 100 Containers Ports 2017, 日本海事センター *SHIPPING NOW 2018-2019*/データ編（なお 1TEU とは 20 フィートコンテナ 1 個分）

け中国の港湾を筆頭に、港湾を媒介にした国際物流の圧倒的大部分をアジアの港湾が担っていることが分かる。

この傾向は、空港の貨物輸送でも同じである（表3－2）。香港、仁川、上海の巨大国際空港が、貨物輸送の上位を占める。つまり、港湾同様に、国際空路での貨物輸送も、東アジアを拠点とする物流が巨大になっている。それは、多国籍企業の分業がアジア中心に遂行されているからである。香港も上海も、そしてソウル郊外の仁川も、新しい巨大空港である。

いずれもハブ空港を目指し、意

表 3-2　国際航空貨物の取扱量ランキング（単位・万トン）

順位	2005 年		2010 年		2016 年（速報値）	
	空港名	取扱量	空港名	取扱量	空港名	取扱量
1	香港	340.2	香港	413.1	香港	452.1
2	成田	223.3	仁川	263.4	仁川	260.3
3	仁川	212.0	上海浦東	234.3	ドバイ	259.2
4	アンカレジ	197.6	ドバイ	218.3	上海浦東	252.9
5	フランクフルト	183.6	フランクフルト	214.9	成田	208.3
6	シンガポール	183.4	パリ	214.2	台湾桃園	208.1
7	台湾中正	169.2	成田	212.6	フランクフルト	198.6
8	パリ	168.7	シンガポール	181.4	シンガポール	197.0
9	上海浦東	160.2	アンカレジ	178.7	パリ	191.2
10	アムステルダム	145.0	台湾桃園	175.3	アンカレジ	186.3

出典：IATA（各年版）"Worldwide Airport Traffic Statistics"。ただし、2016 年値は台湾交通部ウェブサイト。なお、両資料とも原資料は ACI（各年版）"Annual World Airport Traffic Report"。関西空港調査会「航空貨物輸送の今後の展望を探る研究会報告書」2018 年 3 月。

欲的である。離発着料も安く、なおかつ滑走路も大きいとなれば、増大する国際間貨物輸送に対して迅速かつ安価に対応できる。貨物にとっては、港湾も空港も、中継地としての利便性とコストが競争力の決め手だろう。人口でわずか七〇〇万人超の香港がトップだということは、「世界の工場」中国と世界を結ぶとき、香港が重要な中継地だからである。

表3－3をご覧いただきたい。アジアの港湾や空港に圧倒的な物流拠点を据える理由が分かる。欧米系多国籍企業の分業展開が、まさに東アジアで行われているからである。アップルはアメリカに本社を構えるIT企業だが、その生産工程は、サプライチェーンともオフショア

（外注）生産とも言うが、生産過程はアジア全域に集中している。

図3−2を見ると、アップルのiPhoneの場合は、オフショア生産を束ねる多国籍企業がアップルで、その生産請負が、ホンハイのようなアジア企業だということになる。アジア資本で、アジアの工場で作られたアップルのIT機器を、世界で消費しているのである。興味深いのは、生産した付加価値の国際的分配図である。

小売価格のうち六六％がアメリカ、つまりアップルの取り分である。最も拠点数が多い中国の取り分は、わずか一・四％にすぎない。残りは三二・四％である。収益の圧倒的な部分がアメリカに吸いあげられている。

生産過程の中心的役割を担うのが、二〇一六年にシャープを買収したホンハイである。

「工場タイムズ」（二〇一七年九月十四日）によれば、同社の本社は台湾で、中国に膨大な生産拠点をもち、電子機器の受託生産を行う世界最大の工場をもち、アップルからの依頼で iPhone 等の製造を行っている。なかでも iPhone 6 については、その六割を担っており、ほぼ独占的に製造している。シャープ→ホンハイ→アップルという階層構造のなかで、オフショア生産が遂行される。

ところで、アメリカの投資収益について、興味深い事実がある。一九八五年以降、経常収支赤字が嵩み、その結果、アメリカは世界最大の純債務国になったにもかかわらず、投

表 3-3　アップル iPhone 6 の国際生産ネットワーク拠点数

349	中国	11	ベトナム	2	ブラジル
139	日本	7	メキシコ	2	コスタリカ
60	アメリカ	6	インドネシア	2	オーストリア
42	台湾	6	イスラエル	2	オランダ
32	韓国	5	フランス	1	カナダ
24	フィリピン	5	チェコ	1	ポルトガル
21	マレーシア	3	ベルギー	1	スペイン
21	タイ	3	イタリア	1	モロッコ
17	シンガポール	3	アイルランド	1	プエルトリコ
13	ドイツ	3	イギリス	1	マルタ
				1	ハンガリー

出典：*Colombo Telegraph*, Jul. 17, 2016

図 3-2　iPhone の国際価値分配図

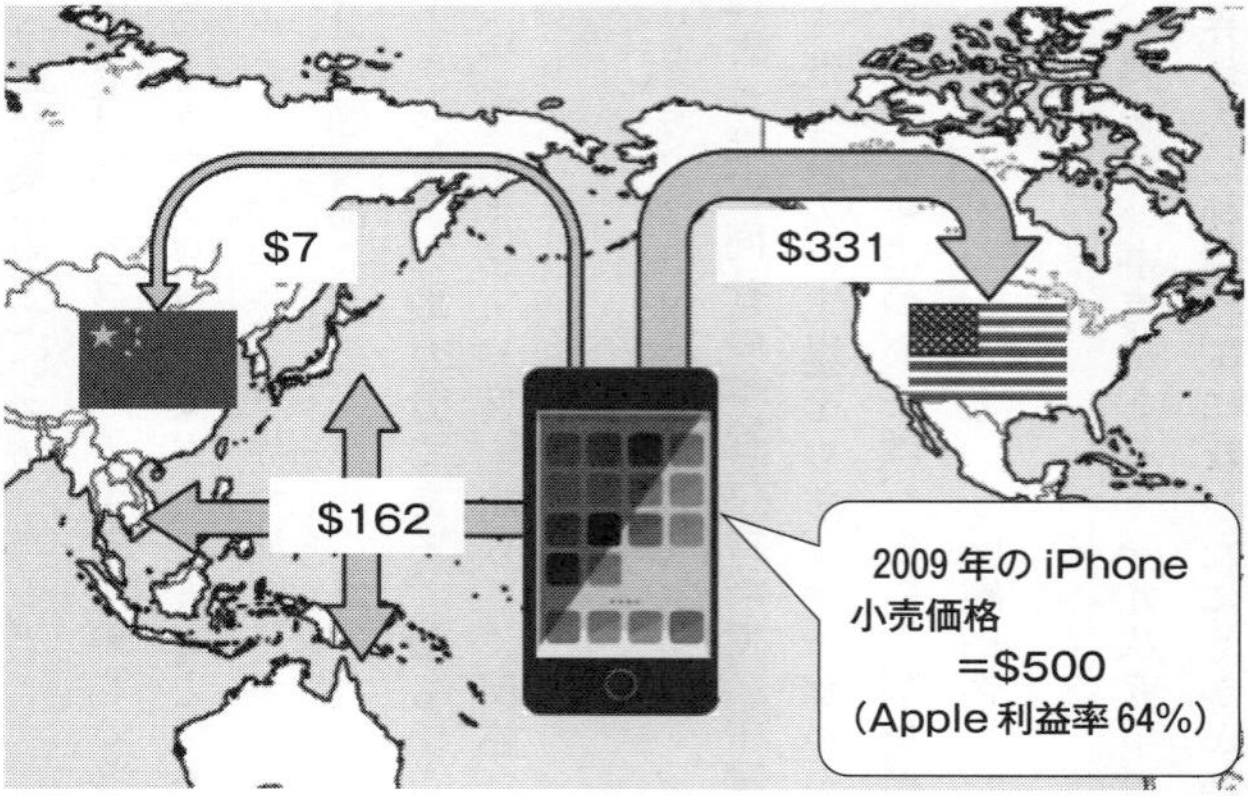

原資料：XING, Y., and N. Detert, "How the iPhone Widens the United States Trade Deficit with the People's Republic of China", *ADBI Working Paper Series* No 257, Asian Development Bank Institute, Dec., 2010.

出典：同上資料のデータを下に猪俣哲史が図式化したもの、同「東アジアの付加価値貿易」一橋大学学位請求論文、一橋大学リポジトリ。2014 年 3 月 24 日。

図 3-3　アメリカの在外資産の収益受取（1960 年-2013 年）単位：10億ドル

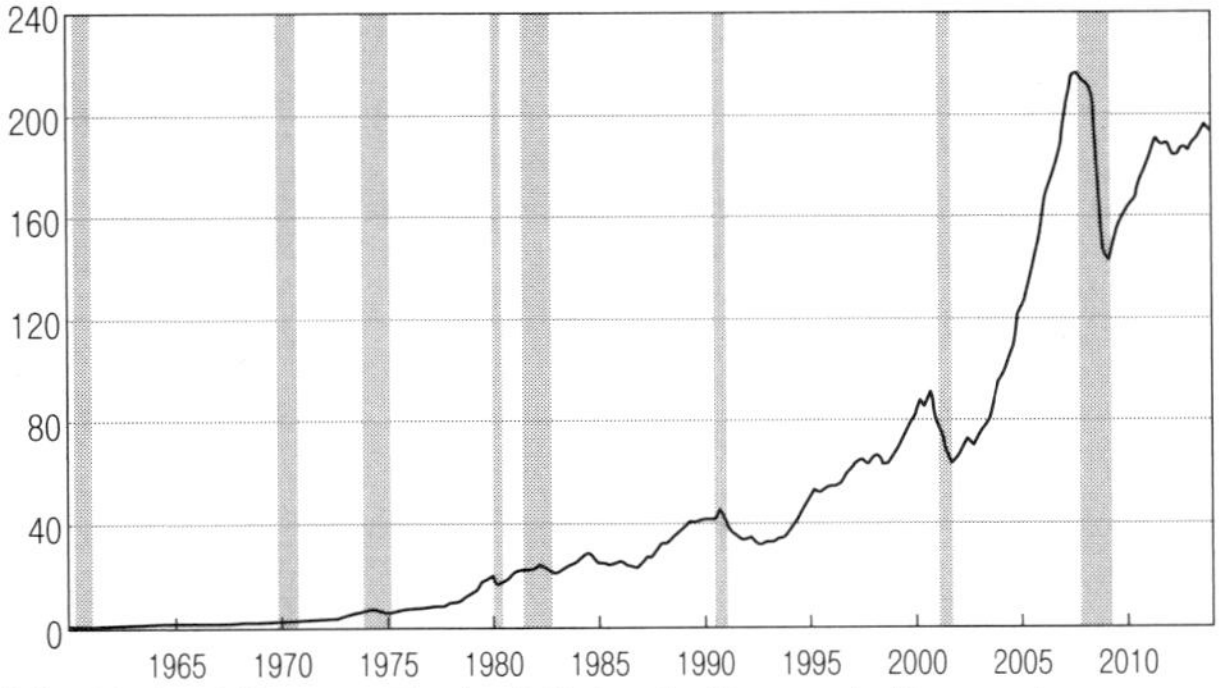

出典：Federal Reserve Bank of St. Louis, *Economic Research*

資収益では、受取りが支払いを上回り、一貫して黒字だった。これは海外投資からの収益受取りが、債務国化して以降、鰻登りに上昇したからである（図3－3）。

しかしながら、アメリカが債務国だということは、外国人保有の在米資産がアメリカ保有の海外資産を上回るということだが、その純収益は逆に、在米資産保有の外国への支払いよりも、アメリカの海外資産からの受取りがはるかに多いのである。だからこそ黒字になるわけだが、そのカラクリの一つが投資形態の相違である。

アメリカの海外資産は概ね直接投資であり、外国保有在米資産は証券投資、とりわけ公社債投資である。米ドルが基軸通貨であるため、外貨準備として保有されれば、その多くが米国債で保有される。米国債の金利次第で、海外の対米投資家の収益受取りは変化するが、このアップル iPhone の取り分ほどの投資収益を得る証券投資は、世界中どこにもないだろう。

それほどまでにアップルの利益が高いからこそ、株価時価総額でも、世界トップクラスなのであり、世界的勝ち組と称されるGAFA（グーグル、アップル、フェイスブック、アマゾン）の一角に座るのである。生産と物流は東アジアで、収益はアメリカに還元という分業方式で収益を上げている構図ができている。これこそがグローバルなオフショア生産の妙味である。

世界の時価総額ランキング（表3-4）で、米系多国籍企業が圧倒的に上位を席巻するのも頷《うなず》けるだろう。トップのアップルを始め、上位にアメリカIT企業が並ぶ。それにしても、米企業の上位席巻ぶりと、日本企業の凋落ぶりはなんとも印象的である。

アジアパワーの象徴は中国パワーの台頭で、IMFのSDR（特別引き出し権）の構成通貨における人民元の登場（図3-4）が、その典型である。

これは、人民元が日本円を抜き、米ドル、ユーロに次ぐ、第三の国際通貨のポジションに座ったことを意味する。かつて、一九九〇年代、中国の国際通貨研究の専門家は、日本円の国際化失敗の歴史から学ぶことが重要だと言っていたが、SDR構成通貨としての人民元の浮上は、まさにその野心を実現したということだろう。

表 3-4　世界時価総額ランキングの比較（1989 年〔左〕と 2018 年）

＊国名は本社所在地、金額は時価総額（億ドル）、産業分類は出典を訳した。

順位	企業名	時価総額	国名
1	NTT	1,638.6	日本
2	日本興業銀行	715.9	日本
3	住友銀行	695.9	日本
4	富士銀行	670.8	日本
5	第一勧業銀行	660.9	日本
6	IBM	646.5	アメリカ
7	三菱銀行	592.7	日本
8	エクソン	549.2	アメリカ
9	東京電力	544.6	日本
10	ロイヤル・ダッチ・シェル	543.6	イギリス
11	トヨタ自動車	541.7	日本
12	GE	493.6	アメリカ
13	三和銀行	492.9	日本
14	野村證券	444.4	日本
15	新日本製鐵	414.8	日本
16	AT & T	381.2	アメリカ
17	日立製作所	358.2	日本
18	松下電器	357.0	日本
19	フィリップ・モリス	321.4	アメリカ
20	東芝	309.1	日本
21	関西電力	308.9	日本
22	日本長期信用銀行	308.5	日本
23	東海銀行	305.4	日本
24	三井銀行	296.9	日本
25	メルク	275.2	アメリカ
26	日産自動車	269.8	日本
27	三菱重工業	266.5	日本
28	デュポン	260.8	アメリカ
29	GM	252.5	アメリカ
30	三菱信託銀行	246.7	日本

出典：米ビジネスウィーク誌（1989 年 7 月 17 日号）"THE BUSINESS WEEK GLOBAL 1000"

順位	企業名	時価総額	国名	業　種
1	アップル	8,510	アメリカ	IT
2	アルファベット	7,190	アメリカ	IT
3	マイクロソフト	7,030	アメリカ	IT
4	アマゾン	7,010	アメリカ	消費サービス
5	テンセント	4,960	中国	IT
6	バークシャー・ハサウェイ	4,920	アメリカ	金融
7	アリババ	4,700	中国	消費サービス
8	フェイスブック	4,640	アメリカ	IT
9	JP モルガン・チェース	3,750	アメリカ	金融
10	ジョンソン&ジョンソン	3,440	アメリカ	ヘルスケア
11	中国工商銀行	3,360	中国	金融
12	エクソン・モービル	3,160	アメリカ	石油・ガス
13	バンク・オブ・アメリカ	3,070	アメリカ	金融
14	サムスン電子	2,980	韓国	消費財
15	ロイヤル・ダッチ・シェル	2,630	イギリス	石油・ガス
16	ウォルマート	2,640	アメリカ	消費サービス
17	中国建設銀行	2,590	中国	金融
18	ウェルス・ファーゴ	2,560	アメリカ	金融
19	ネッスル	2,460	スイス	消費財
20	VISA	2,460	アメリカ	金融
21	インテル	2,430	アメリカ	IT
22	アンハイザー・ブッシュ	2,220	ベルギー	消費財
23	台湾セミ・コンダクター	2,200	台湾	IT
24	AT&T	2,190	アメリカ	通信
25	シェブロン	2,180	アメリカ	石油・ガス
26	ペトロ・チャイナ	2,120	中国	石油・ガス
27	ノバルティス	2,110	スイス	ヘルスケア
28	ファイザー	2,110	アメリカ	ヘルスケア
29	トヨタ自動車	2,100	日本	消費財
30	ユナイテッド・ヘルス	2,070	アメリカ	ヘルスケア

出典：Bloomberg & PWC. PWC（PricewaterhouseCoopers）, Global Top 100 companies by market capitalization, 31 March 2018 update

図 3-4　IMF の SDR 構成通貨比率

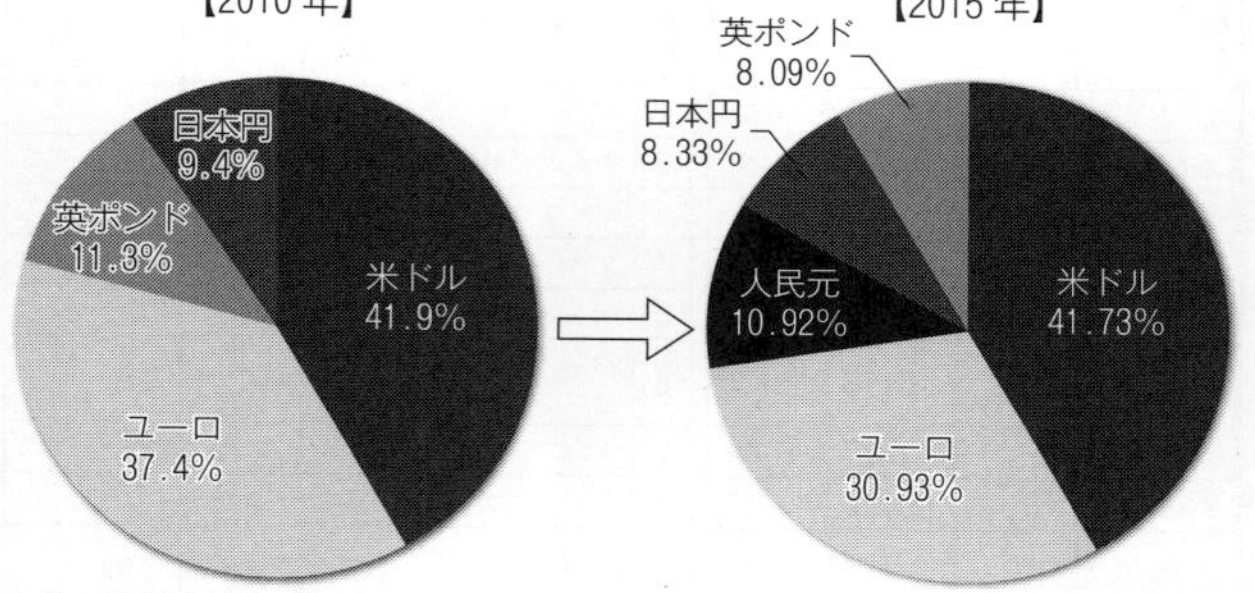

出典：野村資本市場研究所より。ここで 2015 年とあるのは、通貨構成の見直しが 5 年ごとであり、2016 年 10 月からの見直しが 2015 年 11 月に発表されたため。
資料：IMF

†日本のアジア戦略の失墜

一九九七―九八年におけるアジア通貨危機で失墜したのはアジアばかりではない。日本のアジア戦略も同様だった。もともと一九八〇年代に債権大国化したにもかかわらず、日本の官僚筋は、日米貿易摩擦ばかりで叩かれることの多い日米交渉に疲れていた。さらに、EUやNAFTAといった共同体結成ブームという時代の空気も追い風となり、日本も、東アジアとの連携に乗り気になっていた。

日本型とは、政府ガイダンスが市場を善導するというもの（「市場の失敗」に対する国家の対応）で、市場メカニズム重視のアングロサクソン型とは一線を画すという自負があった。そして、世界銀行による権威づけを狙ったが、その日本の意図に反して世銀は、東アジアの経済的高成長を、基本的に、市場メカニズムの勝利（「市場フレンドリー・アプローチ」）の所産だという認識を示したのである。

つまりアジア・モデルの原案は戦後の日本だという官僚筋の主張は通らず、アメリカの意向を汲む世界銀行が、市場重視モデルでもって日本型原案を蹴とばしたのである。世銀報告書の監訳に当たった白鳥正喜は、この経済モデル観の相違について、こう述べている。

「日本開発銀行が戦後の復興および高度成長期に基幹産業に対して長期資金を低利で貸し付けることによって大きな役割を果たしたことはよく知られた事実であるが、この他にも、輸出入銀行、国民公庫、中小公庫、農林公庫、住宅金融公庫等もそれぞれの分野で大きな役割を果たしてきた。こうした経験は現在の途上国にも適用可能と思われるが、世銀はこれに対して後ろ向きである」(11)

日本にとって、残された手は、オーストラリアと政策的に組むことだった。そもそも一九八九年結成のＡＰＥＣ(12)構想の原案は、日本とオーストラリアの連携で東アジア諸国に限定して共同体を作ることだった。ところが、それを事前に知ったアメリカが「アメリカ外し」に激怒し、それと同時に、アメリカのメディアからは、東アジア共同体構想は、円圏構想だという日本批判が盛んになった。

結局、アメリカはＡＰＥＣ結成時から公式メンバーとしてねじ込んできた。しかし、そもそもの発案がアメリカではなかったため、東アジア・グループの結成に熱心だったマレーシアのマハティールとの激論や、一九九五年の大阪APECへのクリントン米大統領（当時）欠席といった経緯を辿ったことに、アメリカの消極姿勢が露見した。

そして、日米のアジア観の思惑の相違が顕在化したのが、一九九七年九月、香港で開催されたIMF総会だった。そこで、IMFからは独立したアジアの通貨機構として、日本考案のAMF（アジア通貨基金）が提案されたが、アメリカの強硬な反対と中国の黙殺で潰されてしまった。これは通貨危機に対処するために、IMFからは独立してアジア域内で資金援助を行い、地域の資金不足に対処するというアイデアだったが、IMFの機能を妨害するものだという理由で圧殺されたのである。

一方、マハティールの「Look East Policy」のように、アジアには日本モデルを高く評価する応援団もいた。さらに、イギリスが完全にEUメンバーとなり、旧英連邦の実質が形骸化するなかで、地理的にアジアに位置するオーストラリア相手に、日豪主導を好感する思惑も手伝った。「国際化＝アジア化」とは、一九九〇年代のオーストラリアでよく聞く台詞だった。

しかし、そうした日本の官僚筋の意向に待ったをかけたのが、米中連携だった。AMF構想が頓挫した直後の一九九七年十月訪米時、当時の中国国家主席だった江沢民はハワイの真珠湾に立ち寄った。日本と戦った米中の歴史の共有を強調するための演技だったと思われる。その返礼に一九九八年六月、クリントン大統領(当時)の訪中時、日本は素通りにされたことが記憶に残る。この頃から、米中関係は戦略的パートナーシップと称されるようになった。

†香港ドルの交渉力

通貨の背後に控えるのは、政治力学である。そのことをまざまざと見せつけたのは、タイ・バーツが叩き売られてアジア通貨危機の幕が開けた一九九七年、香港ドルを巻き込んだ通貨危機未遂の顚末である。

一連のアジア通貨が市場におけるヘッジファンドの叩き売りによって、安定的だった為替相場(米ドル・ペッグ制)は維持不能に陥り、多くのアジア通貨が暴落の憂き目に遭ったのとは対照的に、香港ドルは米ドル・ペッグ制の崩壊を免れた。人民元は香港ドルと安定的につながり、香港ドルが米ドルと固定レートでつながることによって、国際社会とつながるという構図にあったからである。

香港ドルの安定性は、香港を経由して海外資本を導入するだけでなく、製造した商品を海外へ輸出するうえでも、死活問題だった。つまり、香港の資本と広東の労働力が合体することによってできた、華南経済圏の成否を左右するほどの大問題だったのである。

図3－5を見ると、東アジア諸国が通貨危機に襲われた時期も含め、三十年以上にわたって香港ドルの対米ドル相場は、きわめて安定的に推移しているが、その背後には、中国の政治的圧力があった。タイ・バーツやインドネシア・ルピアが暴落する中、香港ドルがなぜヘッジファンドの標的にならなかったのか。それは、米中の政治的交渉(もしもヘッジファンドが香港ドルを叩き売るならば、中国は米国債を叩き売る)による合意の賜物《たまもの》だった。

ジャーナリストの田村秀男は「香港マジック」と称して、香港で蓄財に励む中国国有企業の話を紹介する。国有企業幹部が香港にダミー会社を作り、蓄財に励む光景である。そこで入手した不動産を即金で売買する。あるいは、株式上場に関しては、インサイダー情報で価格を釣り上げる等、中国本土からやってきた党幹部が、香港の株式や不動産で大儲けを企てることは日常茶飯に見られる。この不動産と株式のバブルで稼いだ資金こそが、中国の潤沢な外貨準備へとつながる錬金術だった。

ここで注目すべきは、アジア通貨危機の発端は、未遂に終わったが、香港ドルを標的にしようとした一九九七年五月だったという見解である。香港の親中派財界人(徐展堂)が、投機筋が香港ドルを売り、投機の標的にするという情報を入手し、それを朱鎔基副首相(当時)に、国有銀行幹部を仲介して通報した、と。

図 3-5　香港ドルの対米ドル相場の推移（1981-2016 年）

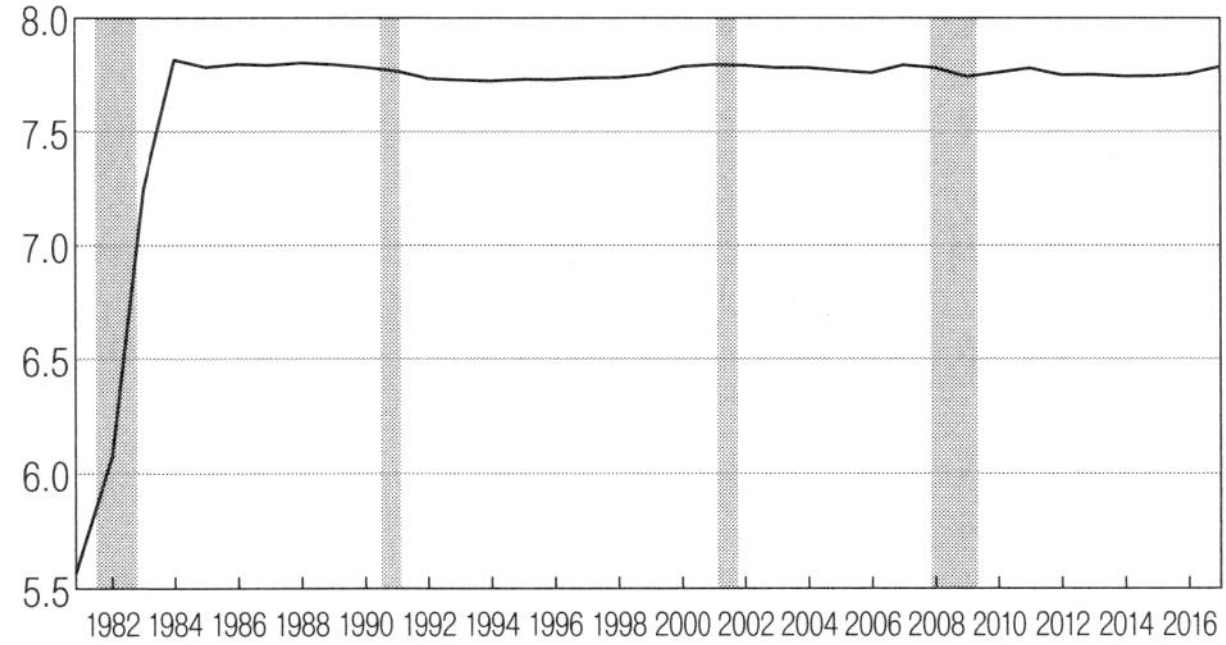

注：1 米ドルに対する香港ドルの価格
出典：Federal Reserve Bank of St. Louis, *Economic Research*

この極秘情報について、田村は、未確認だと断わったうえで、「朱鎔基は財務省のルービン長官に対して、「米国のファンドが香港ドルの投機売りを始めるなら、中国はアメリカ国債を大量に売り、その資金で香港ドルを買い支えざるをえない」とはっきり伝えたはずだと徐展堂周辺から聞いた」と言う[13]。

この後、ジョージ・ソロス等のヘッジファンドが香港ドルを標的にすることはなかった。その背後には、ワシントンの政治力学が働いていることが容易に分かる。その後、「香港市場の重要性」が囁《ささや》かれ始めた。アメリカ国債売りという切り札を巧妙に使った中国のしたたかな交渉力が浮かび上がる。

逆に言えば、香港ドルの米ドルとの固定でのリンク（米ドル・ペッグ制）の維持が、中国にとっては最重要事項だったということである。当時も現在も、香港ドルは一米ドル＝七・七―七・八香港ドルという相場で安定している。円相場やタイ・バーツ等の辿った経過とは対照的である。

中国と香港財界が組んだ政治力を前にしては、ワシントンもヘッジファンドも引き下がらざるをえなかったということだろう。通貨戦争とも言われる金融の最前線は、政治力学と密接につながっている。筆者の経験だが、かつて、このストーリーを北京の大学院生相手の講義で話したところ、出席した学生が拍手喝采して教室が沸いたことを覚えている。

かつて日本側にあった一連のアジア戦略は、二一世紀に入って姿を消し、日本の主張からは、「アジアのリーダー」という自負は消えたようである。しかも、アメリカ・モデルとは異なるアジア・モデルの可能性や独自性云々といった論議そのものがほとんどなくなった。ところが国家による大規模な市場介入は、リーマン・ショック以降、アメリカでも欧州でも財政赤字を肥大化させ、ソヴリン・リスク（国家の信用不安）を高める要因と化しており、皮肉にも、政府ガイダンスを好感するシステムとして「北京コンセンサス」[14]という標語すら聞かれるようになった。

この中国モデルは、「基本的には日本の経済発展作戦の変形」[15]だという視点は、チャルマーズ・ジョンソンのみならず多くの同意を得られる評価だろう。

米国務長官（当時）ヒラリー・クリントンは、アジア太平洋経済の好調ぶりに関心を示し、アメリカの経済力や政治力、さらには精力や関心を、最も活力に溢れ人口の集中するアジア太平洋地域へシフトさせるべきだと宣言した(16)。

より成長性の高いアジア頼みやアジア依存が、停滞色の濃い世界経済にあって、重みを増すなか、日本のアジア戦略は不透明さを増している。かつての明治期以降、「脱亜か興亜か」と自問し続けた歴史を振り返れば、「アジア」を「アジア太平洋」という語彙に置き換えただけで、残念ながら日本の国家や民族としてのアイデンティティは、帰属先を見出せないまま浮遊しているのではないだろうか。

第4章

日本型金融システムの凋落

†間接金融の凋落

森嶋通夫や野口悠紀雄は、間接金融という日本型金融システムは、一九四〇年前後の国家総動員体制が強化されるなかで、政府による資金統制強化のために案出されたシステムだと言った[1]。

かつて国家は、戦争遂行優先で、資金流通を統制するため、銀行統制に乗り出し、証券取引所は閉鎖された。国家は、資金を集中的に軍需企業に回すために、銀行の首根っ子を押さえて誘導したのである。この戦時期にできた金融システムが、戦後の官僚主導経済においても長く続いたのだと説いた点に、両者の共通点があった。

しかしながら、平時において、国家が資本市場をコントロールするのは、至難の業である。為替、金利、株式、債券といった諸々の相場は、市場における売り買いの様々な力学の結果だからである。現代世界の複雑な資本市場で、価格乱高下を抑え、鎮静化を図るには、それに精通するテクニックや金融手法が要る。しかし、日本型という戦後システムが長く続いたため、日本は金融取引の多様な手法には長《た》けていない。市場は、官僚が命令したからといって、けっしてその意図通りに動くものではない。

第2章で見たが、SIMEXで先物を規制しようとして失敗した事例からも分かるように、錯綜する多様な市場力学に精通した、専門家の育成が急がれねばならない。「アジアにあってアジアでない」という歪んだプライドは、今日、アジアのダイナミズムを理解できず、日本を孤立に追いやっている。かといって、欧米のような情報収集力の成熟からも遠い。戦後の「成功」への郷愁ばかりが募り、未熟なまま老いを迎えるような状況下で、優れた指導者も見当たらず、日本人はアイデンティティを見失いかけているのではないか。

間接金融という銀行中心のシステムが、いかに直接金融システムの歴史的性格とは異なるものかを知ると、同時に、日本の社会における官僚ガイダンスの強靱さもひしひしと伝わってくる。

そもそも間接金融と直接金融の相違とは何だろうか。この点について、たとえば、不良債権の仕組みや、その打開方法について、弁護士や不動産アナリスト等から成る政策研究集団「グループ21」は、興味深い報告をしている。欧米ではポピュラーな、借り手の返済上限を決めたノンリコース・ローン（non-recourse-loan）の活用や、不動産ローンの証券化の援用等、担保絶対主義の日本型間接金融の弱点（担保価値が下落したときの対応不能）を説いたうえで、欧米型の直接金融レジームの採用を勧める。

かれらは、ノンリコース・ローンや資産担保付証券（asset backed securities）やローン債権証券化を組み合わせ、直接金融を制度化することで投資家を呼び込み、不良債権を市場メカニズムの援用で解決する方途を説く。不良債権の現場に通じた情報はきわめて有益だが、実際には、そういった直接金融的な処方箋は根付かなかった。(2)

たとえば、欧米の住宅ローンのノンリコース・ローンは、返済限度額を担保物件に置く場合が少なくない。担保の住宅を差し出せば、最終的に、借り手は負債返済義務から解放される。

株式会社という仕組みそのものが、責任の限度額を出資額内に抑えるというもので、最初の株式会社である東インド会社の創業も、有限責任制でなければ、高いリスクを伴うビジネスへの出資を引き受ける投資家の登場はなかっただろう。

投資リスクの上限があって初めて、出資者が身ぐるみ剝がされるという悲劇がなくなる。もちろん、一六世紀以降における絹綿や茶や香辛料といった数々の豊饒なアジア取引の実際は、リスクどころか、欧州で大ブームとなり、ビジネスも盛況に沸いたのである。

日本では、ビジネスにおける不動産ローンの場合を例外として、個人の住宅ローンではそうしたノンリコース・ローン契約は聞いたことがない。とくにデフレで地価が値下がりしている場合は、住宅を処分しても残債が消えないことが多く、借り手には厳しい。一例として、二〇一一年の三・一一東日本大震災で、自宅はなくなったにもかかわらず、その自宅ローンを返済しているという悲劇をよく耳にした。

そもそも「借り手責任」とは言うが、「貸し手責任」という言葉はあまり聞かない。「耳を揃えて返す」という語彙が定着してきた歴史が表わすように、「責任」（あるいはリスク）はつねに借り手にあるというのが、いかにも日本的風土なのである。しかし、貸し手も儲ける以上、危険を負担するのが当然だという認識は定着しなかった。

大蔵省証券局長だった坂野常和は、銀行と証券の関係を「証券はやはり銀行というお釈迦様の手のひらで踊る孫悟空」と評した。坂野の論説は大蔵省内での証券行政を縷々《るる》説明する貴重な証言だが、印象的なことは、日本の公社債市場の行政を仕切っていたのは、証券局よりも、むしろ大蔵省に出向している日本興業銀行（現・みずほ銀行）だったということである。証券局の仕事は、証券会社の監督だったと吐露している(3)。したがって興銀を検討すれば、日本型金融システムの本質に辿り着けるということになる。

†日本興業銀行の消滅

かつて日本型金融モデルの中心に座っていたのは日本興業銀行（以後、興銀と略）だった。その栄光を背負った頭取の黒澤洋は、国際派バンカーとしての名声を得たが、大阪北浜の天才相場師だと一時はもて囃された尾上縫《おのうえぬい》の詐欺に引っ掛かった。尾上は、架空の預金証書を担保に巨大なローンを借り入れ、興銀発行の割引債を購入するという手口で、巨利を稼いだものの、預金証書等の虚偽による詐欺が発覚した。と同時に、十分な審査もせずに巨大なローンを貸し付けた興銀の責任も問われることとなった。

興銀は、「産業金融の雄」あるいは「金融界のエスタブリッシュメント」と称され、間接金融と資本市場をつなぐ重要な地位にあり、大蔵省（現在、財務省）主導というよりも、興銀主導の日本型モデルの主役と評されるほどだった。

興銀主導の日本型モデルを「戦略的資本主義」と称したアメリカの政治学者ケント・カルダーは、チャルマーズ・ジョンソン流の行政セクターに指導される「発展志向国家」としての日本観を否定し、むしろ官と民の調整役としての興銀の役割を高く評価している。(4)

なぜ、興銀が「産業金融の雄」と称されたのか。「証券界のガリバー」と称された野村證券よりも、資本市場における興銀の存在感は大きかった。受託銀行として、社債発行を引き受け、シンジケート団を束ねる仕事は、発行市場が大きくなればなるほど、モノを言ったからである。

そもそも大蔵省が金融行政を司《つかさど》ったのも、その意向を民間に伝える役目の興銀がいて初めて可能だったはずである。その興銀が消滅し、金融行政を司る大蔵省が分割されたということは、日本の金融行政の司令塔が解体したということである。

記者の永野健二は、興銀を「大蔵省の代理人」だったと称する、野村證券の田淵節也元社長の言葉を引く。野村證券は、時価発行増資による低利ファイナンスの定着と、株式の相互持合いによる株価安定化工作によって、間接金融から直接金融への転換を図ったものの、メインバンク制を補完する役割に終始したにすぎなかった、と。(5)

この証券会社の低迷とは裏腹に、興銀が絶大なる力を発揮した源とも言えるのが、受託銀行制度である。それは、社債発行の際、受託銀行が焦げ付いた社債を引き受けるという制度である。そのため、社債発行は特定の優良企業だけに許された特権だった。公開募集の社債発行のハードルが高く、それができない企業は、公開できず、私募債発行か、銀行ローンの借入れに依存するしかなかった。

日本で資本市場が発達しなかったのは、銀行優先という金融システムがまずあり、当の資本市場でさえ、証券会社というよりも、興銀が仕切っていたからである。証券勢は、興銀の牙城を崩すことができなかったのである。

資本市場側からは、一九九〇年代、国内市場の空洞化が問題となっていた。国内企業の株式関連債発行がブームだったにもかかわらず、その大半がユーロ円債発行（ロンドン等の海外ユーロ市場で発行される円建て債券）に流れ、国内の資本市場での社債発行は閑古鳥が鳴くという状態だった。なぜなら、受託銀行制度のない海外では、その分、社債発行コストが割安で、そのため、日本企業は続々とユーロ市場に金融子会社を作り、低金利での資金調達（ゼロ・クーポン債）に精を出したからである。

ワラント債や転換社債といった株式関連債は、投資家の投資目的が金利ではなく、社債を株式に転換した後の株式投資にある以上、どんなに低金利社債であっても、飛ぶように売れた。投資目的は利子というインカム・ゲイン（配当収入）ではなく、株式転換後のキャピタル・ゲイン（値上がり益）だったからである。

ロンドンやチューリヒの海外市場で発行されながらも、発行側も投資家も、ともに日本企業という奇妙な光景が話題を誘った。当時、低利資金調達の目的だけでユーロ円債は発行されたが、非居住者保有円預金は増えず、調達された円資金は途端に米ドルに交換されたことで、「通過勘定」と揶揄された。(6)

一方国内では、社債を限界的市場にしておくことで、負債という資金調達はもっぱら銀行ローンに向かった。社債という企業の資金調達が風土として根付かなかったのである。私募債はたとえ発行されても、信用力に限界があり、保証もなく、私募債への投資家は縁故等の顔見知りに限定されやすい。したがって公募債発行が困難な場合は、銀行ローンに傾斜しやすい。ところが、海外における日本企業発行のユーロ円債市場ブームは、そうした国内社債市場に風穴を開けることになったのである。

興銀は、資本市場と間接金融の双方に股を掛けた存在だった。そもそも受託銀行制度の下、日本で発行された社債は実質焦げ付くことはなく、リスクのない資本市場だった。社債発行企業が倒産すれば、受託銀行が当該社債を保証してくれるからである。だが、リスクのない資本市場そのものが、本来、奇妙な金融制度だった。資本市場にはリスクは付き物だからである。

社債の焦げ付きが表面化するのは、受託銀行制度が消滅した一九九〇年代のことだった。同時に、銀行であるにもかかわらず、長期ローンを担当した長期信用銀行自体の無用論（長期ローンは資本市場の仕事だと主張）が論壇を席巻し、長銀や日債銀の株価暴落から国有化転換→外資への売却が遂行されていった。

かくて、国内の資本市場に関与する証券勢からの批判も高まり、さらにユーロ債市場では割安で発行可能な国内企業からも批判が高まり、興銀を中心に安全性を謳った受託銀行制度自体への支持が崩壊していった。結局、「戦略的資本主義」の仕切り役だとまで称された興銀の権威は失墜した。長銀や日債銀の沈没を尻目に、自らも普通銀行転換への道を選択し、富士や一勧との合併を選択することで生き残りを図った結果が、現在のみずほ銀行となっている。

二一世紀初頭の金融制度改革で、住友銀行は、三井と太陽神戸との合併を経たさくら銀行と合併して三井住友銀行（SMBC）となり、三菱は三和・東海のUFJと合併して、三菱東京UFJグループに、二〇一八年四月には東京の文字が消え、三菱UFJ銀行となった。かつて受託銀行制度の主役として資本市場の仕切り役だった興銀も消え、メガバンク三行が並び立つ時代となったのである。

日本型ビジネスの主役だったかつての銀行には存在感があったが、今や、日銀のマイナス金利政策に翻弄され、極度の運用難（借り手不在）や手数料ビジネスへの不慣れによって、銀行員への厳しいリストラ旋風が吹く。

新聞報道によれば、二〇一七年度に銀行から転職が決まった人は、リーマン・ショック後の二〇〇九年度と比べ四・六倍に増え、その三割がメガバンクからだが、現在の銀行と予定転職先との給与格差が大きく、なかなか決まらないケースが多い、という。日本型経済システムの中枢に座ってきた銀行の動向は、日本社会の行方を左右するだけに、その帰趨が注目される(7)。

†小泉・ブッシュ会談（二〇〇二年九月）

イギリスを代表するジャパン・スペシャリストのロナルド・ドーアは、過熱化する金融取引が世界経済の健全な機能を阻害しているという認識を示した(8)。過熱化したカジノ経済

の弊害に警鐘を鳴らし続けた、同じくイギリスの政治経済学者スーザン・ストレンジの視点と重なる。(9)

日本では、二〇〇二年九月、小泉首相（当時）は、電撃的平壌《ピョンヤン》訪問を控えていた。しかし、その前にアメリカの了解を取り付ける必要があった。ところが、出向いたニューヨークでの小泉・ブッシュ首脳会談が、不良債権ビジネスを生み出す契機となった。

ことの真相を探ってみたい。二〇〇二年秋と言えば、イラク戦争勃発の可能性が侃々《かんかん》諤々《がくがく》議論され、それへの自衛隊参戦要請有無の問題等、重要な懸案事項が目白押しだった。しかし、会談の結果は拍子抜けするものだった。イラク戦争への自衛隊参戦云々ではなく、アメリカの圧力はもっぱら日本の不良債権処理要請だったからである。なぜならば、アメリカの投資ファンド・ビジネスにとって、日本の不良債権問題は、恰好の収益チャンスだったからである。さらにアメリカは、イラク戦へのファイナンス要請、つまり米国債の巨大な買い増しも要求した。いずれも、「カネ、カネ！」だった。

二〇〇二年九月の重要日程を記した表4－1を見られたい。小泉・ブッシュ首脳会談だけではない。G7もIMFも、「日本の不良債権処理を急げ！」の大合唱だった。

経済ジャーナリストの上坂郁《かみさかかおる》によれば、首脳会談に臨んだブッシュは、直々に、「不良債権を市場に出しなさい」と、強い口調で小泉を追い込んだ、という。内容の要旨はこう

表 4-1　2002 年 9 月の重要スケジュール

9 月	12	**小泉純一郎首相、ブッシュ大統領** 日米首脳会談（ニューヨーク）（イラクの大量破壊兵器問題での国際協調体制づくりを要請。13 日、不良債権の処理を公約）
	17	**小泉純一郎首相** 北朝鮮を訪問。日朝首脳会談で平壌宣言。
	25	**IMF** 世界経済見通し、日本は 02 年が－0.5%、03 年が＋1.1%。公的資金再注入促す。
	27	**G7 財務相・中央銀行総裁会議（ワシントン）** 日本不良債権処理加速と公的資金投入を表明。
	28	**IMF 国際通貨金融委員会** 日本に対して「不良債権（non-performing loans）処理を積極的に」。

出典：内閣府経済社会総合研究所 HP

である。

「日米首脳会談では、二つの重要な議題が議論されている。「一つは不良債権処理の出口論、もう一つは日米の金融機関が保有する米国債の売却自粛」（ある有力国際金融筋）であった。不良債権の出口論とは、銀行から不良債権を切り離し、市場に売却せよということ。それは問題企業を破綻《はたん》に追い込み、それをアメリカ資本の金融ビジネスに結び付けよう、という思惑がある。もう一つの米国債売却自粛は、銀行不安が顕在化すると外債売却リスクが高まり、病み上がりアメリカ経済を長期金利上昇が襲う。経営危機に陥る前に国有化、もしくは公的資金注入によってこうした事態を回避してほしいとの要請である[10]」

政治的に日本側は、もう一つ、拉致問題という懸案事項を抱えていた。この拉致問題対処のための小泉訪朝は、結果的に、さらなる対米金融協力を約束した「金融密約」から目を逸らす役割を担うことになった。日米首脳会談を終えた直後の九月十七日、電撃的な小泉訪朝によって、北朝鮮の平壌で金正日《キムジョンイル》主席との日朝首脳会談がもたれた。

この小泉訪朝は「破綻した欺瞞の外交」だったと振り返るのは、外交ジャーナリストの手嶋龍一である。手嶋は、つぎのように解説する。(11)

この訪朝は、アメリカ政府筋の意図（核疑惑追及）とは明らかに異なった外交政策を日本側が採ろうと独断専行し、事前にブッシュ政権に明かさなかったことで、アメリカの対日不信を強めた。対日戦略を取り仕切る立場にいた当時のアーミテージ国務副長官に、九月十七日の訪朝によって国交正常化交渉を開始する旨を小泉が明かしたのは、公式発表の三日前、アーミテージ東京訪問の八月二十七日だった。アメリカ側の対応は、「氷のように冷たかった」と手嶋は言う。

その延長線が、前述のニューヨークでの日米首脳会談である。アメリカの反応はといえば、アメリカ側の十分な了解も取らず突っ走り、しかも核疑惑が高まる北朝鮮への包囲外交をとろうとしていたアメリカの思惑とは異なる電撃訪問によって、日朝国交回復を急いだ小泉に対し、相当な激怒ぶりだった、と。

小泉・ブッシュのニューヨーク会談は、小泉電撃訪朝のわずか五日前である。ブッシュは、小泉が事前了解を得ず訪朝を決めたことが不愉快だった。手柄を焦った小泉や外務省は根回しが十分ではなく、アメリカ側の反応も読めなかった。当時のアメリカは、イラク戦争に向けた開戦準備で手一杯だった。

†不良債権処理の進展

この日米首脳会談の結果、主要行も地域銀行も、さらには信金・信組のいずれの金融機関においても、不良債権額・同比率は二〇〇二年をピークに、それ以降、劇的に下がった(図4-1参照)。先進諸国のなかでも、日本の不良債権比率が突出して下落したことが分かる。

デフレ気味の物価事情のなか、不良債権処理を急ぐことで、金融機関の保有不良債権が急速に減少した。保有し続けることによって、物価が上がる頃合いを見ながら、徐々に不良債権を処理していこうというような従来型の処理方式では、国際公約が果たせないからである。

その背景には、事前了解なく行った日朝首脳会談への、アメリカ政府筋の怒りを慰撫するために、不良債権問題処理を急いだという事情があった。一見無関係に見える不良債権

図 4-1　各国不良債権比率の推移

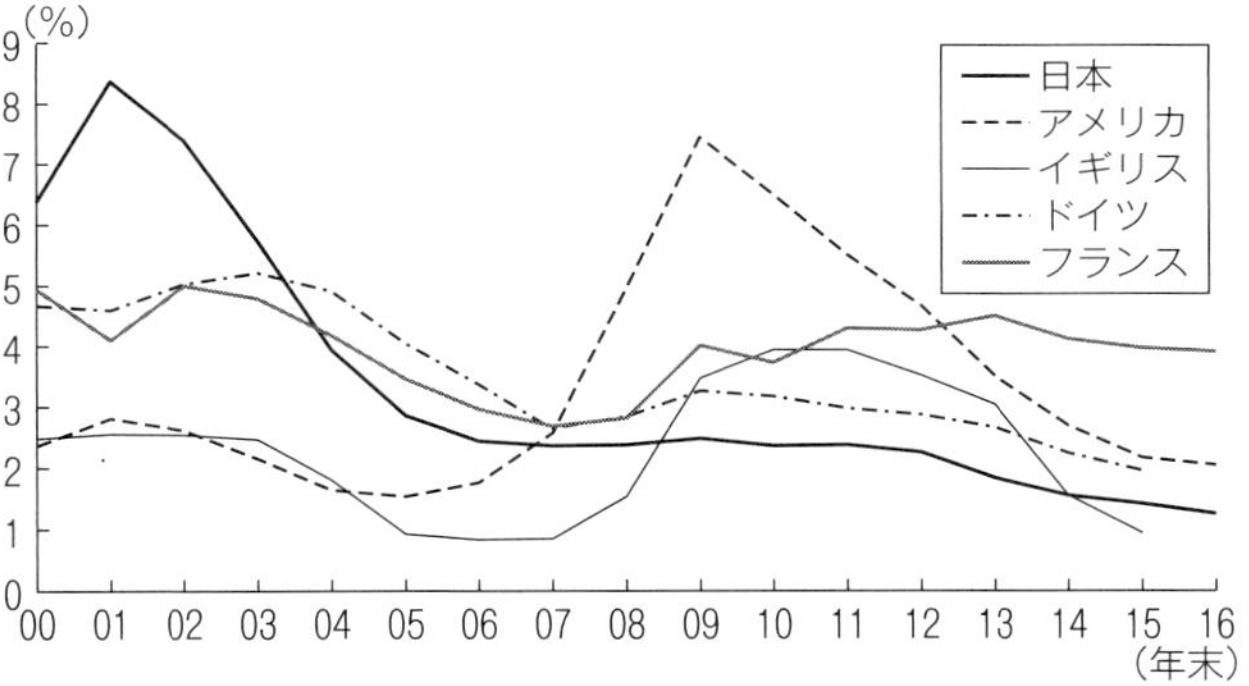

出典：金融庁「金融レポート」2017年10月。日本は、年度末の計数。日本以外の国は、その年の12月末の計数。CEICより、金融庁作成。

問題と北朝鮮問題が、ここでつながってくる。以降、不良債権の投げ売りで底打ちした株価（イラク戦争開戦直後の二〇〇三年四月につけた七六〇七円）は上昇に転じた（図4－2参照）。

ニューヨークから帰り、その後、時を置かず日朝会談を終えた小泉は、二〇〇二年九月三十日、不良債権処理による公的資金投入に消極的だった柳澤伯夫金融担当大臣を更迭し、後釜に経済学者の竹中平蔵を据えた。竹中が「金融再生プログラム」を発表したのは翌十月。柳澤は不良債権処理への公的資金注入に慎重だったが、竹中は積極派だった。

一九九一年の湾岸戦争のとき、カネだけ提供して多国籍軍に参加しなかったことで、国際社会での評価を下げた二の舞は演じたくないということが、議論されていた最中だった。二〇〇

図 4-2　日経 225 株価の推移（1950 年 9 月 7 日–2018 年 2 月 28 日）

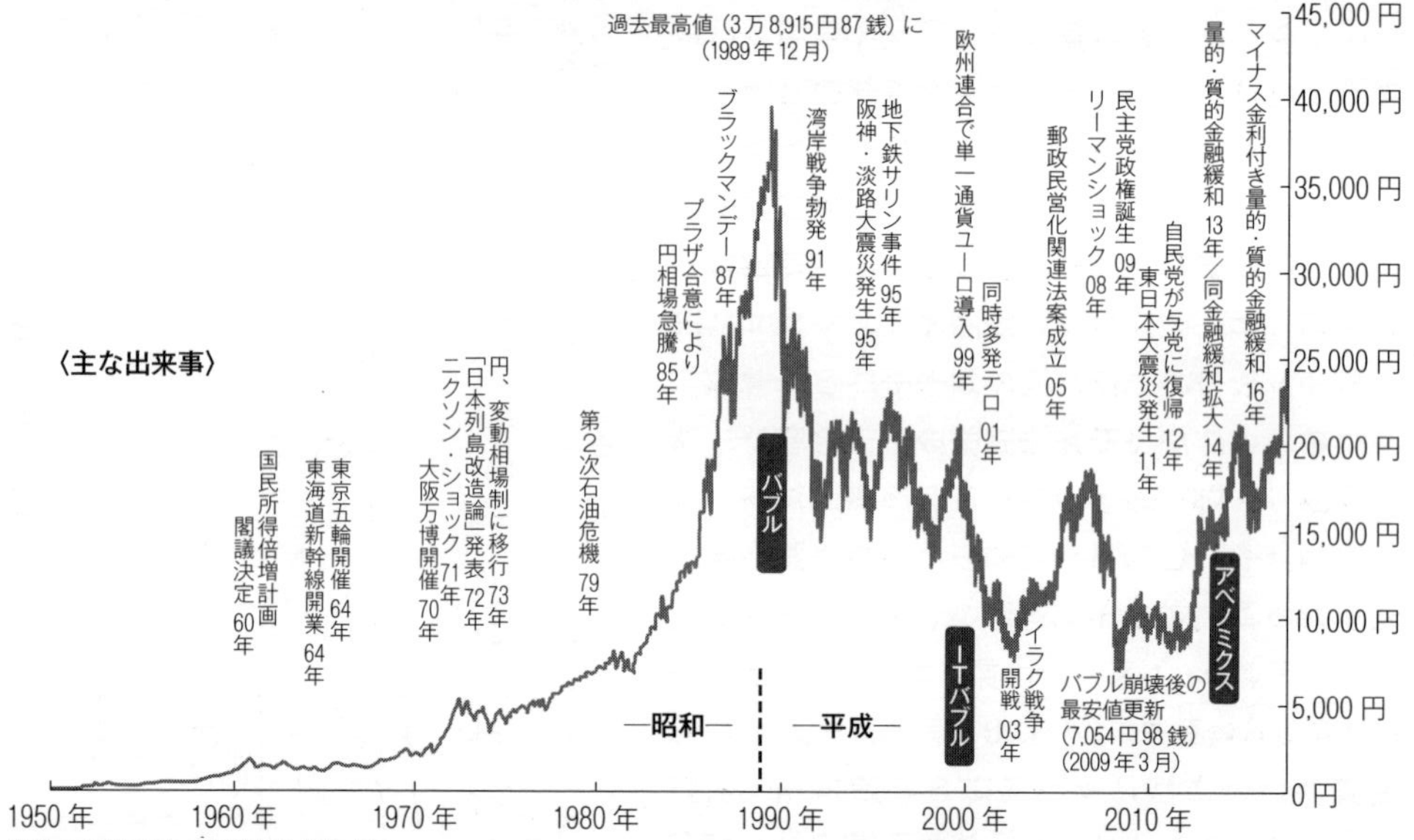

出典：日興 AM（2018 年 3 月作成）

二年当時は、イラクによる大量破壊兵器の隠匿《いんとく》疑惑（国連による査察）が高まり、世界は対テロ戦争の名目で、いかに対米協力するかが議論されていた。

イラク戦開戦を前にアメリカの対日要求はカネ、要するに「More Money!」に尽きる。その結果、日本はますます米国債を買わざるをえなくなった。それはすぐに、日本の外貨準備の激増となって表れた。外貨準備は二〇〇一年末の四〇一九億ドルから、二〇〇二年末の四六九七億ドル、二〇〇三年末の六七三五億ドル、そして二〇〇四年末には八四四五億ドルへと猛烈に跳ね上がった。(12)

為替市場介入と言えば、米ドルを買うことになり、日本の国家が外貨準備として保有する在米資産を増やすことを意味する。その大半は米国債である。逆に米国債を売れば、どうなるか。債券価格が落ち、金利は上がり、アメリカの景気は失速する。二重の意味で、日本はアメリカ経済に貢献しているのである。

介入操作の背景にある、こうしたアメリカの戦費を支える意図は、けっして関係者の口から明かされることはない。表向き声高に言い続けられた為替介入の目的は、国益に適うような円売りによる円高修正であって、アメリカの求める財政ファイナンスへの対応という意味合いは微塵も出てこない。

「ミスター円」こと榊原英資も、アジア共通通貨構想に好意的だった黒田東彦《はるひこ》も、この点には触れない。ちなみに、榊原が「ミスター円」と称され、一方の財務官だった溝口善兵衛は史上空前だと言われた米ドル買い為替介入を実施し、「ミスター・ドル」と称されたが、やった行為（円売り・米ドル買い）は同じだった。

当時の小泉首相の脳裏にあったかどうかはともかく、この二〇〇二年九月の日米首脳会談によって、邦銀保有の不良債権が市場に売却され、これを機に日本型経済システムは、アメリカ流のファンド主導資本主義へと、大きく舵を切ることになったのである。

†「ハルマゲドン」からの脱出

小泉・ブッシュ会談から六年が経った二〇〇八年九月、アメリカ経済は「百年に一度」と言われたリーマンショックの猛威で、空前のパニックに襲われた。リーマン・ブラザーズ倒産の後、市場の次の標的に晒されたのがウォール街の名門投資銀行のモルガン・スタンレーだった。

アメリカ市場では、「ハルマゲドン（世界の終り）だ！」と叫ぶ金切り声が飛び、パニック売り一色だった。そのアメリカの狼狽が日本に波及し、二〇〇九年三月、日本の株価はバブル崩壊後の最安値（七〇五四円）となった。この市場を覆った悲観ムードが、自民党政権からの政権交替をもたらし、民主党政権の誕生へとつながっていった。

そこで、世界各国の大手金融機関にモルガン・スタンレーへの出資の打診が続けられたが、どこもが躊躇するなか、九〇億ドルという巨額の出資に応じたのが三菱ＵＦＪフィナンシャル・グループだった。

この舞台裏をスクープした記事が、『毎日新聞』（二〇〇九年一月一日）一面に大きく掲載された。それによると、当時、アメリカの三菱ＵＦＪの現地法人は、マネーロンダリング（資金洗浄）の防止体制が不十分だということで処分を受けていた。それがこの出資断行によって、二〇〇八年九月三十日、処分は解除された。要するに「モルガン出資＝処分解除」という交渉が成立したのである。

この二〇〇八年九月の交渉の裏舞台は、二〇〇二年九月の小泉・ブッシュ会談での要求と比べれば、やや小ぶりではある。だが一民間銀行を救済するために、交換条件を与え、これだけの熱意で動くアメリカ政府の、自国資本を助けるための執拗な姿勢には驚く。翻って、日本政府は、かつて大和銀行がアメリカ追放に遭ったとき、あるいはトヨタ自動車がアメリカ議会でバッシングにあったとき、何か救援の手を差し伸べただろうか。

あれから十年以上が経ち、モルガン・スタンレー証券は三菱ＵＦＪと手を組み、日本の資本市場における大手の一角に食い込むが、三菱ＵＦＪはアメリカ金融市場での存在感を上げたのだろうか。

日本最大のメガバンクではあるものの、聞こえてくるのは、低収益性に苦しみ、大幅な人員削減計画ばかりのように思えるのは、筆者の杞憂だろうか。

†中内ダイエーの無念

日米首脳会談を分析した先の上坂郁は、二〇〇二年九月のニューヨーク会談後の竹中の「金融再生プログラム」について、「ある国際金融筋」の評価を語る。

「向こう二年間に五〇兆円規模の不良債権が処理され、多くの外国資本が対日不良債権ビジネスのラストチャンスととらえて熾烈な争奪戦に入るだろう」(13)

拉致問題と不良債権を結んで考えることのできた日本人が、当時、どれほどいただろうか。振り返ってみれば、不良債権ビジネスへの本格参入を狙うアメリカ資本へ、ビジネス・チャンスを提供する結果になることをほとんど理解できないままに、拉致問題解決への拙速という不名誉を挽回しようとして、不良債権を米ファンドに提供したというのが、ニューヨークでの小泉・ブッシュ首脳外交だったのである。

中内ダイエーの産業再生機構入りが決まったのはこのときだった、と作家の佐野眞一は読む。清水信次(ライフコーポレーション会長兼CEO)は、「あの人(中内のこと――引用者)がいなければ、日本の流通業はもっと遅れたし、……中内さんの犠牲があって外資の直撃、奪取を免れたんだから、やはり手厚く葬り、報いるべきでしょう。あの人がいなければ、日本の流通業なんて外国勢にとっくに蹂躙されていたよ」と言う。ダイエー保有の多くの不良債権は外資系に渡ったが、その本体だけは外資に譲渡されなかったという含みだろう。

阪神・淡路大震災（一九九五年一月）後のインタビューに応えた中内の本音ともとれる発言が胸に突き刺さる。作家の佐野眞一は、中内ダイエーの退場を、「第二の敗戦」と評し、供養として、中内の断腸の言葉を引いた。

「われわれは大東亜戦争で、日本軍の兵站《へいたん》（ロジスティック）がいかに弱かったかをつくづく思い知らされた世代です。日本軍は、敵の弾薬と飛行場を奪って前へ前へ進めとしか命令しなかった。むちゃくちゃな話です。……阪神・淡路大震災に対する国の救援活動には絶望した。何でこんな国に高い税金を払いつづけていたんやろうかと思うと、あらためてむかっ腹がたった」(14)

二〇〇二年に話を戻そう。小泉が、外交失敗のツケを不良債権処理で挽回しようとした背後には、日本の不良債権処理を、アメリカ側はカネのなる新たなビジネス・チャンスとして手ぐすね引いて見ていた、と考えるのが妥当だろう。結果的に、全国のあちこちで不良債権は叩き売られ、それを超割安で、アメリカを中心とした外資系の面々が買い漁っていった。かれらには、一九九〇年代、長銀や日債銀の買収に群がった外資系ファンドの大儲け話が記憶としてあったにちがいない。

「こんな不良債権をわざわざ買う奴がいるだろうか」と思うかもしれない。しかし、巨大債務を抱える「ゾンビ企業」にせよ、国家が仲介し、その債務が税金で処理され、優良企業として再生されれば、願ってもない優良投資物件に変身する。しかも、担保価値が下落すれば、売り手（日本国側）が元値で買い戻す瑕疵《かし》担保特約まで付いていた。まるで「平成版」官業払い下げだった。

国家が払い下げする側にいる点では明治と同じだが、それを受ける側に外資系が多いという点が、まったく異なる。「ゾンビ企業」は「生贄《いけにえ》」だった。「主婦の店」ダイエーを立ち上げた中内の無念が聞こえてくるようである。

問題企業に公的資金を注入して、不良債権処理を加速させるとする大義名分の下、産業再生機構（預金保険機構が過半の株式保有）が設立されたのは、小泉のニューヨークでの日米首脳会談から半年経った二〇〇三年四月だった。それは、株価が底値（日経225は当時の底値七六〇七円）をつけたときだった。二〇〇四年十月のダイエーを始め、多くの主要な不良債権を買い取った後、同機構は二〇〇七年三月に解散した。

先に見た、ヘッジファンドによる香港ドル叩き売りを阻止した一九九七年五月の中国の政治力に比べれば、この小泉・ブッシュのニューヨーク会談は、まったく日本外交の敗戦だったと言わざるをえない。

†地方銀行の疲弊

地方銀行の苦悩ぶりは日本マネーの抱える困難の縮図であり、日本型金融システム凋落の象徴でもある。ここ数年、この問題が全国の至る所で露呈した。それはアベノミクスという超低金利政策の皺寄せであり、苦悩する地方経済の縮図である。

二〇一三年春の黒田日銀登場以降、ゼロ金利政策、さらにはマイナス金利政策により、日銀預け金という余剰資金の運用先を失った地銀は、外債運用に向かった。しかし、アメリカは金利引き上げへと転換（緊急事態からの出口戦略）し、金利が上がり、低金利で発行された債券価格が下落し、地銀の投資先だった外債は含み損を余儀なくされ、運用の困難に直面した。

たとえば、金利五％で一〇〇円の債券に投資したとしよう。利子は年五円になる。しかし市中金利が上がり、六％になったとすれば、新発債一〇〇円の債券は六円の金利を生む。となれば、五％金利の既発債には投資が向かわない。同じ競争条件にするには、債券価格が下がり八三円になれば、五円÷八三円＝六・〇二％となり、ほぼ同様の競争条件（六％

の金利）となる。しかしながら、債券価格は含み損（一〇〇円－八三円＝一七円）を抱える。発行した際の額面の債券価格とは別に、流通市場における需給関係で債券価格が動くことが分かる。

これが逆に市中金利の下落（たとえば四％とする）となれば、既発債（額面五％金利の一〇〇円の債券）の価格は一二五円に上昇する（五円÷一二五円＝四％）。この場合は、利子率の高い既発債に、含み益（一二五円－一〇〇円＝二五円）が発生する。さらに外債の場合は、この市場リスクに加え、為替リスク（円高で差損、円安で差益）が発生することも忘れてはならない。

地銀としては、慣れていない運用先から、しっぺ返しを食らったようなものである。地銀は、市場リスクや為替リスクも大きい外債投資のもつ巨大なリスクを熟知していなかったのかもしれない。低金利での資金調達さえできれば、リスクから解消されるわけではない。その後の金利次第では、評価損（時価－簿価）という恐ろしい市場リスクが待っていることを思い知らされる結果となった。

しかしながら、かといって、地銀が地元で優良貸付相手を探すのも容易ではない。少子高齢化による人口減少で、個人相手の安定的な好収益源だった住宅ローンも伸び悩み、さらに相続を契機にした都市部への預金流出も進む。結局、地銀問題とは、地方の生き残り問題なのである。地銀は地元での最優良就職先だという地元名士としての尊厳も失い、合併や再編の模索を強いられている。

その典型例が長崎県だろう。そこでは、県南部の長崎市に営業拠点を据える十八銀行と、県北部の佐世保市中心の親和銀行の二つの地銀が圧倒的シェアを占めていた。ところが、少子高齢化の勢いには勝てず、ついに二〇〇七年十月、親和銀は「ふくおかFG」（以降FFGと略す）の完全子会社となった（FFGが親和銀行株式のすべてを買い取った）。

一方の十八銀は、元々、地元長崎市では優位的地位にあり、独自路線を探っていた。しかし、長崎市への侵攻を目指す親和銀が福銀からのプッシュを追い風に、長崎市での激しい市場攻勢に打って出た結果、両行の貸付額はほぼ拮抗するまでになり、ついに十八銀は競争で対抗することを断念し、同じFFG傘下に入ることを決断した。

結局、かつての競争相手だった親和銀との合併という苦渋の選択に踏み切ったのである。ところが、両行が合併すれば、十八銀と親和銀は長崎県の貸付シェアで七割程度を占める独占体となってしまい、ここに公正取引委員会が「待った」をかける運びとなった。この二〇一七年の公取委判断は、結論が先送りされ、二〇一八年二月に公取委の再調査が始まった。

再編を承認する方向の金融庁と、市場の独占化を懸念する公正取引委員会との綱引きもあって、再編の行方は、しばらく膠着《こうちゃく》したまま動かなかったが、二〇一八年八月、公正取引委員会の譲歩によって、合併が承認された。理由は、十八銀による地元の他金融機関への一〇〇〇億円あまりに及ぶ貸付債権譲渡努力を公正取引委員会が評価した、というものだった。

この件に関して、「ライバルがいなければ競争が生まれず、長い目で見れば健全な資本主義の発展につながらない(15)」という、ジャーナリストの池上彰のような原則的見解は斥けられ、弱肉強食的な論理が押し切る形となった。この問題の決着を機に、全国における地銀の再編・統合の動きに拍車がかかる可能性が高い。かつては地方経済の中心に座っていた地銀の抱える問題の深刻さを、改めて浮き彫りにすることとなった。

長崎県に本社を置く唯一の上場企業であり、かつ九州沖縄地域で従業員平均給与の上位に位置する唯一の企業だった十八銀が、福銀の軍門に下ったのである。換言すれば、長崎県に本社を置く東証上場企業は消え、九州沖縄における平均給与ランキングの上位に位置する長崎県所在企業もなくなってしまったことになる。

なぜFFGは十八銀を買収したのか。その最大の狙いは割安買収によるキャピタル・ゲイン取得である。これについては『FACTA』の指摘が最も的を射ている。

「(十八銀の――引用者)時価総額は約六〇〇億円程度。しかし、純資産は約一六〇〇億円もある。つまり、十八銀行を呑みこむ（統合する）ふくおかFGは、資産価値に比べて約一〇〇〇億円も割安で十八銀行を手に入れたことになる」[16]

さらに、企業の合併・買収問題で、看過できない現場の軋轢についても指摘しておきたい。異質な歴史と背景を有する企業組織が合併で一緒になるのは、数字で言うほどに容易なことではない。福岡銀行との合併問題を担当していた十八銀の当時の専務は、協議相手だった公取委との交渉に疲れ果て、二〇一六年十一月に、自宅マンションから飛び降り自殺した。合併による地域での独占的性格を払拭するために、公取委から突き付けられる要求に疲弊し切った末の悲劇だろうと推察される。

現場担当責任者は巨大な精神的重圧に潰され、かつて長崎市を代表する企業だった十八銀は、建前はともかく、実質的に福銀に呑み込まれて消えたのである。

†地方経済の衰退

地銀問題の行方は、地方の経済構造と深く関わる。長崎市の十八銀問題は、圧倒的比重を占める三菱造船所の落とす影と切り離すことができない。

世界遺産に登録された軍艦島（端島《はしま》）や潜伏キリシタン関係の点在する教会群を始め、長崎市には数々の著名な観光スポットがある。とはいえ、収益や雇用や消費等、全体で観光業が造船業を上回ることはなかった。

企業城下町というのは、親企業に関連する地元の中小企業ネットワークが、下請けや孫請け等々、何層にも膨大に広がる傾向が強い。造船業も同じで、三菱造船をトップに、何層もの膨大な関連企業の支えが不可欠なのである。つまり、地域に占める三菱造船の影響力は、雇用から消費、そして長崎に住む人々の生活の隅々にまで、影響を及ぼしている。

ある長崎市議からは、「長崎造船所が全面撤退すれば、街の規模は十五万人」[17]（現人口の約三分の一）という衝撃的な声すら上がる。市の消費不振は、元々三軒あった百貨店が一つだけしか残っていないことに表れている。長崎市の人口減少ぶり（二〇一五年十月と二〇一七年十月との比較）は、全国の市町村別人口減少ランキングでは北九州市に次ぎ、また九州の県庁所在地でも、突出している。多くの離島を含む県全体でも、人口減は深刻だろう。ＦＦＧに買収された十八銀が抱える問題は、多くの地方が共通に抱える経済的苦悩の縮図とも言える。

三菱は、たしかに伝統を誇る名門であり、東京丸の内には三菱グループの本店が集中する。しかし二一世紀に入り、二〇〇八年のリーマンショックでは、米モルガン・スタンレーへの巨額出資をアメリカ政府に強いられ、国内では、三菱自動車の検査データ偽造という不祥事が相次いだ。造船業でも、先導する中国や韓国に水をあけられ、豪華客船の相次ぐ建造ミスも重なり、市経済を極度の不振に追いやっている。

一方、三菱重工は、原発の輸出先であるトルコの経済危機が浮上するなか、二〇一八年秋の時点で、流動的とはいえ、すでに「第二の東芝化」の可能性が囁かれ始め、そのためか同年十二月には、原発輸出断念も含め調整中であることが大きく報じられた(18)。

米原発の大手ウェスティングハウスへの巨額債務保証が、経営破綻の引き金となった東芝の二の舞を懸念したからだろう。東芝の子会社ウェスティングハウス破産への東芝の負債保証額は、一兆円あまりという驚くべき巨額で、かつて優良企業だったはずの東芝本体がこの費用を容易には捻出《ねんしゅつ》できず、破産寸前に追い込まれたのも無理はない(19)。

かくして地域の盛衰は、所在企業の盛衰と重なることが多い。ITのメッカと称される米シリコンバレーや中国深圳の発展は、IT企業の設立による好景気が人口増を促したからだろう。日本ではトヨタの独り勝ちのような勢いが続いたが、そうなれば、愛知県の鼻息が荒くなる。

戦前の大阪が「大大阪」と称されたのも、日本の産業が繊維産業中心で、その販路がアジア市場で、その結果、アジアに近い大阪は、人口でも東京を凌ぐ時代があったからである。大阪の北浜や堺筋(戦前は堺筋が大阪のメインの通りだった)界隈に、重厚で趣のあるレトロなビルが数多く残るのは、その当時の繁栄の名残である。

東京も、商業や軽工業中心の産業構造だった戦前は、三井系企業が集中する日本橋が東京の財界の中枢だった。だが、戦後、重化学工業に経済の主軸が移ることで、重工業に強い三菱に、そしてグループの本店が集う丸の内に、ビジネス街の中心が移った。戦前の三井家の象徴は貿易商社の三井物産（その機関紙として出発したのが現在の日本経済新聞）であり、戦後重化学工業の中心を担ったのは、三菱ＵＦＪ銀行や三菱商事とともに、三菱グループを率いる三菱重工だった。

だが今や、日本企業売上高ランキング（二〇一八年三月決算）では、一位トヨタ二九・三兆円に対し、三十一位に位置する三菱重工の売上高は四・一兆円にすぎず、流通トップであるイオンの売上高八・三兆円のほぼ半分にすぎない。株式時価総額（二〇一八年十二月二十六日）では、一位のトヨタ二一兆円に対して、後塵を拝する九十六位の三菱重工は、わずか一・三兆円にすぎない。[20]

ともあれ、特定の企業への依存度が大きい長崎市のような地方都市では、銀行や企業の疲弊が、そのまま地方の衰退を招く引き金になってしまいかねない。地元に拠点を置く銀行を失い、長年にわたって地元に根付いてきた三菱造船の不振に喘ぐ姿を前にして、長崎県や長崎市は、いったいどうするのだろうか。何の手も打たずに放置すれば、財政破綻に転落した夕張市の二の舞になる可能性も否定できないことを肝に銘じるべきだろう。

第5章

日本マネーのDNA——土地本位制

†土地本位制という思考様式

一九三〇年代、侵略先を満州に求めた背景には、日本の各地で続いた農村不況の影響が大きかった。農作物不況で、資金繰りに困窮した農村では、子供たちの「身売り」が頻発した。男の子は商家や富裕階層への丁稚奉公や養子に出され、女の子ならば置屋へ売笑婦として差し出された。家族共同体における家父長制の呪縛が生んだ悲惨な負の影響は計り知れない。

土地の広大な満州への移民政策は、日本の津々浦々で結成された満蒙開拓団によって担われた。日本の貧困の原因が、狭隘な領土にあるといった観念が強かったからである。満蒙生命線という国家や軍部による喧伝文句も、容易に受容された。広大な土地さえ手に入れれば、日本の貧困問題は解決するという錯覚が覆った。人々は貧困からの脱出を、あるいは一攫千金の夢を抱いて、満州を目指したのである。

しかしながら、海外植民地という広大な領土を手放したにもかかわらず、高成長を実現した戦後経済の足跡そのものが、それが誤解であったことを如実に証明している。

この戦前からの土地本位制的な日本を呪縛するDNAは、一九八〇年代のバブル経済真っ盛りのときに再び強烈に花開いた。一九八九年十二月、株式時価総額で、東証はニューヨークを抜き世界一となったが、その根拠を地価高騰に求める見解が多数派だった。つまり、企業の本業である営業利益は振るわないにもかかわらず、不動産を保有しているがために、経常損益では黒字決算が可能で、株価は高騰するという見立てだった。

銀行が融資する際の判断材料は、圧倒的に不動産価値だった。土地という担保さえあれば、銀行は事業収益とは無関係に融資に応じたのである。資産のない会社員も、借家を否定し、持家志向に走った。現在でも、家計負債残高の九割超が住宅ローン（後述）というくらいに、人々の住宅購入志向は根強く、土地本位制という日本のDNAは健在である。貸し手も借り手も土地担保信仰なのである。

企業からしても、不動産さえ保有していれば、銀行からの融資が通りやすかったうえに、負債利子の支払いは経費として計上でき、利益を圧縮し節税につながる。しかも、地価が上昇すれば、時価から原価を差し引いた含み益は、経営危機のときに「打ち出の小槌」のように、黒字を絞り出す。筆者が一九八九年に客員として在籍していたシカゴ連銀でも、ジャパンマネーの背後にある地価と株価との関係が、同連銀エコノミストの興味を集めた論点だった。

はたして、この土地本位制という日本人を呪縛する思考様式は、現在、どのように続いているのだろうか。一面では、銀行の広告文句として「フィンテック革命」といった先進的なITイメージが躍る。だが、たしかにイメージだけはいいものの、収益性にはつながっていない。むしろ、銀行や人々の脳裏を呪縛する要素として、土地本位制的性格の影を感じるのは筆者だけだろうか。

二〇一七年、東京銀座の最高地価は、一九八〇年代のバブル期を超えたが、それは二〇二〇年東京オリンピックに向けた建設ラッシュ、あるいは訪日外国人増加による「観光立国化」が生み出す建設・不動産景気を反映している。はたして、これは実体価値を超えたバブルの再来なのかどうかに、関心が集まる。

†預貸比率の低下

バブル経済の色合いの濃かった一九八〇年代後半のピーク時には、預金を大きく上回る旺盛な貸付（オーバーローン）需要があり、預貸比率（預金に対する貸付の比率）は一四〇%あまりもあった。とりわけ都市部では資金需要が大きく、地方の銀行はインターバンク取引で都市部の銀行に資金を貸与し、利鞘を稼ぎ、都市部ではさらに預貸比率を上げた。

預貸比の歴史的推移を辿った図5-1を参照されたい。どの金融機関においても、預貸比は大きく下げている。とくに都銀や信金・信組の下げが大きい。

要するに、金融機関は集まった預金をうまく運用できずに、四苦八苦しているのである。

図5-1　金融機関別預貸比率の推移

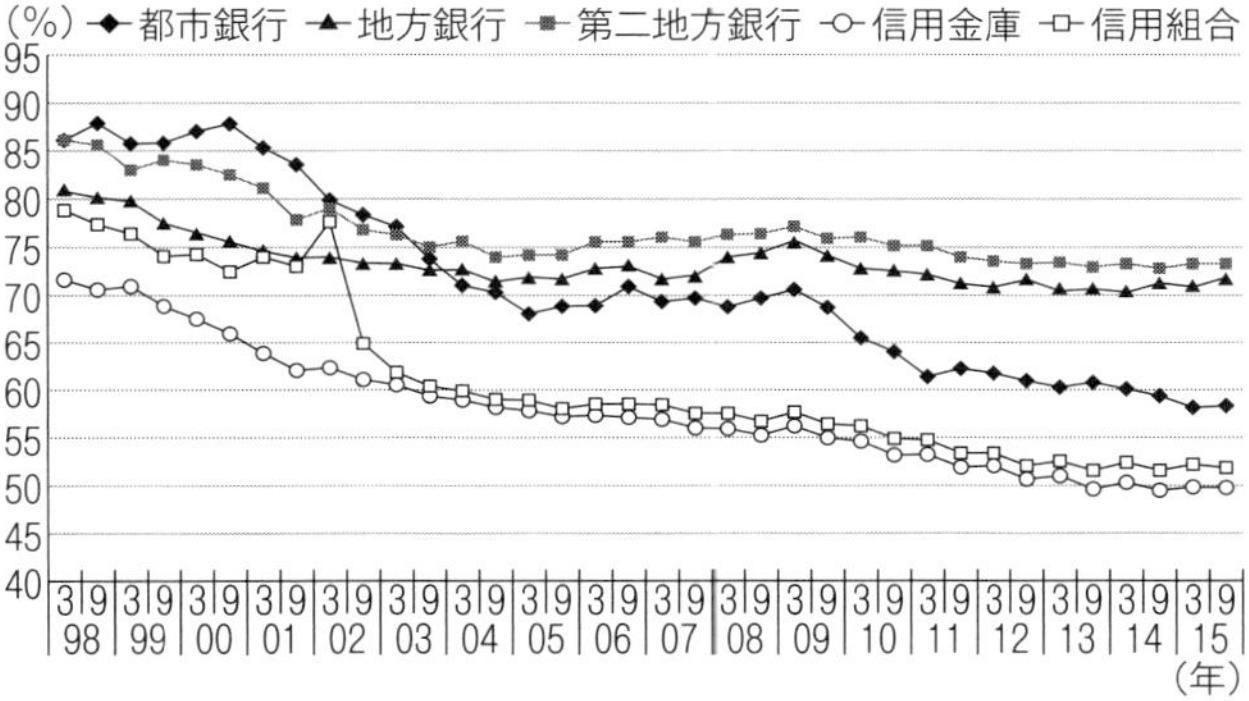

出典：中小企業庁『中小企業白書』2016年版（中小企業庁HP）

逆に言えば、貸付に比べ、ゼロに近い超低金利下でも、リスクのない預金に資金が集中し、二〇一七年三月末の銀行預金残高は、史上初の一〇〇〇兆円超えで、過去最高の一〇五三兆円に達した[1]。

しかも、銀行の余剰資金は国債や外債で運用されてきたが、日銀のマイナス金利政策（銀行の日銀への預け金の一定額以上をマイナス金利にした）によって、日銀預け金での運用もままならず、かといって、投資や消費にも資金が向かわず、預金だけが、どんどん銀行に溜まる構図が現れている。

運用難と預金増との組み合わせとしての預貸比の著しい下落は、消極的なビジネス事情と不安が覆う家計事情を表すものであろう。家計としては、成功体験に欠けるリスクの高い投資はなるべく控え、社債や公債（国債や地方債）も魅力的ではなく、どんなに低金利でも預金を積み増すしかなかったということである。

一方、借り手不足の経済事情は変わらない。どんなに低金利であっても借り手は少なく、減るよりはマシだと銀行預金は増える。メガバンクのHPで金利を眺めれば、一年もの定期預金金利は、二〇一八年十二月現在、〇・〇一%である。預金一〇〇万円の金利は一年でわずか一〇〇円（税引き前）、一〇〇〇万円でも一〇〇〇円（税引き前）にしかならない。

銀行や証券会社で「預金から投資へ」という掛け声がどんなに躍っても、株式、公社債、投信、外貨預金といった投資へ向かう資金はなかなか増えず、国内預金（もしくはタンス預金という現金）を積み増す光景が支配的だということである。株式や投信への投資で潤うだけの資力がなく、もっぱら生活防衛的に預金を積み増すのが一般的な貯蓄動機だろうと推測される。

もちろん、歴史的低金利を享受して潤う業界もある。一九八〇年代のバブル期を超えるほどの、久々の地価高騰が東京都心で起こっている。二〇一七年の路線価一位の中央区銀座の鳩居堂《きゅうきょどう》前は、一平方メートル当たりの価格は、前年より二六%上昇し四〇三二万円で、バブル期のピーク三六五〇万円（一九九二年）を突破、さらに二〇一八年には四四三二万円となり、過去最高値を更新した。

これで、東京銀座の地価が日本一の記録をつけるのは三十三年連続である。しかし、猛

図5-2　地価の都市圏別高騰（東京の路線価はバブル期超え―県庁所在都市の最高路線価の推移）

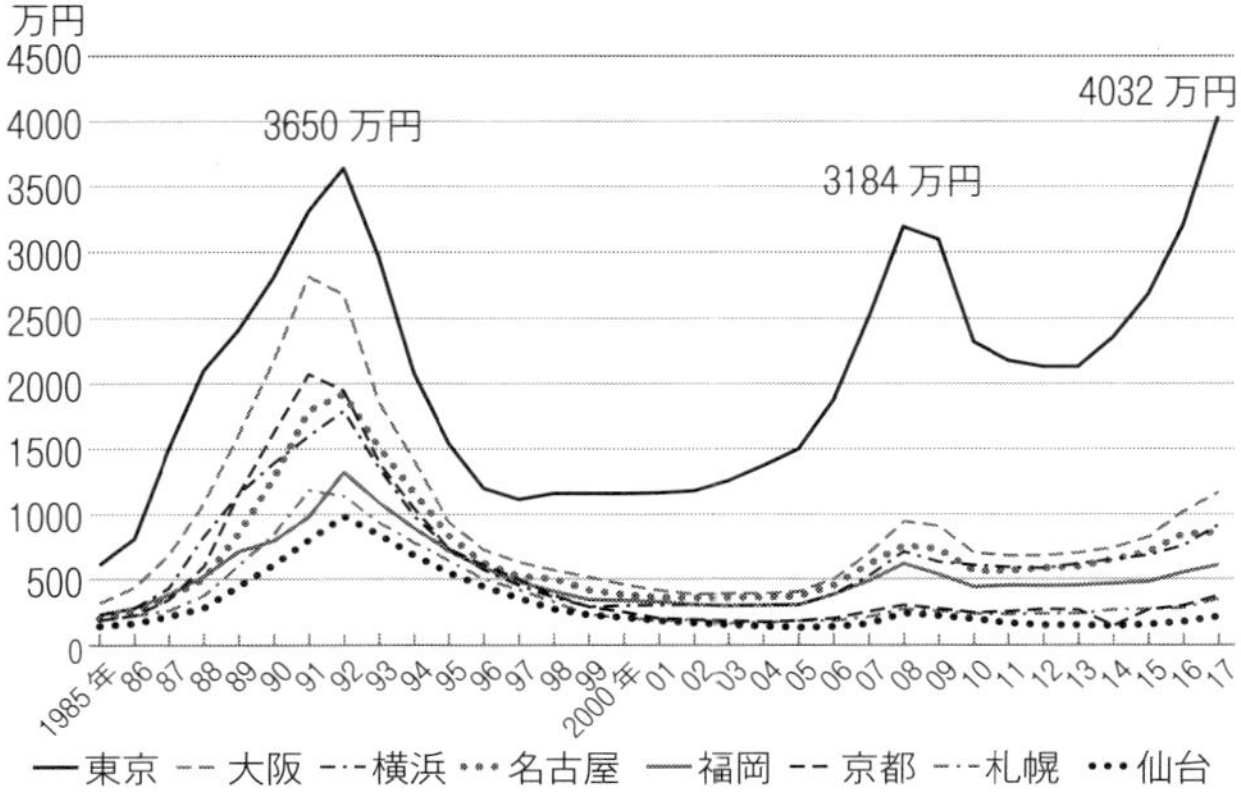

出典:「東洋経済オンライン」2017年7月8日。原資料は国税庁、上は1平方メートルあたりの価格。

烈な地価バブルの再来といっても、それは唯一東京都心部のみで、大阪や名古屋ですらバブル期の高騰には及ばない（図5－2参照[2]）。

地価や株価といった一部の資産価格は高騰しても、物価指数は安定的、もしくはデフレ的ですらある。日銀黒田総裁の言う目標物価指数は、二〇一三年の総裁就任以来、年二％超になったことはない。しかし、一部の資産価格は上向く。その典型が東京都心の地価高騰なのである。

ちなみに、地価や株価といった資産価格は物価指数の構成要因ではないため、地価は上がっても物価は安定しているという状況が起きる。それは、一九八〇年代のバブル高騰期も同じだった。

さらに、金融論の異才・川合一郎がかつて、物価高騰の不均等性こそがインフレーションの特徴であって、もしも均等な物価高騰があるとすれば、それはインフレーションとは呼ばず、デノミネーションだと喝破したのが記憶に残るが、見逃しやすい論点である。物価騰貴の本質はその不均等性にある。(3)

おそらく、二〇二〇年東京オリンピックに照準を合わせた国家戦略特区等の政策による景気の引き上げ効果が大きいものと推測される。超低金利の向かう先には、猛烈なインフレが襲うが、その中心が銀座等の東京都心部なのである。ちなみに、特区政策とは、通常の法体系とは異なる特別の法体系を、特区に限定して適用するというもので、特区目当ての投資(とくに海外からの投資)を政策的に促進しようとするものである。品川と田町の間に建設中の、二〇二〇年開業予定のJR山手線の新駅界隈は、駅舎から高層ビルまで空前の開発ラッシュに沸く。

もちろん、当該新駅周辺の地価は急騰中であり、当該地元商店街も景気浮揚効果に期待を寄せる。オマケに二〇一八年十二月には、JR東日本が発表した「高輪ゲートウェイ」という新駅名をめぐって反対する署名運動まで起き、人々の関心の強さを示している。

ちなみに特区といえば、歴史的には、香港からの投資を促進させ、中国の低賃金労働力との提携に成功した一九八〇年代における広東省深圳の成功例(華南経済圏と称された)(4)

が有名である。かつて数万人の寒村にすぎなかった深圳は、今や、人口は千万人を超し、超高層ビルが林立するITのメガ都市に急成長し、通称「アジアのシリコンバレー」と呼ばれ、上海に次ぐ証券取引所を抱えるまでになっている。

現在の日本の国家戦略では、金利と併せ、税金や関連規制法制（たとえば建築基準法や外国人労働者受け入れ等々）でも特別に優遇されるとなれば、恰好のビジネス・チャンスを見出す企業は多い。銀行や投資ファンド等金融機関や、ゼネコンや建設会社等の不動産関係者が群がる。それが東京都心のバブル気味の地価高騰ということである。

一九八〇年代の、不動産神話や日本マネーの土地本位制的思考様式の健在ぶりに気付く。給与収入しかない一般の会社員でも、そうした不動産ブームに乗って、不動産投資に乗り出す傾向が高まった。それは不動産担保と超低金利の長期化によって、手頃なローン運用先を見出した銀行等金融機関の戦略でもあった。空室ゼロを謳ったアパートローンがそれである。

†不動産頼み・銀行の窮状

図5－3にあるように、地域銀行による不動産業向け貸付が、その他産業向け貸付を凌いで、大きく伸びていることが分かる。

図 5-3　地域銀行の不動産業向け貸付（前年同期比）の推移

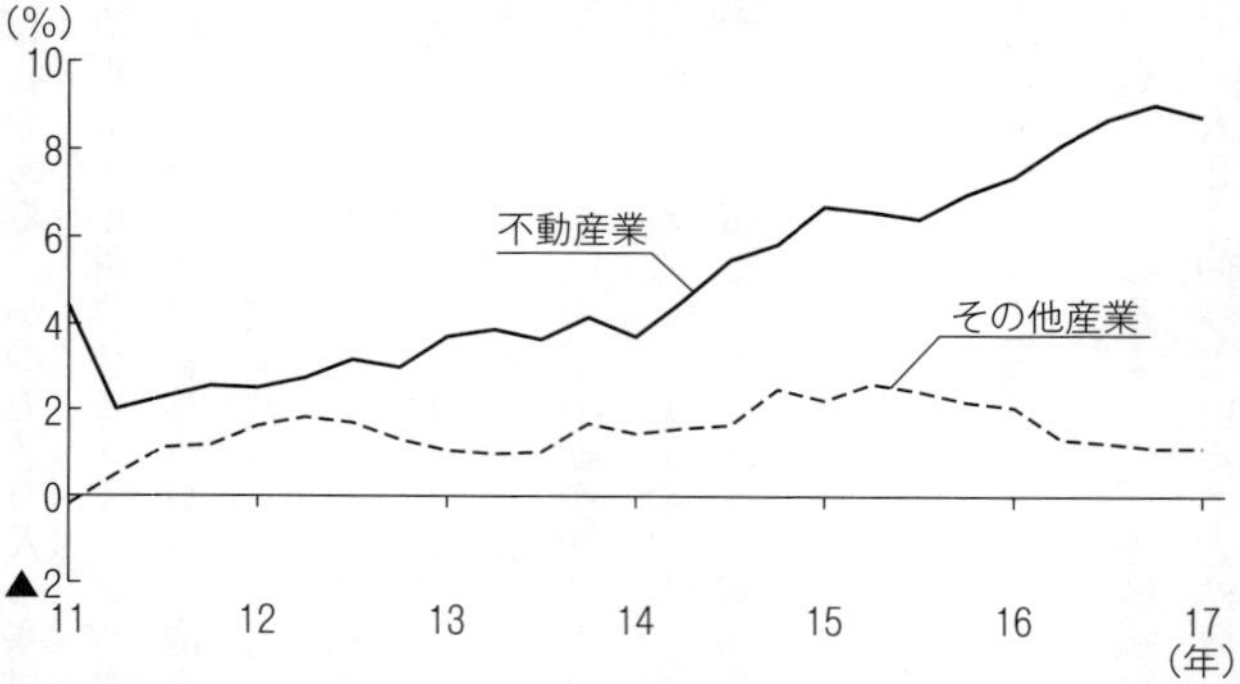

出典：金融庁「金融レポート」2017 年 10 月。日本銀行より、金融庁作成。

一方では、フィンテック、IT、決済革命というような先進的な、耳障りのいい掛け声が躍るものの、やはりと言うべきか、銀行の向かう先は、不動産貸付が多い。

とりわけ、地域銀行の首都圏シフトや東京重視といった掛け声が聞こえるが、その内実は、東京を中心とした首都圏の地価上昇を頼りにした不動産貸付が、ビジネス・チャンスの狙いだったと言うことができるだろう。

二〇一八年に大きな社会問題となったスルガ銀行の不正融資の現場も、東京を中心とした首都圏であり、そこにおける地価高騰がビジネス・チャンスだと映ったのである。地方にはそれに代わる高収益ビジネスが見つからなかったということでもある。

中には自己資金ゼロで、投資物件アパート価格の全額をローンで賄い、アパート入居者の賃料でローンを返済するというアパート・オーナーも少なくなかった。負債は不動産ローンを、資産はアパートという不動産を、そして、その返済はアパート入居者の支払う賃料を充てるという算段だった。

カネがなくてもオーナーになれるという、この触れ込みは刺激的だったが、その目論みが誤算となった事例も少なくない。過剰投資（供給過剰）、空室率の高まり、賃料収入の減少からローン返済資金が枯渇し、破産に追い込まれる事例が増えつつある。

二〇一八年春、スルガ銀行の偽造預金額記載が発覚した。不動産ローン提携で、借り手のローン審査が無事通るように、アパート・オーナーに予定されている借り手の預金額や収入額を誤魔化すという虚偽記載疑惑が社会問題化した。スルガ銀行は静岡県沼津市に本拠を置く。地銀では三十位前後（貸付金）、同県で静岡銀行に次ぐ二番手とはいえ、抜群の収益力を誇る優等生で、金融庁が収益性モデルと賞賛するほどの地銀だった。

スルガ銀行が犯した不正とはこうである。資金力のない会社員に、マンションのオーナーになるための買収資金を、銀行が丸ごと融資した。借り手は、オーナーとしてのしかかる負債を、入居者が支払う賃料で賄う予定だった。その間を、サブリース（賃貸住宅を借り上げた不動産会社が第三者に転貸するシステムのこと）業者が仲介し、空き室が出たとしても、同業者が入るべき家賃を保証し、オーナーの手は煩わせないという約束だった、という。関係者が具体例を明かす。

「例えば一億円の物件を購入するために、一億二〇〇〇万円で購入すると「偽の契約書」を書いてスルガ銀行に提出し、九〇％に当たる一億八〇〇〇万円を借り入れるのだ。実際の不動産価格一億円に対して、八〇〇〇万円分の余裕が生まれ、そこから諸経費などを引いても、自らの腹は傷めないで購入ができる」(5)

しかし、入居者の賃料支払が滞ったことで、融資審査の杜撰《ずさん》な実態が発覚し、サブリース業者も当初の約束した金額をオーナーに振り込めない事態となった。勤務先が大手企業だとしても、普通の会社員が一億円以上もの負債を返済できるはずもなく、そこで当該会社員の預金額や収入金額の偽造が行われ、融資が許可されたという不正行為が発覚したのである。しかも、その虚偽記載は、スルガ銀行営業専務執行役員（当時）主導によるという重大なものだった。(6)

これが事実なら、商法上の特別背任罪は避けられないだろう。ジャーナリストの藤田知也は、この案件は「犯罪同然の不正行為で築かれた「砂上の楼閣」だった」と記す。(7)

こうした地銀の不祥事は、直接的には営業現場の暴走であり、それを制止できなかった上司、引いては経営者の監督責任が問われる。まるで一九三〇年代における関東軍の暴走を制止できなかった参謀本部のごとくである。

しかし一方で、銀行自身の厳しい収益事情（減益）にもかかわらず、株主配当を増やしている地銀が少なくないことも事実である。かつて、地銀の大手株主にはメガバンクが多かったが、「持合い株」解消によるメガバンクの「地銀離れ」が進み、それに代わって台頭してきたのが、ここでも外資系投資ファンドである。

『日本経済新聞』（二〇一八年八月二十九日）によれば、横浜銀行と東日本銀行を傘下に置くコンコルディアFGとスルガ銀行の海外投資家の保有比率は、ともに三三・〇％と地銀トップである。他の地銀でも、大東銀行二八・六％、沖縄銀行二五・四％、福島銀行二四・五％、八十二銀行二三・八％、と続く。

一般に、投資家への収益還元を義務づけられている外資系ファンドは投資先への増配圧力が強く、地銀の厳しい経営環境にもかかわらず、増配圧力は大きかったと思われる。俗に言う「モノ言う株主」の要求である。同紙はこの記事を、「ファンド台頭、増配圧力強まる」と伝えた。

もしもそうした声を無視すれば、株式を売却され、株価下落に拍車がかかれば、経営不安が浮上する。そうした事態を避けるために、大手株主である外資系ファンドの増配要求を呑む、という文脈は想像に難くない。人口減と低金利によって収益源が細り、追い込まれる地銀の苦しい胸の内が伝わってくるようである。

先に紹介した福岡ＦＦＧへの吸収合併を決断した長崎市の十八銀行も、静岡県沼津市のスルガ銀行の犯した不正行為も、その苦渋に満ちた経営事情を露見させた一例だったという点では共通する。

驚くことに、有能な辣腕《らつわん》官僚として、銀行に高収益性モデルを要求し、高い評価を受けていた森信親《のぶちか》金融庁長官の推奨する銀行モデルが、このスルガ銀行だった。しかし二〇一八年七月、金融庁長官の森は黙したまま退任した。なお、その後の報道によれば、森は、同年秋にニューヨークのコロンビア大学国際公共政策大学院で非常勤教授に就任し、マンハッタンに居住している、という。高級官僚の華麗な「高跳び」に言葉を失う。(8)

スルガ銀不正を調査した第三者委員会報告書によれば、同銀行の貸付は圧倒的に個人の投資用不動産融資に傾斜していて、同行貸付残高の三分の二（約二兆円）を占めたという。しかも、そういった個人の貸家業への融資は、スルガ銀行だけでなく日本全体で伸び、二〇一八年六月末で二三兆円超、地銀がその半分を占める、という。

個人の不動産融資を、居住用ゆえに、より金利が優遇される住宅ローンに分類していた疑惑も浮上した。さらに、スルガ銀行は静岡県に拠点を置く地銀だが、こういった案件のほとんどが首都圏の支店中心だった。静岡にある銀行だから、静岡が舞台であるかのように誤解されがちだが、そうではない。背景には、東京を始め首都圏の地価上昇を見込んだ不動産投資熱があったことは想像に難くない。

同報告書が発表された二〇一八年九月七日、経営責任を明確にするため創業家の同行岡野光喜会長を含め、計五名の役員が辞任した。報道によれば、営業成績が伸び悩む行員に対する上司の生々しい叱責から、行内ではパワハラが横行していた。

「ノルマができていないと机を蹴ったり、テーブルをたたいたり、一時間、二時間と永遠に続く。……数字ができないならビルから飛び降りろといわれた。……お前の家族皆殺しにしてやるといわれた」(9)

しかし、こうしたモラルハザード（倫理破綻）は、「スルガ銀行だけの問題ではない」という評論家の山崎元の指摘(10)は、おそらく当たっているだろう。したがって、こうした不動産ローン急増の背景を探っておく必要がある。首都圏郊外の不動産ローン急増と破綻の背景の一因として、死後発生する相続税問題、近年の大学の都心回帰などが絡む。

相続税は二〇一五年の基礎控除額減額によって課税額が増大し、現預金で保有していればそのまま相続税対象額になるが、不動産で保有していれば大幅に軽減される。そのため相続税徴収を懸念する資産家は、現預金でなく不動産での資産相続によって節税を狙う。都心のタワーマンションに人気が高まったのはそのためである。

†東京都心への集中

こうした事情には、首都圏での大学移転が絡むことも多い。東京郊外から都心に回帰する大学が続き、残された郊外には、大学生の去った建物だけが残り、学生の借り手をあてに建設したアパートには空き室が増える。そうすれば、当該アパートを担保にしていた借り手のオーナーは目算が狂い、結果として、そのオーナーに不動産ローンを貸し付けた金融機関には不良債権が溜まる。

こうした不動産需給の変調は商業用地でも起きている。次々に都心の一等地に最新高層ビルが建ち並び、新テナント入居の好調さで好景気が報じられる。だが、概ね、借り手が真新しいビルに転居した後の旧ビルには空室が増える。テナントという借り手の退去を防ぐためには、旧ビルはリノベーション等でビルの魅力を上げなければならないが、そうすれば経費が嵩《かさ》む。

不均等なのは不動産需給による地価変動だけではない。同じ東京での著しい所得不均衡も目立つ。平均世帯年収を小学校学区別に並べたところ、一位から七位まですべて港区学区、十二位までは港区十校と千代田区二校といった著しい偏在ぶりだった。

しかも人口分布の近未来の推移予測を見ると、中央区、千代田区、港区の人口急増が今後も著しく、東京二十三区以外の市部は微増か減少である。「東京集中」一般ではなく、東京都心への極端な集中なのである。[11]

東京都心へ比較的高所得者の人口移動が起きれば、都心の地価が上がるのは当然である。郊外に居住していた高齢者が、生活の利便性（買い物や病院や公共施設）を求めて都心へ転居・転入するというケースが増えている。高齢化が進むほど、郊外は人口が減り、都心に集まる傾向が進む。

社会学者の橋本健二は、バブル崩壊後の東京では、職住接近という利便性を求め、都心に移り住む富裕層が増えており、かつての世田谷や杉並といった地域から都心への居住地域の変化が起きている、と説く。まさに、大都市で進む地政学的階層分化による階級化にほかならない。[12]日本は格差社会から階級社会へと変貌しつつあるというのが、橋本の見立てである。

†倒産が減り、廃業が増える

こうした諸事情を勘案すれば、金利さえ下げれば借り手が見つかり、経済が好転するといったシナリオはまったくの幻想である。にもかかわらず、日本銀行は低金利政策に拘泥するばかりで、アメリカのような金利を平時に戻す出口戦略も語らない。非常時政策はあくまで非常時の限定策だという認識すら窺えない。

日本銀行は、景気刺激という大義名分ばかりを振りかざしているが、マネーサプライを増加させるために買い取った膨大な国債や株式は、金利が高騰して価格が下落すればどうするのか、語らない。

その場合、評価損は重圧のごとくにのし掛かってくる。金利が高騰すれば、日本国の財政支出（国債金利や元本返済）が跳ね上がり、価格が下がれば、国債や株式で運用している日銀を含む金融機関の評価損としてバランスシートを直撃する。しかも、外債は、円高に振れるか円安に振れるかは相場次第であり、為替リスクが金利リスクに上乗せされる可能性も否定できない。

日本経済の疲弊する現場は、中小企業経営者の継続困難による、廃業件数増大にも表れている。高齢化と少子化が重なり、家業や企業経営を次世代に委ねることが困難となり、廃業を余儀なくさせている。

数字のうえでは、たしかに倒産件数は減りつつあるが、黒字のうちに経営の先行きを見限って、商売や企業を閉めるという廃業が増えつつある。東京でも先の銀座界隈のような都心部はともかく、東京郊外の地価は上昇しておらず、商店数や工場は継続困難による廃業件数が増えている。

元国税調査官で現経営コンサルタントの大村大次郎によれば、日本では、企業廃業が跡を絶たず、二〇一四年までの十五年間に、二〇％以上に相当する百万社に及ぶ企業数が減った、という。よく日本には老舗企業が多いと言うが、これは新興企業がなかなか現れず、一方では、企業が消えていく状況の裏返しでもある。少子高齢化で人口の減少ばかりが強調されがちだが、企業数の減少も著しいのである。(13)

しかしながら、目前に迫った二〇二〇年東京オリンピック需要の高揚といった前向きの景気期待もある。当該需要を目指したホテル建設ラッシュが続き、都心のビル需要も前向きである。とはいえ、東京オリンピックの現場は、無給の膨大なボランティアに支えられ、八月の酷暑時での開催（一九六四年の東京オリンピックは十月開催だった）で、疾病や事故が頻発するのではないかという不安もある。

残念なことに、このオリンピックを、無謀で膨大な死者を出した一九四四年の悲劇のインパール作戦に擬《なぞら》えて、「二一世紀のインパール」(14)だと批判する向きも出ている。

そもそも、オリンピック目当てに建設されたビルやマンションが、二〇二〇年代以降に急ピッチで進むであろう人口減社会で、オリンピックという一時的需要が消えた後、老朽化や治安の面からも、空き室だらけのビルやマンションとして社会問題化する不安が消えない。

東京オリンピックの有無にかかわらず、東京の「老い」は進む。老朽化したビル・マンションの建て替え、老朽化して放置された危険な歩道橋や陸橋、地下に埋設された水道管やガス管の老朽化、少子化により使われなくなった小中学校の校舎等々、問題山積である。はたして、これらへの行政の備え、住民の精神的、物質的準備は十分だろうか。

†家計の苦悩

個人の生活ぶりを表わす一般家計はどうだろうか。金融資産あり世帯だけの二〇一七年の金融資産の平均値は一七二九万円、中央値は一〇〇〇万円だが、急増中のゼロ貯蓄世帯(三一・二%)を含めて再計算すると、二〇一七年の平均値は一一五一万円、中央値になるとわずか三八〇万円にすぎない。この十年間、平均値はほとんど変わっていないが、中央値は二〇〇九年や二〇一〇年の五〇〇万円をピークに、二〇一七年の三八〇万円にまで下がる。(15)

一般的に官庁統計では平均値データがよりポピュラーだが、実質的には中央値の数字がより実感に近い。なぜならば、全体の数字を母数で割った平均値は、どうしても平均よりも大きな数字になってしまい、実感からは遠いからである。

たとえばある集団の九名が一〇〇〇万円を保有し、一名だけが九一〇〇万円を保有する場合の平均値は一〇〇〇万円だが、集団の九割は平均値のわずか一〇％しか保有していない。これが中央値ならば、一〇〇万円である。どちらが平均的数字に近いかは言うまでもあるまい。

一方、二〇一七年の負債を見れば、家計の性格が分かる。借入金のある世帯の割合は全世帯の三七・五％で、借入金のない世帯も含む全世帯では、借入金の平均額は四九四万円、借入金のある世帯だけに限定すれば、借入金の平均額は一三七九万円、このうち住宅ローンは一二八七万円、借入金の中央値は一〇〇〇万円だった[16]。

借入金の九割を超す圧倒的大部分が住宅ローンで、五十歳を過ぎた頃の人生後半で、純貯蓄がようやくプラスに転じる（貯蓄＞負債）のが一般的家計なのである。クレジットカードも普及しているが、その大部分は一括払いであり、欧米のような利子つきの分割払い（リボルビング・クレジット）は主流ではない。

純貯蓄額（貯蓄現在高－負債現在高）をみると、四十歳未満の世帯は、大幅な負債超過となっている。五十歳代でかろうじて貯蓄残高が負債残高を上回る世帯が多いという推移を考えれば、「一般的なサラリーマン家庭だと、この貯蓄と負債が五十歳の時点で、プラス・マイナス・ゼロになっていれば、ほぼ勝ち組[17]」と言う評論家の荻原博子の指摘は、納得できる。

日本の家計形成において、いかに貯蓄における住宅ローン返済の影響が大きいかは、明白である。しかも、六十歳未満の家計の過半がまだ負債返済を抱え、定年退職間際まで、あるいは定年後も、結構な割合の家計が負債返済に追われている。

住宅ローンがかくも大きな割合を占めるということは、そもそも家計所得に対して、不釣り合いなほどに住宅価格が高く、差額を頭金とローンで埋めなければ購入困難だということ、そして減税等の住宅購入優先策等で、借家よりも持家促進策が採られてきたという背景が大きい。

しかし、こうした常識はデフレーションの時代になると、目算が変わってくる。返済途中で、当初の予想が外れ、勤務先からのリストラや給与の減額、あるいは変動金利による返済額増額の圧迫、さらには、不動産売却によって残債を返済しようにも、地価下落によって、当初の予定通りにはいかない場合も少なくないからである。

不動産購入自体を責めるわけにはいかないが、あまりにも土地本位制中心に回ってきた経済のあり方が、家計構造にも反映している。

日本人の平均的人生に占める住宅というもの、なおかつ、その住宅ローン返済の占める比重がいかに大きいかが分かる。先に、リストラ旋風で転職が急増する銀行業界のことを述べたが、住宅ローン返済の重みのために、容易に年収を下げられないことが、転職のネ

ックになっているという。(18)

しかしながら、一方では、ローン返済や貯蓄の伸び悩みにもかかわらず、九割を超す圧倒的多数派は、中間階層という自意識（「中の上」「中の中」「中の下」）をもち、しかも、その割合は一九六〇年代以降、ほとんど変わっていないことも興味深い事実である。格差や貧困が叫ばれるが、多数派の意識は中流のままである。内閣府調査（二〇一七年度調査）でも、「生活に満足」だと答える割合は依然七三・九％（「満足している」一二・二％＋「まあ満足している」六一・七％）もあり、過去最高だった。(19)

どんなに生活に困窮していても、「我が家は中流」という表向きのコメントが圧倒的なのは、分からないでもない。アンケートを受ける側は、警戒心や横並び意識から、無難な回答をしがちだからである。「上」や「下」という回答を選択するということは、抵抗感があるという心境もよく分かる。アンケート調査というものの限界である。

ともあれ、日本人の多くが、圧倒的に中間層意識を抱き、「生活に満足」と言う。ところが、その国民の生活ぶりは、住宅ローン等の負債返済に追われ、概ね五十歳くらいまで、負債が資産を上回っている。しかも、給与も下落し、年金の支給開始年齢も遅くなり、支給額も減額、生活保護世帯への支給額も減額されつつある。

生活保護と言えば、「怠け者の食い逃げ」（そういう事例が一部にあることは否定しない）

のように批判され、たとえ受給資格者であったとしても、世間体を考えて面倒な手続きを嫌がる非受給貧困世帯が多いという。

政策的にも、黒田日銀がどんなに低金利策を続けても、なかなか一般消費者物価が上がらなかった、つまりデフレを脱却できなかったのは、最大の消費の担い手である労働者の給与が上がらず、購買力が殺《そ》がれ、消費が抑制されるからである。ところが、相対的円安で輸入食料品価格だけは上がる。そうすれば、一方では本節で見たような住宅ローン返済という重圧のなか、実質賃金は上がらず、増税や控除額の減額によって手取り収入を減らされる労働者は、ますます消費を節約せざるをえない。

どんなに低金利でも、資金を借り入れ、投資や消費に回そうという、そもそもの意欲が湧かないのである。ならば、とりあえず預金に預けて様子を見るという理由から、預金が史上最高を更新するのも頷けるだろう。

†「偽装中流」という衝撃

結局、建前は別として、生活実感として余裕はなく、したがって不況感も払拭されない。「豊かな生活」「中産階層」というのは、もはやフィクションに近いかもしれない。ジャーナリストの須田慎一郎は、旧中流層の実質的な生活水準が確実に低下している実態を「偽装中流」と呼び、中流とは名ばかりで、実態の伴わないギリギリの生活をしている自称中流層が増えていることを明かす[20]。

たとえば、インバウンド効果の訪日外国人はラグジュアリーホテルに宿泊するが、メインの宿泊者である国内客はといえば、価格の高騰するビジネスホテルすら敬遠して、より割安なカプセルホテルに、さらに低価格帯宿泊施設の集中する東京山谷や大阪西成へと、宿泊先を変更する事例が増えていると須田は言う。

現に、インバウンド効果が強調されるとはいえ、二〇一七年の観光庁宿泊者統計では、日本人宿泊者比率は八四・三％である（図5-4参照）。

「インバウンド需要は全体の一〇～一五％にすぎない。国内需要を盛り上げることが大事。インバウンドなんかほっとけばいい[21]」という、星野リゾートの星野佳路《よしはる》社長は、国内客の消費低迷へ警鐘を鳴らす。

宿泊者の八割を超える日本人客数は伸び悩むか、あるいは減っている。これは、国内旅行を始め、中間層の消費意欲の減退であることは明らかだろう。消費の節約に励む中間層の余裕のない生活ぶりを、須田は「中間層の下流化」だと評す。

須田が挙げる驚くべき事例は、二〇一四年四月に消費税が五％から八％に引き上げられた際、住民税が非課税の低所得者に限定して、一人一万円の臨時福祉給付金が政府から配

図 5-4　宿泊者のべ宿泊数（2013-2017 年）

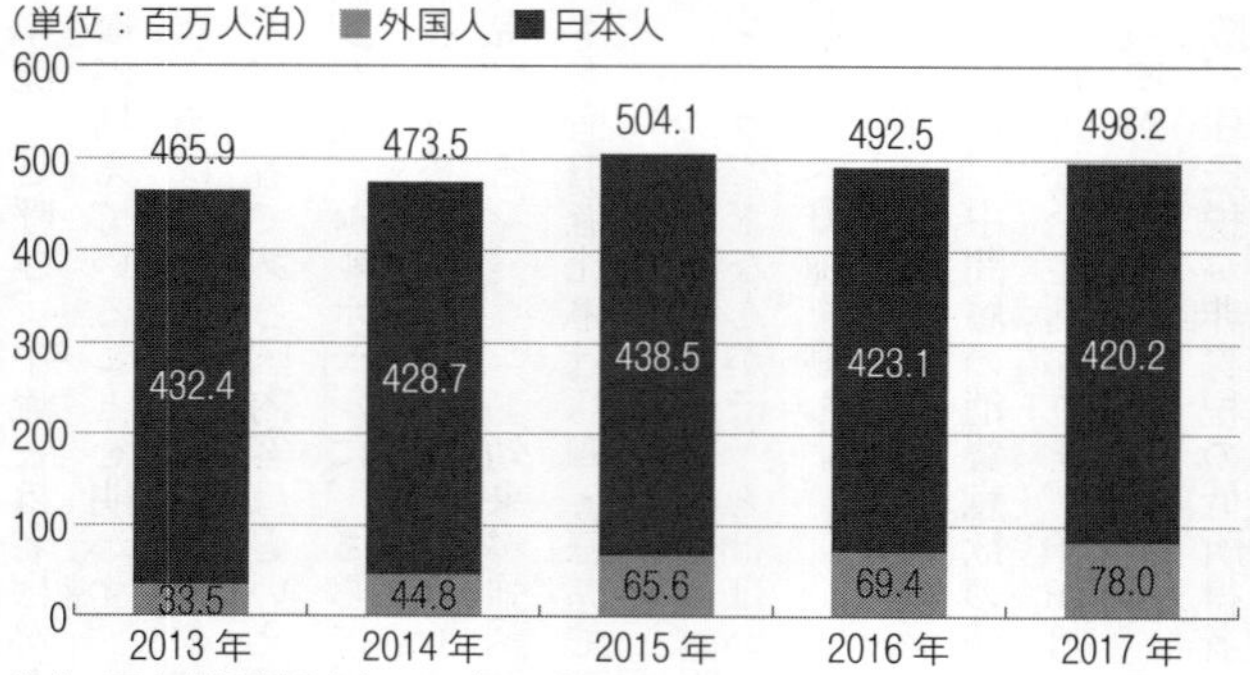

出典：国土交通省観光庁 HP（2018 年 2 月 28 日）

られたが、その対象者が何と二四〇〇万人にも上ったという衝撃的なデータである。単純に計算すれば、日本人の五人に一人は貧困だということになる。

この所得水準は、子供二人の四人家族の平均的会社員の場合で、年収二五六万円未満に相当するという。圧倒的な中流意識を抱くであろう多数派が、住宅ローン返済に追われ余裕を失いつつある生活実態との齟齬はどう認識されるべきだろうか。

国税庁の民間給与所得者の資料では、対象者は五七四四万人で、年収一〇〇〇万円超はわずか四・二%、一五〇〇万円超に絞ると一・一%にすぎない。一〇〇万円単位の区切りで最多人数の収入区分帯を見れば、最も多い区分帯は三〇〇万円台の一七・五%、次いで二〇〇万円台の一六・三%、一〇〇万円台一四・六%、四〇〇万円台一

図 5-5　労働分配率と企業の取り分の推移

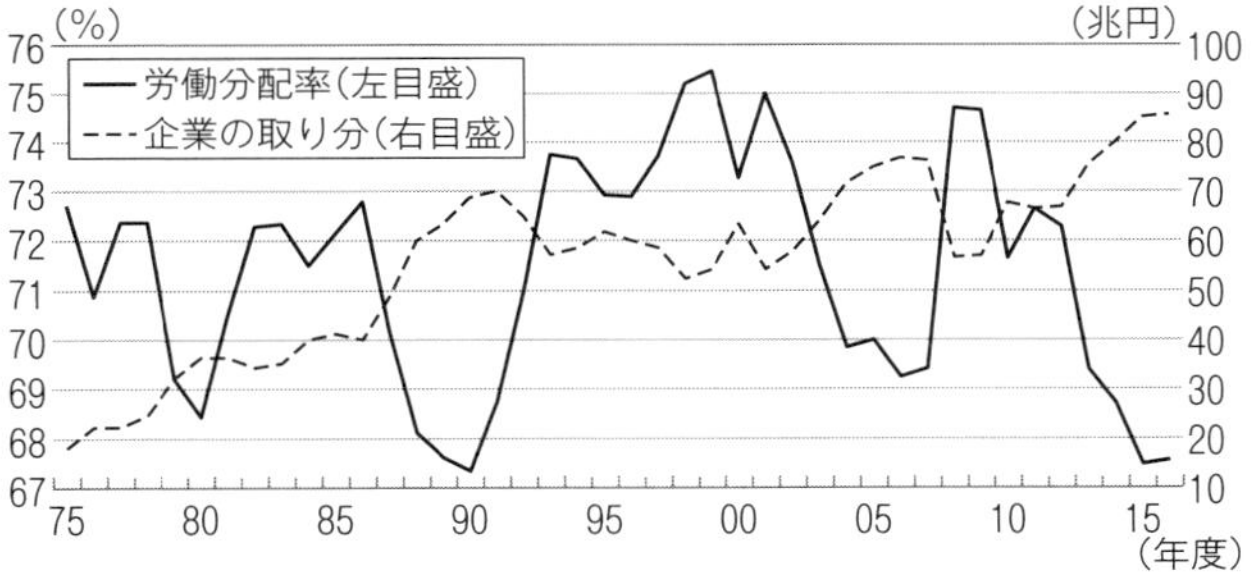

出典：MUFG「研究レポート」同社 HP（2018 年 1 月 10 日）。企業の取り分＝付加価値－人件費－租税公課。財務省「法人企業統計年報」。

四・三%である。五〇〇万円以下の合計は全体の七一・四%を占める（これは源泉徴収からの計算のため、二〇一六年十二月までの一年間の数字[22]）。

図5-5からも、産出される付加価値に占める労働分配率の低下は明らかだろう。一方、企業の取り分は一貫して上昇している。付加価値の配分の内訳は、企業利益（株主配当と内部留保）、人件費（役員報酬を含む）、租税公課に分かれる。企業取り分が大きいということは、株主配当や内部留保が大きいということである。

二〇一七年総務省発表の全国市区町村別の平均年収ランキングでは、一位は東京都港区の一一一五万円、二位は同千代田区の九四四万円、最後一七四一位は一九七万円だった。ランキング上位に顔を出す東京以外の常連は、六位の兵庫県芦屋市六一〇万円くらいで、東京都心への集中ぶりがよく分かる。港

区は、まさに「東京のなかの東京」という観を呈していて、人口の約十人に一人は社長だという。(23)

†長寿という「悪夢」

「一億総中流」という言い方は、もはや幻想なのかもしれない。須田の言う「偽装中流」という指摘は、なんとも強烈だが、あながち大袈裟ではないように思える。

たしかに、周囲を一瞥《いちべつ》するだけでも、日本の労働現場の風景がかつてとは一変したことに気付く。建設現場、タクシー運転手、ビル管理人&清掃員、コールセンターのオペレーターや深夜の道路工事現場やコンビニにも、引退後らしき高齢者がめっきり増えた。

第1章で見た図1-1(45頁)でも、男性の非正規労働者のうち最多の年齢区分は退職後の六十五歳以上だった。ときに話を聞くと、異口同音に、「年金だけでは生活できないから」という事情を明かす。

もはや、社会的に定着したワーキング・プア(貧困状態にある労働力のこと)層は、老若男女を問わない。「一億総活躍社会」とは、「死ぬまで働け」ということではないかという疑問が消えない。余裕のあるご隠居が街から消えつつある社会は、はたして健全と言えるのだろうか。

一方、大手企業の正規社員であったとしても、リストラに怯《おび》える大手銀行員、合併圧力による再編に憂鬱な地銀の面々、大手広告代理店電通で起こったような若い正社員の過労死、あるいは財務省公文書改竄事件で犠牲となり自殺に追い込まれたノンキャリア等々、民間も公務員も、正規も非正規も、老いも若きも、いずれも厳しい労働現場で喘ぐ人々の悲鳴が聞こえてきそうである。

先に挙げた上司に罵倒されたスルガ銀行員、あるいは自殺に追い込まれた十八銀行役員等々、現場の悲惨な労働環境は、おそらく数え切れないほど多いにちがいない。人間性が擦り切れ、精神疾患が増えるのも無理はない。

会社の命令に従順な若者、上司に逆らえない部下、溜まった疲労のなかで、文句を言わないまま心身を患う人々、その行き着く先が、精神疾患や過労死という哀しい結果となってしまう。

イギリスのBBCは、「過労死は一九六〇年代、七〇年代にも起きていたが、大きな違いがある。当時は長時間労働を強いられても終身雇用が保証されていたが、今はそういうわけにいかない」と、雇用不安が過労死を生むほどの労働条件の悪化を招いていること、併せて、「同僚や上司より先に帰ればいやな顔をされるという、数十年来の労働文化を打ち破るのは容易なことではない」という日本文化特有の問題も指摘した(24)。

生活不安や疾病を抱えながら、「長寿という悪夢」を懸念する退職後の高齢者の不安も蔑《ないがし》ろにはできない。預金と寿命のどちらが早く尽きるかの競争が、人生最後のカウントダウンだというのは、あまりにも哀しい。(25)

自殺者数こそ減ったものの、孤独死は増えつつある。全国の六十五歳以上の孤独死者数の推計値は、「自宅で死亡し、死後二日以上経過」を「孤立死」と定義した場合、年間で二万六八二一人にのぼったという。(26)その腐乱した現場の後片付けをする特殊清掃業務が多忙を極めるというニュースに、胸が痛む。

†中流層の復活を

現下の所得不平等拡大に警鐘を鳴らし、福祉国家再戦略を練るイギリスの経済学者アンソニー・アトキンソンは、「人々を……惹きつけるには高い給与が必要だ」(27)と説く。弟子のトマ・ピケティが歴史統計的に格差を論証したのに対して、師匠筋にあたるアトキンソンは、より政策志向的に格差問題解決のための戦略を練る。

日本の給与所得下落の背景には、それに異を唱えない思考様式にも一因がある。権力の横暴ぶりを批判しつつ、かつ行動的だった作家の小田実が残した最後の作品が「中流の復興」(28)だったことは興味深い。

中流意識がいまだに圧倒的なのは、多分に、横並び意識や過去の残影を引き摺ったものだが、その危うい脆弱な実態を再生させる鍵が、給与という労働者所得を引き上げ、かつては高かった労働分配率上昇の奪還であることは間違いない。

株主は、投資ファンドを始め、「モノ言う株主」として発言力を強めたが、最大多数であるはずの労働者の要求はなかなか聞こえてこない。つまり、「モノ言う労働者」、あるいはその代弁者の声が消えたのである。弱者に寄り添う判官贔屓《ほうがんびいき》の論客も減り、弱肉強食的な思考様式が、恵まれない弱者にさえ支持されるという逆説的な空気が漂う。「モノ言う労働者」の復権はなるのだろうか。

第6章

市場主義の極致

――タックス・ヘイブン

†タックス・ヘイブンをめぐる論説

イギリスのジャーナリストであり英王立国際問題研究所の研究員でもあるニコラス・シャクソン、イギリスの公認会計士リチャード・マーフィー、さらにはイギリスの政治学者ロナン・パラン等々、欧州にはタックス・ヘイブン(租税回避地)研究に精力を注ぐ人材が豊富である。

そのうえに、大手銀行(HSBC)でシステム・エンジニアとして働いていたエルヴェ・ファルチャーニのように、匿名でのオフショア口座がいかにマネーロンダリング(資金洗浄)の機能を果たしているかについて、内部事情を暴露する市民もいて、そうした内部告発を好意的に支持する大勢の人々がいる。さらに、「パナマ文書」「パラダイス文書」のような匿名での告発も続く。

また、ワシントンにはタックス・ヘイブンの調査を追う、世界のジャーナリストによる非営利組織の「国際調査報道ジャーナリスト連合(ICIJ)」もある。イギリスには、市民団体「タックス・ジャスティス・ネットワーク」があり、独自に富裕層のタックス・ヘイブンでの資産保有を試算している。

さらに、影響力のある著名な経済学者も同問題へのコメントを続けている。英LSEの国際政治経済学者スーザン・ストレンジは、脱冷戦後の市場経済で暗躍する主役としてタックス・ヘイブンで営業する巨大監査法人に目を向けた。イギリスのジャパン・スペシャリストとして名高いロナルド・ドーアも、タックス・ヘイブンという対象を特定しなかったものの、過度な金融膨張が世界経済の足枷になることに警鐘を鳴らした。

そして周知のごとく、格差問題の論客として話題を集めたフランスの経済学者トマ・ピケティも、世界中の格差拡大の背景として、タックス・ヘイブンの存在を取り上げ、その情報開示の必要性を訴えた。議論の核心は、金融資産の増殖テンポが労働者給与の増大テンポを上回っていることを、歴史統計的に証明したことである。つまり、タックス・ヘイブンこそは格差問題を象徴するシンボルとしてスポットが当たったのである。

ところが日本では、この問題に対する一般の関心はさほど高くないように見える。数多い会計学や金融論学者も、タックス・ヘイブン論議の意義を説く論者は多くない。格差論や貧困論が喧《かまびす》しく論じられながらも、矛先をタックス・ヘイブンに向ける論者は少ない。ただ多国籍企業論の専門家が移転価格（transfer price）として、企業の内部取引の問題としてタックス・ヘイブンに関心を向ける程度である。

強い関心を向ける層があるとすれば、脱税の捕捉に熱心な税務当局か、あるいは実際に節税に熱心な一部の富裕層くらいだろう。一般的な関心がなかなか高まらないのは、身近にタックス・ヘイブンを利用して節税に努めるような個人の超富裕層が、あまり見当たらないためだろうか。だが個人としては目立たなくとも、法人は租税回避のために、積極的にタックス・ヘイブンを利用している。

要は、タックス・ヘイブン利用による徴税の不平等はよろしくない、とする市民層の声がどれだけ高いかである。源泉徴収によって給与所得をすべて捕捉される会社員とは異なり、タックス・ヘイブンという秘匿口座を匿名で利用することで、節税に成功している一部の富裕層や巨大企業に対して、徴税の不平等や不公平をどう考えるかが鍵であり、タックス・ヘイブンを含む租税の全体像に対する情報収集や、当該問題を研究する専門家の育成も不可欠だろう。

そもそも欧州のような、税の不公平性に異議を申し立て、市民団体を作ってまで租税に対する情報収集を積極的に図るような市民層が日本にはなかなか見当たらない。タックス・ヘイブン論議が臨場感に欠けるのも、そうした社会的空気が背景にある。

†国際金融都市という偏見

世界都市論で著名なサスキア・サッセンが、その（英語版）著作の中で、東京をニューヨークやロンドンと並ぶ世界の三大グローバル・シティだと称したのは一九九一年（第一版)、そしてその十年後の二〇〇一年(第二版)だった。[1]

だが、ロンドンとニューヨークはその地位を維持するものの、現在の東京は、香港やシンガポールの追い上げに四苦八苦している。なぜジャパンマネーは窒息したのか。逆に、東京にはない、シンガポールや香港の競争力とはいったい何だろうか。一方、なぜこれほど短期間に、取引額の増えた外資が、東京上場を止めてしまったのだろうか(東京での上場外資は一九九一年末の百二十五社をピークに、二〇一八年末にはわずか五社に激減した)。

国際金融市場や国際金融都市論を論じれば、かならずと言っていいほど、ニューヨークやロンドンとの比較で、東京が論じられる。とりわけ、日本の債権大国化が続き、東京の国際金融市場としての注目度が上がり、ジャパンマネーの一挙手一投足で相場が動くという局面もあるにはあった。しかしながら、そうした国際金融取引の主要プレーヤーとして東京が論じられるとき、国際金融取引の現場である取引所の国際戦略といった、国際金融競争力を考察する視点は忘れられていたのではないか。

概して、ニューヨークにある米ドル建て口座の振替で国際決済が行われる金融取引に注目が集まり、そういう国際金融都市がグローバル・シティとして、論じられた。一九世紀の英ポンド取引の都市ロンドン、第二次大戦後の米ドル取引を司るニューヨークの二大国際金融都市である。東京も、第二のシティや第二のウォール街になることを夢見た。要するに、日本円は基軸通貨でないにもかかわらず、国際金融市場論や国際金融都市論が、基軸通貨との親和性のなかで論じられたということである。

しかし、香港ドルもシンガポール・ドルも国際通貨とは無縁だが、ではなぜ香港やシンガポールが巨大な金融取引都市であるのか、という疑問が浮かぶことはなかった。つまり、国際金融都市東京を考えるとき、香港やシンガポールとの比較といった方向で、論じられることはなかったのである。

サスキア・サッセンのような著名な論客に、ニューヨークやロンドンと並ぶ三大国際金融都市（グローバル・シティ）として東京を位置づけられると、嬉しくなってしまう日本人の深層心理がよく理解できる。第1章で論じたターガート・マーフィーの言う「階層性」への拘泥という風土である。

こうも言える。なぜ東京が第二のシカゴではダメなのか。一九八〇年代後半、大阪が第二のシカゴ構想を練っていたとき、東京の官僚筋はそれを嫌った。先物取引の膨張が直物を振り回すのはよくない、と。したがって、第2章で論じたように、日経225先物は規制を強化して取引を抑え、ついでにシンガポールにまで同様の規制強化を要求したが、断られてしまった。ここには、通貨当局としての、先物取引への政策理念は窺えない。

先に見たアメリカのジャーナリストのミルマンが記したような、シンガポールSIME

X理事長に半ば脅迫めいた言葉で規制強化を迫った日本の元天下り官僚（当時は東証副理事長）の不遜な態度も、シンガポールを格下に見る心理の表れだろう。だが、そうした「権威」は日本国内でしか通用しない。仕方なく、当時の官僚が策した手は、大阪における先物取引の規制を強化し、日経300先物という別商品を考案するという、あくまで日経225先物取引の過熱を抑えることだった。

だが、最近は、香港やシンガポールばかりか、パナマやケイマン諸島、マン島、マルタ島やジャージー島といった諸島域においても、タックス・ヘイブンという金融センターが広がり、しかも、その中心を仕切るセンターとして、ニューヨーク・マンハッタンやロンドン・シティの役割が取り沙汰される。

たしかに、タックス・ヘイブンについての情報は増えたが、日本では、一般の関心はさほど高まらない。だが、二〇一七年十月に起こった、パナマ文書報道に関わったマルタ島での女性ジャーナリスト殺害事件が示すように、タックス・ヘイブン問題はマフィアすら絡む深刻な問題だということが分かる。

†オフショア・バンキング

以前は、タックス・ヘイブンを tax heaven（税金天国）だと誤解している人々も多くいたようだが、正しくは tax haven（租税回避地）である。そこでの取引額は驚くほど高額で、非課税、通貨は米ドル、取引者は著名な多国籍企業や超富裕層、しかも匿名取引である。さらに、不気味な殺人事件すら絡むとなれば、いったいタックス・ヘイブンとは何かに、もっと多くの人々が関心を向けてもいいはずである。

そのメカニズムを簡単にでも説明してみたい。たとえばここに一〇〇億円の相続があったとしよう。その場合、巨大な相続税支払いが発生する。それを隠せば、脱税になる。しかし匿名で投資銀行に預け、それをタックス・ヘイブンで運用すれば、相続税はゼロ、しかも合法である。もしバレたとしても、脱税で逮捕されないように、大口預金保有者に知恵を貸す税法や会計の専門スタッフが揃う。

個人以外の利用者は、多国籍企業が最大のビジネス需要である。タックス・ヘイブンを経由しての取引だったという帳簿上の操作が可能であれば、そこに利益が溜まり、合法的非課税ということになる。実際、多くの取引は多国籍企業内部取引（intra-firm trade）で、本支店間、もしくは海外店相互の内部取引だという。

ＨＳＢＣ（旧香港上海銀行）ジュネーブで private banking 部門のシステム・エンジニアだったエルヴェ・ファルチャーニは、ＨＳＢＣ内部での資金移動は、最終決済尻だけは残るが、どの口座からどの口座にいくらの資金が移動したかのグロス（gross）の途中の痕跡を消すことができ、それが犯罪の抜け道になっていることを暴露した。つまり同一銀行内取引の痕跡を消すことができ、最終決済尻だけが記録に残るというわけである。

しかも、たとえば二〇〇八年のHSBCメキシコにある六万口座のうち、その七五％に及ぶ顧客情報がなかったということ、つまりは匿名だったことを明かした。さらに、そのような事例はほんの一例にすぎなかったと暴露した。(2)

隠蔽目的の匿名口座といえば犯罪だと分かりやすいが、マネーフローの違法性を確定するのは容易ではない。たとえば、一九九五年、米クリントン政権はイランとの国交断絶で、イラン関連口座の凍結を命じた。しかし、アメリカ人とイラン関連の取引を停止するとはいえ、欧州やアジアがイランとの取引を禁止するように強いる権限は、アメリカにはない。だが、もしも、当該取引が米ドルで行われる場合はどうか。欧州保有の在米ドル預金からイラン口座への振替で決済される場合は、アメリカはどこまで踏み込めるのか等々、難しい問題が絡むのである。その際、イラン原油を輸入したということで欧州保有口座を凍結にでもすれば、国際問題に発展するだろう。要するに、凍結対象はオンショア口座のみで、オフショア口座は対象外。したがって、HSBCを始め、多くの欧州の大手銀行は、アメリカの指示を無視していたと作家の橘《たちばな》玲《あきら》は証言する。(3)

こういう米ドル決済の場合は複雑な問題を生むが、たとえば、二〇一八年六月のトランプ政権による、核合意を逸脱したとしてイラン取引禁止を各国に呼び掛けた場合、右記のクリントン政権の経緯を思い出させる。国際通貨問題は、決済口座を通して、国際政治力学に抵触することが分かる。

アメリカのイランへの禁輸を含む強行政策に対して、いっせいに反発の声を上げた欧州のみならず、中国はイラン取引の大半をすでに人民元建て取引に移しているため、米ドル口座は関係なし。右往左往する日本の政権中枢との相違を際立たせた。

タックス・ヘイブンの違法性を暴露したファルチャーニ文書は、歴史に残る内容である。要するに、同一銀行内口座取引（intra-bank money flow）は取引の痕跡を隠蔽することができることを明かしたのだった。しかも、欧州でのファルチャーニ人気は鰻登り、ジュリアン・アサンジのウィキリークスに因《ちな》んで「スイスリークス」、あるいは「脱税のスノーデン」として喝采を浴びた。真相をすっぱ抜いた内部告発者が賞賛されるというのは、日本との大きな相違だろう。

内部取引ならば、国際取引とはいえ、輸出入価格を恣意的に操作し、利益の発生地を操作するような帳簿操作も可能だろう。移転価格（transfer price）と言う。価格を移転させるとは、企業が恣意的に価格を操作し、税率が低いかゼロの場所で最大利益を捻出《ねんしゅつ》するということで、それがタックス・ヘイブン利用の最もポピュラーな目的ということは、今や常識である。
実際、金融センターと言いながら、そこにはほとんど何もなく、あるのは法律事務所やメール・ボックスだけである。帳簿上の取引だけならそれで十分で、そこで、あたかも取引が起こったかのように指示する司令塔は、ロンドンやニューヨークでコンピュータのマウスをクリックするだけである。ロンドンやニューヨークが、タックス・ヘイブンの元締めとして指示を出す。

国際金融取引においてタックス・ヘイブンは、ニューヨークやロンドンにつながる巨大なマネー潮流の一翼に座る巨大な存在である。大部分が米ドル建て取引で、匿名による一種の秘密口座である。しかも合法。したがって、基軸通貨・米ドルのネットワークの中枢の一角に座り、長年の金融テクニックに長《た》けたロンドンも、ニューヨークと連携する。しかも、主要な取引通貨は米ドルである。タックス・ヘイブンは謂わば、眼前にありながらも、視界から消えたエアポケットのような存在なのである。

†英王室の影

さらに、もう一つ。イギリスへの好意的イメージがタックス・ヘイブンを見えにくくする。英王室は、イギリスのイメージを世界に広める一種の広告塔で、エリザベス女王を始め、亡くなったダイアナ妃は日本でも大人気だった。二〇一八年春には、ダイアナ妃の次男ヘンリー王子がアメリカの人気女優と結婚するということで、大フィーバーを巻き起こした。

しかしながら、ここ数年、タックス・ヘイブンについてのセンセーショナルな話題が増えたが、これがいかに英王室と関連するかは、まるでタブーである。ほとんど誰も、そのことに触れない。

イギリスの海外領土だけでなく、英王室の属領としてのタックス・ヘイブンとはどういうことなのか。なぜタックス・ヘイブンの行政代表は、英王室の権限で交替可能な属領なのか。次から次に疑問が湧く。戦後、インドやマレーシアやシンガポール等々、植民地は次々に独立したが、むしろ、実質的に独立を選択しなかった場合も少なくない。

国際金融市場や国際金融都市としてのブランド・イメージが強いうえに、英王室によって化粧されたイギリスのブランド・イメージが重なり、タックス・ヘイブンを経由した闇取引の汚いマネーフローと、匿名口座の跋扈《ばっこ》するマネーロンダリングとのつながりは想像し難い。かくて、タックス・ヘイブンと英王室との関係が取り沙汰されることはない。偏見に満ちた先入観は、ことの本質を見えなくする。

†ブレトンウッズ後の世界

一般に米ドルの国際通貨としての確立は、一九四四年七月のブレトンウッズ協定によるというのが常識である。そこでの英代表ケインズと米代表ホワイトとの攻防戦で、アメリカのホワイト案が勝利を収めたことが、米ドル勝利の決定打となったという解釈である。その鍵は、米ドルの金（ゴールド）兌換独占であり、以外の通貨は英ポンドも含め、金兌換ができず、米ドルを媒介に間接的に金につながるというものだった。これは、英ポンドの基軸通貨からの転落という屈辱的瞬間だった。

決済通貨にしても、ケインズ案にあった銀行口座のバンコールという人工通貨による決済というアイデア（現在の特別引出権SDRに近い）は実現されず、米ドル決済という当時の現状が了承された。これでもって、米ドルの国際通貨（もしくは基軸通貨）確立だ、と多くの人々が納得して終わった。

さらに、IMF（国際通貨基金）という資金流通経路での制度決定でも、銀行原理を主張したケインズ案は敗れた。IMFを巨大な信用創造さえ可能な銀行原理とするイギリス案は採用されず、IMFを小さな基金（信用創造のできるBankではなくて、基金額以上の貸付はできないFund）にとどめるアメリカ案が勝利した。世界への流動性供給はできるだけ基金の外で行い、アメリカのコントロール能力を活かそうとした政治的判断の勝利だった。かくのごとく国際金融の現場は、政治力学の戦いでもある。

しかし、たとえ米ドルが金兌換を独占し、基金原理というアメリカの主張が実現しても、これによって、世界中が国際決済に米ドルを使い始めたというわけではない。当該通貨を供給するメカニズム(市場)がなければ、通貨は取引には使われないからである。戦後から一九五〇年代までを、「米ドル不足の時代」と言うのは、米ドルに対する需要に対して、供給するメカニズムが十分ではなかったことを意味する。

一方、英ポンドは、一九四四年のブレトンウッズ協定で金兌換から転落したとはいえ、旧ポンド圏を中心にまだまだ健在だった。一九五〇年代とは「米ドルの不足」時代と言われるが、それはかつての基軸通貨である英ポンドが実需を超えて過剰であり、英ポンドに下落圧力がかかる相場にあったということである。

ニコラス・シャクソンの挙げる数字でも、一九五七年時点で、英ポンドは世界の貿易の四〇%で使われており、イングランド銀行はその状態を維持したかった、という。換言すれば、スエズ危機までは、大英帝国の英ポンド通貨圏はまだ生き残っていたのである。スエズ危機という英帝国瓦解のなかで、旧帝国に代わってロンドンの栄光を蘇生させた代物こそがユーロ市場だったのである。(4)

そして一九五〇年代末、米ドルによる国際貸借や決済が劇的に広まった。これは、ロンドンが米ドルのまま預金を受け入れ、米ドルのまま貸付に応じるようになったからである。ユーロダラー市場の登場である。

これには、国際社会の素早い反応があった。旧ソ連邦は、在米ドル預金を米ドル建てのまま、ロンドンに移し替えた。在米ドル預金は、政治的緊急時にはアメリカによって凍結される恐れがあり、使用不能となる可能性もある。しかし、ロンドンが米ドルのまま預金として受け入れ、同時に米ドルのまま貸付も許されるということになれば、凍結される恐れもなく、しかも同じ米ドル取引だから為替リスクもない。さらには、金利規制もないオフショア取引（外－外取引）だから、アメリカでよりも高金利を稼げ、アメリカでよりも低金利で借入れ可能と、非居住者にとってはいい事ずくめである。

かくて、ロンドンは、英ポンドから米ドルへという主要な取引通貨の変更によって、国際金融市場としても外国為替市場としても、戦後に生き残る活路を見出していったのである。戦前の国際通貨だった英ポンドは、英連邦諸国を中心に、巨大な非居住者が保有する。その逃げ場を米ドルに見出し、ロンドンは英ポンド取引から米ドル取引に切り替え、新たなビジネス需要を生み出す。かくて一九六〇年代は、ロンドンでの米ドル貸借が大きなビジネスとなった。ユーロダラー取引の開花だった。

ちなみに、このユーロダラーは、一九九九年に登場した通貨ユーロとは異なる。通貨ユーロは、マルクやフランやリラといった国民通貨が廃棄されて以降、あらたなEU域内で流通する地域通貨として登場した。

だが、ユーロダラーにせよ、一九八〇年代に一世を風靡したユーロ円にせよ、通貨でも銀行券でもない。当該通貨発行国以外における当該通貨の簿記上の流通をユーロと呼ぶのである。アメリカ以外での米ドル建て貸借がユーロダラーであり、日本の外での円建て貸借がユーロ円という具合である。ECB（欧州中央銀行）発行の統一通貨ユーロと、ユーロ市場のユーロという意味合いはまったく別物だということを、強く認識しておく必要がある。

†世界に広がるタックス・ヘイブン

秘密主義に徹した法域は、英米を始め、ジャージー島やマン等の英王室属領、スイス等の欧州諸国、さらには日本にまで連なる。リチャード・マーフィーは、タックス・ヘイブンの真の問題は秘密主義であって、その秘密主義が不正を生むのだと言う。当然、タックス・ヘイブンにある企業の収支決算書は見ることができない。(5)

ニコラス・シャクソンは、主要なタックス・ヘイブンを三つに分類する。一つはスイスやルクセンブルクを始めとする欧州である。二つはロンドンを中枢として旧大英帝国を軸に、グローバルに広がる旧植民地をまたがって形成される法域で、ジャージー島やケイマン諸島からシンガポールや香港まで入る。そして三つはアメリカ中心の勢力でパナマやマーシャル諸島であり、アメリカ東部のデラウェア州まで含む(6)。

スイスの一九三四年に制定された秘密保護法は有名だが、実際は一八世紀からジュネーブの銀行はエリートの秘密資金を預かってきた。先に挙げたHSBCのprivate bankingの腐敗を暴露したファルチャーニも、ジュネーブでシステム・エンジニアとして働いていた。北朝鮮の金ファミリーと緊密なタックス・ヘイブンのルクセンブルクは一九二九年に営業を始めた。その他、オランダ、リヒテンシュタイン、モナコ等も、欧州のタックス・ヘイブンとして知られている。

最も目を引く存在は、第二のグループ、旧大英帝国関連の地域である。地政学的にはまったくグローバルに広がり、取引額も巨大である。世界の守秘法域のほぼ半分を占める。ジャージー島、ガーンジー島、マン島のような、イギリスに帰属しない英王室属領と、バミューダ諸島、英領ヴァージン諸島、ケイマン諸島等のような「エリザベス女王を国家元首とする英国の海外領土」である。その外環には、イギリスの支配関係ではないが旧植民地だった香港やシンガポールがある。「ジャージーに行くかジェイル(監獄)に行くか」

図 6-1　グローバルに広がるタックス・ヘイブン

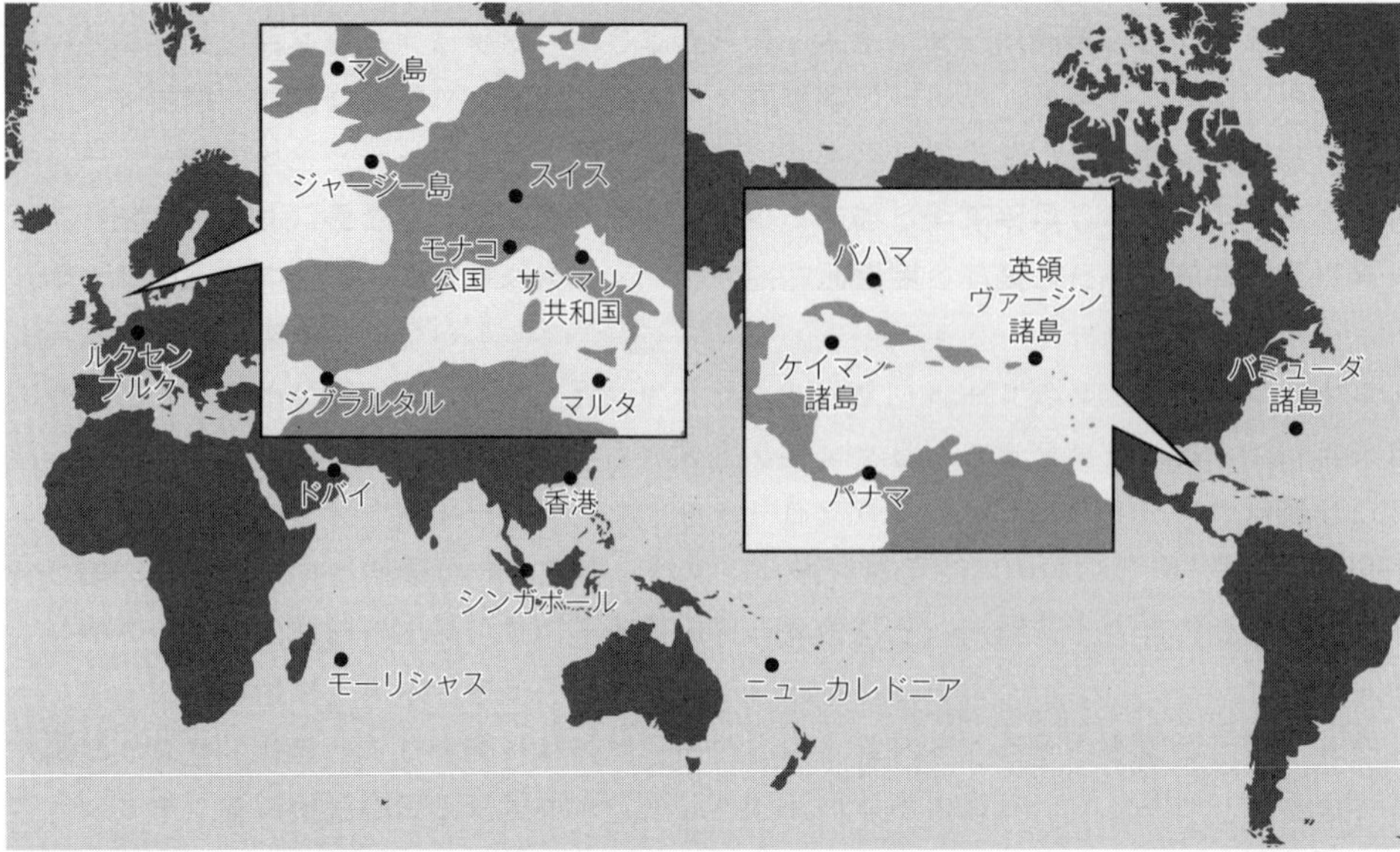

出典：拙稿「グローバリズムの誕生」『週刊東洋経済』2015 年 4 月 4 日。

と言われるほどの守秘法域の腐敗ぶりは、「マネーロンダリングのネットワークなのだ」と、シャクソンはロンドンの古い格言を引く(7)。

英王室属領とは別のイギリスの海外領土には、ケイマン諸島を始め、バミューダ、ヴァージン、ジブラルタルといった有名な諸法域が並ぶ。たとえば、ケイマン諸島の最高権力者には、英女王に任命された総督が就く。総督は、防衛、治安だけでなく、法務長官、裁判官等の公職者を任命する。しかもケイマン諸島の最高裁判所はロンドンの枢密院で、秘密情報機関MI6もこの地で活発に動く。かくて、ケイマン諸島は世界五位の金融センターで八万社が登記する、と。まさに「現代版植民地」と言うに相応しい。

とはいえ、世界で最重要なタックス・ヘイブンは、右記のいずれでもなく、米ニューヨーク、次いで英ロンドンだというのがシャクソンの主張である。それは、タックス・ヘイブンを融通無碍《ゆうずうむげ》に広がるグローバルなネットワークをもつ会社本店の多くが、ニューヨークやロンドンに存在するからである。スキャンダルで破綻したエンロン社はオフショア市場に八百八十一社保有していたし、シティグループは四百二十七の子会社をオフショア市場に保有していた、とシャクソンは記す(8)。

顧客は、マネーロンダリングや麻薬売買に絡む犯罪者に始まり、移転価格操作によって利益拡大を狙う多国籍企業、それに便宜を提供する巨大会計事務所、相続税逃れの富裕層等々が並ぶ。取引の内実は匿名性が強く、世界の四大会計事務所や法律事務所が便宜を図る。プライバシーの死守を盾に、秘密主義が真相を隠す。

かくてリチャード・マーフィーは、この秘密主義にタックス・ヘイブンの本質を見出す。米系多国籍企業の在外法人の利益が、本国との二重課税を免れるためという方便でもって実際にやっていることは、二重非課税だというシャクソンの論理は興味深い。

租税回避とは税法の抜け穴を利用することで、税法上正当な納税申告時の控除権行使とはまったく異なる。課税当局側は、税法遵守のための監視や摘発を多国間で協調している。たとえば、パリに本拠を置く政府間組織FATF《ファトフ》(マネーロンダリングに関する金融活動作業部会)等がある。

注意すべきは、タックス・ヘイブンの論議はたんにタックス・ヘイブンだけでは終わらず、各国の税制論議に関わることである。それは、シャクソンの指摘する次の点にある。「金融業者たちは、……「課税や規制を厳しくしすぎたら、われわれはオフショアに行くぞ」と。オンショアの政治家たちは怖じ気づいて、自国の法律や規制を緩和する。こうした流れによって、オンショアであるはずの法域が次第にオフショアの特徴を帯びてきており、経済規模の大きい国では租税負担が移動可能な資本や企業から普通の市民の肩に移ってきている(9)」

シャクソンの挙げる実際の課税額の推移を見ると、アメリカの納税者の上位〇・一％に対しては、一九六〇年代には六〇％だった実効税率が、二〇〇七年には三三％にまで下落したという。しかも、典型的な事例として、アメリカの富裕層を象徴するような億万長者のウォーレン・バフェットは、自分の会社のなかで、自身の税率が最も低かったという。こうした富裕層の税率低下に与えたタックス・ヘイブンの役割が、あまりにも問題視されることがなく、タックス・ヘイブンの役割とは、先進諸国の税制をグローバル化によって破壊する「沈黙の戦士」なのだとシャクソンは言う。[10]

このような論争は、二〇〇八年のリーマン・ショック後のアメリカの議会でも聞かれたことである。金融取引への課税や規制強化を主張する政策に対して、このような反論の声（課税強化や規制強化をすれば、ニューヨークが香港やシンガポールに競争力で劣化する）が大きくなったことが記憶に残る。したがって、タックス・ヘイブン論議は、世界各国の税制や規制に対する有効性の有無を問う論議に関わる。

勤労の結果としての収入からたくさんの税金が徴収されれば、だれだって勤労意欲を失くす。だからこそ、累進課税ではなく、「税率のフラット化」が必要なのだという言い回しはよく聞く台詞となった。だが、そういう理由によって減税されるのは富裕層ばかりで、一般の勤労者の給与所得は増税ばかりだった。そのカラクリを演出したメカニズムがオフショア金融というタックス・ヘイブンの役割だったのである。

†国際政治力学が交差する現実

ここで、実際の事例を見てみよう。二〇一六年七月、アメリカは、タックス・ヘイブン経由のマネーロンダリング疑惑でHSBCを起訴しようとした。しかしながら、結果的には一九・二億ドルの民事制裁金で決着した。その背後には、英財相の介入があったからだ、という裏話がある。要するに、英財相の圧力で、HSBCのマネーロンダリング疑惑が表沙汰になることはなかったのである。わずかの民事制裁金で両者和解が成立した、とリチャード・マーフィーが明かす(11)。

ここには、英米間の政治力学が絡む。必ずしも、告発する側が正義だとは限らない。起訴を目論んだアメリカと、自国最大の多国籍銀行HSBCを守ろうとしたイギリスとの交渉の結果、妥協点が見出されたということである。リスクを負って暴露する目的、その狙いは何か。リスクは告発する側にも、される側にもある。善と悪、合法と非合法を分けることの困難な、市場と政治が絡む現場を教えてくれる。これも、秘密主義のなせる業《わざ》であり、この事例の詳細もベールに包まれたままである。

さて、二〇一六年四月、かつてはコロンビアの一州だったパナマ(一九〇三年にアメリカの支援下で独立）に本拠を置く法律事務所モサック・フォンセカから、不透明な取引実態を記録した膨大な秘匿データが南ドイツ新聞にリークされた。これがパナマ文書である。

これによって、パナマを利用して資産隠匿を合法的に図る著名な政治家や実業家が実名で明かされた。シティグループ元会長のサンフォード・ワイルの口座名は「エイプリルフール」だった。アイスランド首相は引責辞任に追い込まれ、当時のイギリスのキャメロン首相は弁明に追われた。名前が出たロシア大統領プーチンは、アメリカの陰謀だと反論した。国家主席習近平の親族名が出た中国は、パナマ文書関連情報のネット検索を不能にした。(12)

社会的評判の高かったドイツ銀行は、自らもペーパー・カンパニー口座を作った脱税幇《ほう》助《じょ》で摘発された。その他、マフィア、麻薬王、武器商人等々、身元を隠しマネーロンダリングに精を出す多くの顧客が並ぶ。

先に見たファルチャーニ文書は、本人の正義感からの内部告発だったが、パナマ文書は情報提供者が不明で、匿名口座の実名が明かされただけに、情報を入手した南ドイツ新聞も政治的圧力を警戒し、ワシントンに本部を置く国際調査報道ジャーナリスト連合(13)（ICIJ）と共同で作業に当たった。

しかし、この文書には、中国やロシア、欧州の著名政治家の実名が明かされたものの、なぜかアメリカの大物政治家の名前はない。そもそも、なぜアメリカの影響下にあるパナマから情報がリークされたのか。闇の真相を明かす重要な文書とはいえ、謎は残る。

かくて、英米の多国籍企業や超富裕層が、税法や会計の専門家を用いて、膨大な「合法的」脱税に励む法域が、タックス・ヘイブンなのである。匿名である限り、その実際は表面化しない。ときとして、ファルチャーニ文書やパナマ文書といった内部告発者の声で明るみに出て、数々の著名人（とりわけ実名の政治家）のタックス・ヘイブンでの利殖ぶりが露見する。中にはほんとうに名前を貸しただけの実利なき取引もあるが、匿名口座の取引内容を素人が摑《つか》むことは難しい。

匿名、暗号化されたチャット、ペーパー・カンパニー等、さまざまな手練手管《てれんてくだ》を用い、プロの会計士や法律家の手を借りて、合法的脱税のネットワークがグローバルに張り巡らされている。その中心にニューヨークとロンドンが座り、その匿名口座のなかを融通無碍に動くのは多国籍企業や超富裕層のマネーである。富裕層であればあるほど税率が下がるとなれば、現代資本主義下における累進課税そのものが、すでに大きく侵食されていると言わねばなるまい。

税率のフラット化によって勤労意欲を蘇生しようという声があるが、実際は、超富裕層が利用する専門的テクニックによって、さまざまな租税回避の方法が弄《ろう》されている。正義とは何か。公正とは何か。そういった基本的倫理にまで遡及《そきゅう》しなければ、ことの実態はつかめない。タックス・ヘイブンとは市場における究極の不平等を生み出す元凶である。その元締めが、ニューヨークとロンドンなのである。

そこで、トマ・ピケティの言うように、究極の格差問題を是正するには、秘密で覆われたタックス・ヘイブンの情報開示と、そこへの課税強化を、との主張が出てくる。しかしながら、ニューヨークやロンドンとは異なり、東京はそのような後背地としてのタックス・ヘイブンを持っていない。

東京自体が「外-外」取引でオフショアでもあるものの、ケイマン諸島やジャージー島のような歴史的な守秘法域とのネットワークをもたない。あるとすれば、在京の外資系金融機関がタックス・ヘイブンとのネットワークを保有する程度ではないか。国際金融都市としての東京の構造的ネットワークは、ニューヨークやロンドンとは、まったく異なっているのである。

†市場主義のパワー・エンジン

長年タックス・ヘイブンを研究してきたリチャード・マーフィーは、旧英帝国の残滓《ざんし》たる旧植民地の守秘法域が広がることに、タックス・ヘイブンの重要性を見出した。場所や規制外とかいうことではなく、タックス・ヘイブンを性格付ける最重要な特徴はベールに包まれた秘密法域だということである。

歴史を振り返ろう。第二次大戦後、帝国転落の憂き目に遭ったイギリスは、米ドルの受け皿作りを模索していた。一九五七年九月、イングランド銀行が決断した、「外‐外」のオフショア取引を規制対象外とすることによってユーロダラー取引が生まれ、多くの守秘法域がロンドンを頂点に「秘密の空間」としてつながることになった。

このイギリス国内の銀行が関与しない二者間の取引（＝オフショア取引）は、イギリスの規制対象外とするものだった。イングランド銀行の採った、この一九五七年九月の政策（「外‐外」というオフショア取引は規制外）がもつ歴史的意義はきわめて大きい。対外取引（もしくは国際貸借）は歴史的にポピュラーだったが、「外‐外」の取引というオフショア取引はちがったからである。

ニコラス・シャクソンは、現代のタックス・ヘイブンの歴史的性格について、こう言う。「ポンドというよい船が沈んだとき、シティはより航海に適した新しい船、ユーロダラーに飛び移ることができた。……シティは「オフショア・アイランド」に変貌することで生き延びたのだ」という英帝国史研究のP・J・ケインとA・G・ホプキンズの言葉を引用しながら、「公式の帝国は完全に消滅したわけではなかった。十四の小さな島嶼《とうしょ》国は独立を求めないことにして、エリザベス女王を国家元首とするイギリスの海外領土になった。そのちょうど半数……が守秘法域[14]」だというわけである。

換言すれば、「ユーロ市場の出現は、「社会的市場経済とケインズ流福祉国家に対する新自由主義の反撃の最初ののろしだった」……現代のオフショア・システムの急成長は、ヤシの木に囲まれたスキャンダルまみれのカリブ海の島々や、スイスアルプスの麓で始まったわけではない。イギリスの公式の帝国がよりとらわれにくいものに移行したとき、ロンドンで始まったのだ[15]」。

歴史を確認しておこう。一九五六年のスエズ動乱（エジプトによる国有化措置）で危機に陥ったイギリスは、英ポンドの切下げ危機（当時は固定相場制）に晒《さら》されていた。その対策として考案されたのが、マーシャル援助で行き場を失っていた米ドルに受け皿を提供することであり、ユーロダラー市場の創設だった。イギリスは国際通貨としての英ポンドを断念し、米ドルの受け皿市場として、ロンドンを活用し、そのために、オフショア取引を規制対象外としたのである。

この政策的措置が、巨大な米ドル市場の需給を活性化し、英ポンドの過剰（したがって、固定相場下での下落圧力）と米ドル不足という二つの危機を同時に救うことになった。ユーロ市場の誕生によって、実質的な基軸通貨米ドルの貸借市場がロンドンで作動し始めたからである。しかも、貸借は金利規制や準備率規制のないロンドンを始めとするユーロ市場がニューヨークよりも優勢だったが、決済という最終尻はニューヨークの米ドル口座振替である限り、ロンドンだけでは取引が完了しない。

ということで、米銀勢も大挙してロンドンに進出してくることになった。期せずして、英米連携による米ドルのグローバルな市場が誕生し、ユーロ市場取引が活性化したのである。戦後独特の資本取引のダイナミズムの登場である。

このユーロ市場が思考様式に果たした役割にも言及しておきたい。アメリカ国内では、一九三三年に制定されたグラス・スティーガル法によって銀証分離の業際規制がなされ、一九九九年に撤廃されるまで続いた。ところが、アメリカと諸外国の金利をならし、アメリカ国内の資本市場における外債の起債などを押えることで国際収支改善を狙った金利平衡税導入も、ロンドンのオフショア取引には課されることはなく、さらに銀行預金に課される準備率規制もない。

こうしたユーロ市場における競争上の便宜を享受するために、米銀を始めとするアメリカの金融機関も、積極的に同市場の恩恵に与ったのである。いわば、ユーロ市場は英米合作だったと言えるかもしれない。

かつては、金融取引規制を課すことで、国家は「市場の失敗」を未然に防ごうとした。

とくに一九三〇年代における市場の危機に対処するため、国家は多様な市場規制を狙った法律を制定した。その代表がグラス・スティーガル法だろう。

決済機能の銀行とリスク・キャピタル取引の証券を同じ金融機関が担ったことが、市場の危機を促進したというのが、一九二九年大恐慌に対するアメリカの総括だったからである。ウォール街の元締めだったモルガン商会も、銀行と証券に分離された。規制強化でもって市場リスクの暴走を抑え込もうという姿勢では、ワシントンとウォール街の見識が一致したのだった。

同法を筆頭に、金利規制、預金保険制度といった規制を強化し、一方では市場を監督・管理するSEC（米証券取引委員会）も創設された。こうした市場管理・監督機能の強化は、国境を越えてグローバルに収益を上げ、業種を越えて多様に稼ぐ資本の運動にはマイナスだった。そのための絶好の反撃拠点がユーロ市場だったのである。

†「民主主義」対「市場」

考え方としては、「ケインズ主義対市場主義」「福祉対市場」の戦いとなった。たとえ市場の効率性を殺《そ》ごうとも、安定性を優先して「市場の失敗」を防ぐべきか、それとも、市場メカニズムを最大限効率化するために、規制撤廃を優先すべきか。議論は長らく続いたのである。

歴史的に論点を追っていこう。もともとイギリスではケインズ的福祉国家論が優先され、国営と民間が同居する典型的な混合経済モデルをよしとしていた。もちろん、日本もそうだった。ところが、一九八〇年代のサッチャー政権登場を機に、「イギリス＝福祉国家」イメージを投げ捨て、アングロサクソン型とも言うべき市場優先モデルへと、著しく変貌した。

国有企業は民営化され、規制は撤廃された。総じて小さな国家が推奨され「国家の退場」が賞賛された。このようなイデオロギー的文脈にユーロ市場を位置づければ、ユーロ市場とは、英米合作による「国家退場」「市場主義」モデルのパワー・エンジンのような存在だったのである。

一般的に自由といえば、理不尽な権力の圧政と闘うデモス（市民や大衆）の声という印象がある。一八世紀のフランス革命然り、一九三〇年代の反ファシズム戦線然《しか》りである。しかし、カリフォルニア大学の政治学者ウェンディ・ブラウン(16)は、今日の世界を席巻する新自由主義を、そういった過去の歴史像とはまったく異なる、逆に、「自由民主主義の空洞化」をもたらす「見えざる革命」だと評する。

その典型として、一九七三年九月のチリの軍事クーデターで、アジェンデ政権から権力を簒奪《さんだつ》したピノチェトと、自由主義を説く市場原理主義者シカゴ学派との親和性に目を向ける。また一九八〇年代の米レーガン政権や英サッチャー政権の政策、さらにIMFが勧めた途上諸国向け理念（ワシントン・コンセンサス）にも、同じく親和性を見出すことができるという。

ブラウンはこの謎を、新自由主義とはケインズ主義と民主社会主義に対する政治的反動だと説く。その再編劇の現場では、一つは投資収益率に見合った大学教育へ、二つは資本の市場戦略（福祉縮小や公共財の民営化等）に従属した国家へ、いずれも作り直しが進む、と。鍵となる語彙は、ギリシャ時代に発する民衆を意味し、民主主義（デモクラシー）の語源でもあるデモスだ。

人間は人的資本と言い換えられ、労働者とか階級というような対立的な呼称は消え去り、不平等は常態化し、公共空間は市場的行為で塗り替えられる。結果として、社会からヒューマニズムがこぼれ落ち、民主主義の中核で政治的主権を主張するデモスは崩壊する、とブラウンは説く。

現代は史上初めて高等教育の対象が大衆となったが、自らの存在基盤だったデモスを解体させるような逆説的風潮が席巻し、その背後にあるのは、無教養でコントロールされやすい選挙民、有名人やスキャンダルにしか目がないメディアが、公共生活の希薄化に手を貸す姿だ、とブラウンは言う。

かくて、人的資本を送り出す現場と化した大学は様変わりし、市民とは投資家や消費者を指し、公共空間への関心は薄まってしまい、正義を問う論争も民主主義的価値も劇的に後退した。ブラウンの理論的真骨頂は、かつては圧政と闘うデモスと親和的だった自由主義が、逆にデモスを解体に追い込む見えざる市場パワーに組み込まれ、民主主義を危機に晒す、という逆説的ロジックを明らかにしたことである。

資本が高収益性を志向すれば、労働コストを抑え、節税しようとする意欲が高まるのは当然である。費用を抑えれば高収益を生む。しかし、労働力に正当な対価を支払い、国家に妥当な租税を納めることで、社会を動かす費用が捻出される。一方に数兆円に及ぶ金融資産を持つ経営者がいて、それらはタックス・ヘイブンで租税を誤魔化し、他方にはわずか自給一〇〇〇円以下で働く多数の非正規労働者が存在するというのは、正当な社会だろうか。

アメリカで盛り上がった格差反対運動(「ウォール街占拠運動」)のスローガンは、「一%対九九%」だった。九九%が貧困に苦しみ、一%だけが利益を享受する究極の格差・不平等を断罪した言葉だった。一方、日本では、「格差は資本主義の常道」「非正規労働者は雇用形態の多様化」という話も聞かれる。しかし、人権や民主主義といった理念を無視して、資本主義ならば何をやってもいいとなれば、これは一種の全体主義ではないだろうか。

資本主義の本場であるアメリカのカリフォルニアから聞こえるブラウンのような存在が、日本ではどれほどいるだろうか。ピケティの説く格差批判も、デモス解体危機に鳴らされるブラウンのような警鐘も、どれほど多くの人々の賛意が得られるかどうかに、民主主義の行方がかかっているのではないか。

市場主義を擁護するパワー・エンジンがユーロ市場であり、その背後にはグローバルに広がる匿名口座で非課税を武器にするタックス・ヘイブンが存する。一方では、そうした潮流に反旗を翻す声が世界中から上がる。この議論を、「資本主義と共産主義の戦い」と見なすか、「民主主義擁護か否定かの戦い」と認識するか、あるいは、ブラウンの言葉を援用すれば、「市場とデモスの戦い」と見なすべきか。視点が変われば、同じ風景も変わって見える。

タックス・ヘイブンは匿名（守秘法域という「秘密の空間」）で取引の真相を隠すメカニズムであり、マネーロンダリングには恰好の便宜を提供する。リチャード・マーフィーは、それは一握りの企業や人々だけが「秘密のベール」に保護され、報酬を増やすための、究極の不平等社会のカラクリに潜む「ペテン」だという。

マーフィーは、国際的圧力でタックス・ヘイブンの情報開示度を強め、ついには市民が勝利を収める日は遠くないと、すこぶる楽観的である。以下に掲げるように、タックス・ヘイブンの不条理に闘志を燃やすマーフィーの意気軒昂な視点は頼もしい。

「タックス・ヘイブンにおける秘密主義の利用を減らせなければ、いまやあらゆる市場がリスクにさらされるというのが現実だ。したがって、タックス・ヘイブンを打倒する目的は、徴税だけではなく資本主義をそれ自体から救済することでもある(17)」

「タックス・ヘイブンの活動の中心にあるのはペテンであり、その影響によって、いまやわれわれの社会は衰弱しつつある(18)」

「タックス・ヘイブンを打倒すれば、市場は本来の働きをするようになる。つまり、タックス・ヘイブンとの闘いは、資本主義を資本主義自身から救おうとする挑戦の一環なのだ(19)」

第7章

市場観の変遷

†冷戦終焉（一九八九年）の衝撃

冷戦後、世界はそれまでの市場観を一変させた。歴史的推移をたどれば、画期は一九八九年十一月、ベルリンの壁が崩壊したときだった。歓喜の声を上げる民主化のうねりが、かつて旧ソ連帝国の圧政下にいた東欧を襲った。

このベルリンの壁崩壊を皮切りに、同十二月には、ブッシュ（父）とゴルバチョフのマルタ米ソ首脳会談で冷戦の終結が宣言された。続いてルーマニア革命では、独裁者だったチャウシェスク大統領夫妻が、公開処刑された。

冷戦の終結によって、世界は資本主義の主導者アメリカの覇権を受容することになった。それに対して、旧ソ連邦や旧東欧圏は、「移行経済」と呼ばれるようになり、旧国有企業や元国有財産の民営化（privatization）が進んだ。

旧ソ連邦解体後、ロシア経済で急速に浮上した集団が、オリガルヒ（新興財閥）と称される一団だった。かれらは、それまでの国有財産を次々に民営化していった。民営化や私有化といえば、何か「クリーン」なイメージが浮かぶかもしれないが、それは冷戦後世界で、民営化から莫大な利益を受ける者たちが流した、自分たちに都合のいい情報に負うところ大である。

アジア通貨危機でも、ロシアや旧東欧の民営化でも、国有資産の民間への売却が行われた点は、共通する。アメリカのロシア研究者として名高いマーシャル・ゴールドマンは、ロシアの民営化にとって、オリガルヒが奪取する獲物は、「私有化の決まった国有財産をわがものにしていく「盗品」だと喝破した。その不正に対する人々の非難・怒りは、世論調査に表れていて、「七〇％（ときには九〇％）もの人が、結果をもとにもどして私有化をやり直すこと、に賛成と回答している」という。

ゴールドマンの説明では、オリガルヒは、ほんの十五年前までは財産と言えるものは何ひとつ持っていない集団だったが、今や、そのうちの一七名がアメリカのフォーブス誌の億万長者リストに登場するほどだという。プーチン政権では、オリガルヒとの一種の妥協があったというのが、ゴールドマンの見立てである。(1)

冷戦終結当時、アメリカは、旧ソ連東欧圏解体で、軍事的衝突を経ずして、冷戦への政治的勝利を果たし、片や株価暴落で失速するジャパンマネーを目の当たりに、経済力でも勝利した、というコメントが多く聞こえてきた。ちょうどそのとき、筆者は客員として滞在したシカゴ連銀調査部にいたが、そのスタッフの興奮ぶりが記憶に残る。政治的に対立していた旧ソ連邦は消滅し、快進撃の勢いを見せていたジャパンマネーも失速した。アメリカだけが一強として残った、という自信と自負だった。

†冷戦終焉をめぐる解釈

この旧ソ連圏解体が世界中の思考様式に及ぼした影響は計り知れない。ノンフィクション作家のダニエル・ヤーギン&ジョゼフ・スタニスローは「「市場の失敗」に代わって、「政府の失敗」が注目を集めるようになった」と述べている。そして、世界中で国有資産の史上最大の売り出しが始まり、鉄鋼、電話、電力、航空、鉄道、ホテル等々、あらゆる事業から政府は撤退し、民営化の大波が襲った。かれらはその背後にある思考様式の変化を、こう要約した。

「戦後、政府による経済の管理を説くケインズ経済学は盤石だと思えた。しかし、それから半世紀たって、主流の座から転落したのはケインズであり、高く評価されるようになったのは、自由市場を強く擁護してきたハイエクである。ハーバード大学のケインズ流「新経済学」は一九六〇年代、ケネディ政権とジョンソン政権で圧倒的な力をもっていたが、九〇年代に世界的に影響力を誇っているのは、シカゴ大学の自由市場学派である(2)」

国家ガイダンスや行政指導ならぬ、「国家の退場」が謳われ、公営や国営が市場メカニズムを阻害する元凶として否定され、民営化ブームに火が点《つ》く潮流も、こうした旧社会主義圏解体の影響が小さくない。

戦後に人気を集めたケインズ政策は、国家が市場の外部から需要を創造し、結局はそれが倍々ゲームで乗数倍の需要を作り出し、供給過剰を救済するものだと肯定的に語られた。しかし、そういった国家の介入やガイダンスは、本来の市場機能を歪《ゆが》めるもので、不要あるいは邪魔だという論調に変わったのである。ケインズ主義対シカゴ流市場主義の対立である。

しかしながら、冷戦終焉について、別の解釈もあった。たとえば、イギリスの国際政治経済学者スーザン・ストレンジは、「国家の退場」という国家権威の衰退に注目しながらも、ヤーギン&スタニスローの見解とは異なる文脈を示す。ストレンジは、「国家の退場」は、旧社会主義圏のみならず、西欧一般でも起こっていることで、それは「国の指導者への幻滅」「国家首脳に対する大衆の軽蔑」なのであって、資本主義や社会主義の別を問わないと評した。

しかも、ストレンジの独特の見解では、アジアは例外で、「アジアにおける国家とは、実際には経済成長、工業化、インフラの近代化、人々の生活水準の上昇等々を達成するための手段であった」、と。したがって、国家の権威失墜をいうのは時期尚早であり、そういう考え方は欧州中心主義だ、と言い切った。

とりわけ、日本、中国、韓国、台湾、ASEANといった東アジアでは、政府の経済ガイダンスが大きく貢献しているが、それはもちろん、「市場の勝利」を意味するものではなく、だからといって、「国家の退場」でもないと評した。

では、ストレンジの言う「国家の退場」とは何か。それが、市場を重視する認識の台頭であることは間違いない。この点では、ヤーギン&スタニスローと同じである。だが、ストレンジの言う市場の台頭とは、アングロサクソン支配の強まりを意味する。たとえば、その典型例として、ストレンジは、会計監査法人の寡占化という事実を挙げる。

世界経済で、ビッグ・シックスという六大監査法人（プライス・ウォーターハウス、デロイト&トーシュ・トーマツ、アーサー・アンダーセン、アーンスト&ヤングなど）が権威を占有するが、それはすべてアングロサクソン系企業である。

しかも、その寡占ぶりを示せば、イギリス企業の上位百社のうちの九十六社の監査を担当し、フォーチュン誌上位五百社のうち、四百九十四社もの監査を担当するほどなのである。その業務内容は、監査法人としてだけでなく、M&A（合併・買収）のブローカーとしても、税収コンサルタントとしても、契約企業に対して高付加価値を提供する。

かくも寡占化が進んだのは、かつては国民経済の枠内に留まっていた監査活動が、顧客企業の多国籍化とともに、海外進出したからだ、と。しかも、そうした多国籍企業は、英米が先行していて、それがアングロサクソン系監査法人に有利に働いた。さらに、ニューヨークとロンドンに国際金融センターが集中したせいで、そこでのビジネスに長《た》けているビッグ・シックスに業務が集中し、アングロサクソン系の法規範が支配的になっていった、というのがストレンジの説明である(3)。

市場重視の思考様式および現実の展開は、双方が「国家の退場」が進みつつあるという点で、同様な傾向を指摘しながらも、ヤーギン&スタニスローは社会主義の敗退、資本主義の勝利だという論陣を張った。

ところがストレンジは、「国家の退場」とは、国家組織に座る政治家や官僚といった統治機能に対して大衆が抱く失望のことで、それは資本主義でも社会主義同様に高まっている。さらに、たとえばアングロサクソン系による監査法人独占という重要な事例を挙げながら、「市場の勝利」とは、市場に通じたアングロサクソン系の勝利だった、と見なす。

さらにストレンジは、「国家の退場」「市場の台頭」という台詞は、過度に欧州に偏った見方（=欧州中心主義）で、アジアでは国家の役割は依然として大きいという見解を示した。明らかに、ヤーギン&スタニスローとは異なった文脈で、「国家の退場」を捉えたのである。

ちなみに、今では、統合化や寡占化はさらに進み、ストレンジの言うビッグ・シックスは、ビッグ・フォーに集約されている。監査法人名は、アーンスト&ヤング（本部はロンドン）、デロイト&トーシュ・トーマツ（同ニューヨーク）、KPMG（同アムステルダム）、プライスウォーターハウスクーパース（同ロンドン）の四社である。

かれら監査法人を雇用するのは会社であり、しかも、圧倒的に多国籍企業であり、その経営者が監査法人への報酬を決めるわけで、その最大の利益享受者は経営者だというのがストレンジの主張である。先に挙げたタックス・ヘイブンを監視・研究するリチャード・マーフィーの、四大会計事務所（ストレンジの言う監査法人のこと）観を聞こう。

「四大会計事務所……は、タックス・ヘイブンがよって立つ支援メカニズムの根本だ……したがって、世界中の主要なタックス・ヘイブンすべてに存在する四大会計事務所が、秘密主義の土台になっているという主張はもっともなのだ。この秘密主義のせいで、効率的市場と国民国家を機能させるはずの規制が骨抜きにされているのは言うまでもない」(4)

†市場という現場

冷戦後は、市場の現場について、そのマイナス面のドキュメントが次々に出てきた。「市場対国家」という論点では、一九八九年を境に、「国家の失敗」「国家の退場」が論調を席巻したのは事実だが、では、市場メカニズムとはそれほど効率的で素晴らしいものなのか。換言すれば、かつて喧伝された「市場の失敗」は修正されたのか。シカゴ流の自由市場礼賛の論説とは対照的に、矛盾と腐臭極まる市場の現場を伝えるノンフィクションは数多い。

スイスの下院議員で弁護士のジャン・ジグレールは、一九九〇年代に一般的になったグローバリゼーションとは、グローバルな金融資本による「国家なき世界統治」への志向だ、と言い切った。その内実の一つとして、ジグレールはタックス・ヘイブンを挙げ、一例としてバハマに登記されているIBC（インターナショナル・ビジネス・カンパニー）というペーパー・カンパニーについて語る。

「バハマの国家も、世界の他のいかなる国家も、IBCの貸借対照表を閲覧する権利をもたない。同様に、国家がIBCの口座の動きに関する情報を得たり、あるいは会社の所有者を特定したりすることはできない。IBCを設立するには、ナッソー（バハマの首都――引用者）で免許を得ている弁護士を探すだけで足りる……所得税、財産税、相続税はバハマの楽園には存在しない」(5)

つまり守秘法域として、超富裕層やマフィアや麻薬売人といった諸々の巨大蓄財（その多くが不正取引）の抜け穴として、所有者の秘密を守るメカニズムがバハマというタックス・ヘイブンの役割だと言い切ったのである。もう一人挙げれば、イギリスのジャーナリストであるジョン・ピルジャーは、それを「野放しの資本主義」と呼び、二〇〇一年九・一一以降の「テロ戦争」の不条理についてこう語る。

「九・一一のアメリカに対する攻撃に直接関与したアフガニスタン人は一人もいない。大半はサウジアラビア人であり、ドイツやアメリカで訓練されているのである。しかも裁判にかけられたものは一人もいない。にもかかわらず、ほこりだらけの、(アフガニスタンの――引用者)小さな村に暮らす数千人の無辜《むこ》の市民が裁判もなしにテキサス方式で死刑に処せられ、さらに多くの人たちが、この先何年にもわたって不発のクラスター爆弾の犠牲となって障害を負うことになる(6)」

ドイツの社会学者ウルリッヒ・ベックはその遺稿のなかで、現代とは、史上二度目のコペルニクス的転回を見出す時代だと評した(ちなみに一度目は大航海時代)。史上二度目と言うほどの認識の世界的大転換が起きつつある最中に、現代世界は逢着していること、その典型例として、デジタル化のリスクを挙げる。

NSA(米国家安全保障局)は、デジタル通信を介して、全世界の情報や通信を監視していることは、よく知られている。その人類史における意味合いとは何か。その内部状況が、米軍横田基地勤務のアメリカ人職員エドワード・スノーデンによって明かされた。その英雄的行為によって暴露された「自由の死」の意味合いを、ベックはこう記す。

「「すべてを集めよ」が、NSAによって実践されている決定的に革命的な原則であり、憲法上の自由の原則をひっくり返している。……「すべてを集めよ」[7]は、民主主義システムの内側から生まれた、全体主義の制度化された手段の一つだった」

ベックが挙げる、ベルリンの壁崩壊後に人類が目にした衝撃的光景とは、二〇〇一年九・一一のテロ攻撃、破局的気候変動、二〇一一年三月のフクシマの原子炉災害、金融危機、そしてスノーデンによって明かされた、デジタル通信時代における全体主義的監視によってもたらされた「自由の死」である。

一九八九年の意味合いは、市場優勢の時代への幕が上がったというような単純なものではなかった。世界の識者が鳴らす警鐘から、人類史自体が崩壊の瀬戸際にあるのではないかという危機感がひしひしと伝わってくる。市場の効率性や市場のメカニズムを正当化し、「国家の退場」を方便にしながら、公共空間の責任を担保できない各国政府筋が、もはや「市場の横暴」に対する単独でのコントロールや規制ができないのではないかという恐れである。もしもそうならば、フランスの知性とも言うべきジャック・アタリの提案するように、EUの世界版とも言うべき、統合化された世界政府のような統治体をシステムとして考案する必要があるのかもしれない。[8]

†消費・投資・労働・情報

概ね、現代経済における市場の成功・勝利を説く向きは、消費の利便性や投資家の高収益に重点を置きがちである。カラフルで小奇麗な店舗における消費の活発化で、豊かな中間層がファミリーで食事や歓談をする様子が浮かぶ。しかも自宅に帰って株価をチェックすれば、投資先の株価が上がり評価益を享受する、というわけである。

今や圧倒的な勝ち組企業は、アメリカのGAFA（グーグル、アップル、フェイスブック、アマゾン）だろう。一般に、その消費者への利便性、ブームになるほどの魅力的なスマートさが強調される。たとえば消費者の多くが、ショッピングに行く前に、アマゾンに表示されている商品レビューで顧客の声をチェックしてから出かけるのだという。つまり、消費者はアマゾンで検索してから商品を購入するのであって、逆（商品を知っていて、アマゾンへ注文する）ではない、と。

消費の利便性だけでない。収益性の上昇と株価高騰によって、一番収入を増やしたのがGAFAの株式を持つ投資家である。アマゾンの時価総額は、かつての流通の巨人ウォルマートのほぼ二倍（二〇一七年七月時点）である。それに、ティファニーやコーチやメイシーズといったブランド企業の株価を合わせても、アマゾン一社にかなわない。

二〇一六年における従業員数は、ゼネラル・モーターズが二一万五〇〇〇人だったが、フェイスブックはわずか一万七〇四八人、したがって一人当たりの時価総額では、前者の二三万一〇〇〇ドルに対し、後者は二〇五〇万ドルと、約八十九倍なのである。GAFAは、雇用を絞り、収益を上げ、そして株価を上げるのである。(9)

かくて消費者の利便性、投資家の収益向上が繰り返し喧伝される。だがここには、一つ欠けているものがある。それは労働である。GAFAは、株価では圧倒的地位を誇るものの、雇用は大きくない。しかも、単純労働で低賃金での労働内容は苛酷である。アマゾンの商品配送の物流現場での労働体験をルポで伝えるジャーナリストの横田増生が、パソコンやスマートフォンをクリックすることで注文を受けた側（労働現場）を描く。

「一分で三冊のピッキングということは、六十分で百八十冊になる。時給九〇〇円なら、一冊当たりのピッキングにかかるコストは五円。同じく時給を他の作業ノルマで割ると、検品は一冊当たり約四円、棚入れは三円、手梱包は一五円……」

横田は、コンピュータとノルマで監視されたこの労働現場を、「ジョージ・オーウェルが描いた監視社会のなかに身を投じたような空恐ろしさを感じた」と評す。(10)

その労働現場は、かつて、アメリカのジャーナリストのエリック・シュローサーが、ファストフード・チェーン店に食材を供給する工場内における凄惨な労働実態を描いて世界に衝撃を与えた書を思い出させる。

シュローサーは、三五〇万人に及ぶファストフード就労者は、アメリカ最大の最低賃金労働者集団となっていて、その大半が正社員にはなれず、社会保障の恩恵にも与《あずか》れず、技能もなく、数カ月で離職してしまい、転々と職場を渡り歩く、と。シュローサーは、ファストフード店に食材を供給する食肉処理場の様子を伝える。

「解体場に入ると、光景はもはや理論の意味づけを待ってはくれない。……電動のこぎりを手にした従業員が、牛を縦に割っている。……解体場は蒸し暑かった。牛糞の匂いが漂う。牛は体温が三十八度前後あるそうで、その胴体が部屋中にごろごろしている。ぶら下がった枝肉が高架レールをどんどん流れてくるので、流れを横目でにらみながら、身をかわし、足元に気をつけていないと、ぶつかったら造作もなく、血まみれのコンクリートの床に投げ出されてしまう」(11)

先に挙げたピルジャーは、グローバル化が作り出した貧困の大量生産について、たとえばインドネシアのジャカルタにある、広大な輸出加工区の労働現場について記す。

「一群の工場では数千人の労働者たちが一日七二ペンス、およそ一ドルで働いている。これはインドネシアの最低賃金である。……ナイキの労働者は自分たちがつくっている靴一足の値段の四パーセントの給与しかもらっていない。この金額では靴ひもを買うこ

ともできない」(12)

一方には勝ち組企業の華々しい高収益経営や高株価経営があり、消費者には利便性とショッピングという満足を、投資家には高配当というカネを与えるが、他方には、低賃金に沈む凄惨な労働現場がグローバルに広がる。

アマゾンの管理倉庫でのピッキング作業も、ファストフード店に食材を供給する食肉処理場も、インドネシアの製靴工場の低賃金も、なぜかイメージできにくいのは、そういった労働現場を伝える報道や情報がほとんどないからである。便利で楽しい消費、高騰する時価総額といった明るい情報をいつも見聞きしていると、そうではない情報に無知だとしても、責められない。

しかし、そういった情報の偏在は、けっして偶然ではなく、徹底的にコントロールされた結果なのである。最も極端な事例は戦争であろう。実際は、どんなにコンピュータで計算された正確なピンポイント爆撃であっても、そこには死傷者が出る。テレビで報じられる映像に死体が映らないのは、情報が完全に軍によって統制・管理されているからであり、それこそ、ベトナム戦争時との決定的な相違である。

たとえば一九九一年の湾岸戦争での、まるでテレビ・ゲームのように映し出された空爆ショーを伝える報道側は、徹底的にペンタゴンに管理されていた「史上初の「テレビ戦争」であった」、とアメリカの政治学者ブルース・カミングスは言う。その統制された証拠として、たとえば、記者が配信する記事にもチェックが入り、攻撃側の「軽いノリの気さくなパイロット」は「誇り高きパイロット」に修正されるほどの神経質ぶりだった、と。[13]しかもカミングスは、湾岸戦争にかけるアメリカの動機が、無惨な敗戦を強いられたベトナム戦争を忘れるためであったと喝破した。

つまり、映像は言うまでもなく、報道する文章の一つ一つまでが軍によってチェックされ、監視を通った情報だけが厳選されて、茶の間に流れたのである。日本でも、二〇一一年三・一一について、放射能に苦しむ被害者の情報はほとんど流布されないが、「風評被害」だという情報は、多くの媒体で頻繁に聞こえてくる。テレビもネットも新聞も、権力を忖度しない自由な発意に基づき流される情報空間は、圧倒的に少数派だと言って過言ではない。

†市場の横暴

市場主義に対する批判として、フランスから発信される経済論説に、レギュラシオン学派がいる。かれらは、一貫して、市場一辺倒のシカゴ流には懐疑的だった。最近でも、フランスの社会経済学者ジャック・アタリやエマニュエル・トッドの、日本での人気は高い。

どの言説も、市場メカニズム信奉のアメリカの主流派からは遠い。

逆に、多数のノーベル経済学賞受賞者を輩出してきたシカゴ学派は、市場原理主義と揶揄されるほど、市場均衡モデルを金融工学的数式モデルから導くのを得意とする。同学派の泰斗ミルトン・フリードマンを始め多くのシカゴ・ボーイ（シカゴ学派の学徒）が、ピノチェト軍部独裁政権との親和性が強かったのはなぜか。このピノチェト政権というのは、一九七〇年代初頭、チリで社会主義政権として名を馳せたアジェンデ政権をクーデターで転覆させた軍部独裁政権である。そんな独裁政権と市場主義者との親和性が強いのはなぜなのか。

あるいは一九九九年の、LTCM（Long-Term Capital Management）の破綻も記憶に残る。同社のファンドの運用に関わっていたのは「ドリーム・チーム」と称された運用チームだが、そこにはノーベル経済学賞受賞者のマイロン・ショールズやロバート・マートンの二人も属していた。

一方、これら市場信奉者とは対照的に、異端の道を歩いたアメリカの経済学者ガルブレイスが、世界の論調に及ぼした影響ははるかに大きかった。とくに日本では、「市場の失敗」やアメリカの権力の横暴を説き続けたガルブレイスは人気があった。「軍産複合体の存在に異を唱えようとしない現実とは共生したくない(14)」と明言するガルブレイスには、権力や権威を忖度する姿勢は微塵もなかった。

現在のジャーナリズムでも、カナダのジャーナリストであり活動家でもあるナオミ・クラインの、戦争や災害といった惨事を収益源とする資本の横暴と非人間性を批判する「惨事便乗型資本主義」論が注目を集める。シカゴ学派への舌鋒鋭いクラインの批判は、市場原理主義というベールに隠れた資本の横暴を論難する。[15]

経済学に限らず、あらゆる論説というものが、時代の盛衰とともに、理論としての生命力を左右される。とくに、市場を通して経済社会を論説する経済学の場合はそうである。なぜシカゴ学派にノーベル賞受賞者が多いのか。それは市場と権力との親和性を抜きには考えられない。しかしながら、ある時代において、どんなに権威的論説であろうと、歴史的経過に耐えて理論的生命力を維持できるかどうかは別である。

話題を呼んだダロン・アセモグル&ジェイムズ・ロビンソンの『国家はなぜ衰退するのか(上・下)』[16]は、世界の膨大な歴史的事実の検証から、あるシンプルな結論を引き出した。「なぜ世界には豊かな国と貧しい国があるのか」、その解答は、すべては政治に帰着すると。

多元的で包括的な社会を目指す広範な層の合意とそれを実現させる政治こそが、王権や封建権力による独裁を打倒し、政治経済制度を一新し、経済的ダイナミズムを生む。一方、人々の収奪に終始する国には、そうした活力は生まれず、衰退は必至だ、と説いた。
つまり、民主主義こそが経済的繁栄の道だと説く同書の主張は、政治と経済との関係を考える好材料を提供してくれる。

†イラク戦争とは何か

冷戦後の市場経済を象徴するものに、戦争の民営化がある。イギリスでは、民営化といえば、続々と民営化された多くの元国有企業（ブリティッシュ・レールやブリティッシュ・エアウェイズ等々）が浮かぶ。しかし、アメリカは違う。

アフガニスタン戦争とイラク戦争はかつての戦争とはまったく異なっていた。これらの戦争には多くの民間軍事企業（PMF privatized military firm）が従事し、むしろ、かれらこそが、主体であり多数派であるという、「戦争の民営化」の実態がより分かりやすく表出した戦争だった。

歴史家のジョン・ダワーによる、戦争に関与した民間人と軍人を対比するデータによると、第一次大戦では一：二四、第二次大戦では一：七、ベトナム戦争では一：五、そして「砂漠の嵐」作戦と称された一カ月あまりの軍事攻撃で終息した一九九一年の湾岸戦争では、圧倒的空爆での攻撃で終わったため、一：一〇四だった。ところが、二〇〇七年のイラクでは一：〇・八、二〇〇九年のアフガニスタンでは一：〇・七だったという。戦場における民間人と軍人の比率の逆転が起こったのである。(17)

この戦争に関わった民間人と軍人の歴史的推移を見ると、戦争が民間企業も取り込んでいることが分かる。しかも、一九九一年の湾岸戦争と同じく、短期での収束を目指したアフガニスタン戦争もイラク戦争も、結果的には、アフガニスタンや中東全域に混乱と混沌をもたらしただけだった。

米軍の介入は、中東和平を達成するどころか、ますます状況を泥沼化させた。しかも、米軍撤退以降も、中東の混乱は続き、戦禍から逃げ惑う多くの人々が難民化した。二〇一五年時点で、世界全体の難民数は六五三〇万人、という途方もない数に及ぶ、と国際政治学者のジェニファー・ウェルシュはいう。この数字は、避難民の大量発生を生んだ第二次大戦終結時すら上回る、大変な規模である。

ベルリンの壁崩壊後、冷戦終了という世界平和の到来を讃歌で迎えたはずの時代の風景は、三十年近い時代をへて、なお憎しみが連鎖し、殺戮《さつりく》が続く。一九九〇年代、当時のクリントン米大統領が述べた「平和の配当」という冷戦終焉後への牧歌的期待は、惨憺たる現実によって裏切られた。むしろ、ジェニファー・ウェルシュが言う「蛮行への回帰」「大量難民への回帰」「冷戦への回帰」「不平等社会への回帰」が時代を覆ったのである。(18)

だが、これら二一世紀のテロ戦争の特異性や凄惨ぶりを、伝える情報はどれほどあっただろうか。史上最大の「民営化された戦争」の実態とは何か。正規軍の軍隊よりも、民間の傭兵が多く、兵士への補給を成す兵站《へいたん》も、要人のボディーガードも民間会社が担った。戦争とはとてつもない需要を作り出すシステムであり、ミサイルから戦闘機、野営テントや軍服や食糧に至るまで、その兵站全体を商売とする民間軍事会社が蔓延した。戦争とは高収益を狙う民間ビジネスの対象となったのである。こういったことは、かつての戦争では目立たなかった。アフガニスタン戦争やイラク戦争からである。

要するに、これらは「戦争の民営化」の実態である。そこで機能する民間軍事会社PMFとは、これまで民間が関与できない政府の専任だと思われていた部門に、「戦争と深く関連する専門的業務を売る営利組織」である。そこには、「戦闘作戦、戦略計画、情報収集、危険評価、作戦支援、教練、習熟した技能」といった諸々の業務が含まれる。まさに政府に代わって戦争を請け負う傭兵にほかならない。戦争でさえも、民営化し外注されるようになったということである。(19)

PMFと言えば、副大統領だったディック・チェイニーがかつてCEO（最高経営責任者）に就いていたハリバートン社はとくに有名で、イラク戦争で一気に売上げを伸ばし、収益も株価も上げた。あるいは、軍隊の兵士を教育し、ボディーガードを派遣する民間軍事会社のブラックウォーター社（現・アカデミ）も知られている。要するに、いずれもイラク戦争で大儲けした面々である。

アメリカでは民間と政府筋の人脈交流を「回転ドア」と呼ぶが、政府と軍事企業との間には、ドアも壁もない、ズブズブの人脈によって結ばれていることが明かされている。典型としてチェイニーは、一九九三年に国防長官を辞め国防総省（ペンタゴン）から去った後、一九九五年にハリバートン社のCEOに就き、政府からの受注を伸ばして、同社の経営を好転させた。その後、ブッシュにトップクラスの献金を行い、ブッシュが大統領に就くと、今度はチェイニー副大統領が誕生したというのだから、権力とカネの関係はきわめて分かりやすい。

もう一つのPMFとして名の知られるKBR（ケロッグ・ブラウン&ルート、元はハリバートン社の後方支援業務子会社）の入社式でなされた、新人への激励の言葉を、武器取引の腐敗行為に詳しいイギリスのジャーナリストのアンドルー・ファインスタインが伝えている。

「新入社員たちは「金のために」イラクにいくことになるといわれたのである。教官は彼らが将兵を助けるためでも、イラクの人々を助けるためでもなく、「金のために」いくと語り、そのスローガンを彼らはくりかえし唱えなければならなかった」(20)

ファインスタインは、アフガンやイラクでの戦争の結果、武器や兵站サービスを請け負うことによって、軍事企業がいかに収益や株価を上げたのかを記す。二〇〇〇年一月と二〇一〇年九月の株価を比べれば、ロッキード・マーティン社は、一五ドル→七一ドル、ノースロップ・グラマン社は、一九ドル→六〇ドルへ上昇した。結局、「イラクとアフガニスタンは武器のディーラーとブローカーにとってきわめて儲かる市場」となった。

これがマネーと戦争の最前線の光景なのである。対テロ戦争とか、民主化のためといった戦争の大義名分が喧伝されたが、実は、その目的は「カネ」だというのが、最も分かりやすい説明だろう。対テロ戦争とはいうものの、それは、戦争開始の方便にすぎなかった色合いが濃い。イラク戦の内部事情に詳しいアメリカ人ジャーナリストのジョージ・パッカーは、当時のチェイニー副大統領の様子について、こう記す。

「テロ攻撃(九・一一――引用者)のあとのチェイニーの演説には、ついに共産主義に代わる世界の敵が現れたという安堵感のようなものが感じられた。……チェイニーはそれまで意識的に演出していた曖昧さを捨て、対イラク最強硬派の領袖として名乗りをあげた」[21]

なるほど、先の「カネのため」というPMFでの台詞と、ついに「テロ戦争」という大義名分を見つけたという領袖チェイニーの態度を重ねれば、戦争遂行の動機が見えてくる。

しかし、この大義名分が理不尽なものだったことは言うまでもない。たとえば東京にテロリストが隠れているからといって、東京を爆撃していいという理由にならないのは言うまでもない。なぜ、爆撃相手がアフガニスタンならば、イラクならば許されるのか。こんな不条理はない。

もしも凶悪なテロ犯がそこに隠れていれば、爆撃ではなく捜査による逮捕がしかるべき手順だろう。そうでなければ、法治国家としての土台が崩れる。爆撃される土地には、大勢の人々が生活を営んでいる。チャルマーズ・ジョンソンの言葉を借りれば、「おおげさに「精密」兵器と宣伝したところで、非交戦国の人間や罪のない傍観者を無差別に殺すことは結局さけられない」。

ジョンソンは、アメリカ帝国の全体像がいかにかつての旧帝国とは異質なのかについて、筆を進める。大英帝国やフランス帝国といった広大な植民地を保有した旧帝国と比べ、たしかに戦後のアメリカは海外領土を併合しなかったが、海外に膨大なネットワークを張り巡らす基地帝国をもつ。しかも、旧帝国がその帝国の維持費用を自身で賄おうとしたのに対して、アメリカは基地維持費用を、その所在地に賄わせることで、利益すら上げているというのである。

たとえば、イラク戦の戦費として、日本から一三〇億ドル(一ドル=一〇〇円で日本円に換算すれば一・三兆円）を引き出したとジョンソンはいう。[22] 先に論じた二〇〇二年九月のニューヨークでの小泉・ブッシュ首脳会談の歴史的位置づけが確認されるだろう。アメリカの要請は、不良債権処理と並び、米国債買い増しだった。後者の目的は、日本側当局者の言う為替相場調整というようなものではなく、イラク戦に対するアメリカの戦費調達だったことがよく分かる。

「アフガニスタンもイラクも、九・一一攻撃には責任がなかった」[23]という歴史家のジョン・ダワーの言説は重い。責任のない国を空爆で徹底的に壊滅させ、しかも、それで膨大な利益を上げた領袖が、戦争を仕切った司令塔に座るという不条理をいかに考えればいいのだろうか。しかも、ダワーは、イラク侵攻のことを指して、「こんな戦争は楽勝だ」という台詞が、アメリカ政府高官によって再三、口にされたことを暴露している。

九・一一という常軌を逸した犯罪への反撃なら何でも許されるというわけではない。熱狂が理性を圧殺し、中央アジアや中東に混乱をもたらし、そして空爆を指揮した高官たちは巨大な利益を手に入れて、去っていった。

「ホロコーストの生存者の息子」であるファインスタインは、このアフガニスタン戦争やイラク戦争は、「世界がかつて見たなかで文句なく最大の民営化された戦争」だと結論づけ、「ホロコースト中のユダヤ人の苦しみに敬意を払う方法のひとつは、武器取引によって引き起こされる残虐行為を非難すること(24)」だと言い切る。

†サイバー空間の脅威

そもそもインターネットは冷戦期における軍事技術だった。だからこそ、インターネットの商用化は、冷戦後世界中に広がったのであり、「平和の配当」と呼ぶに相応しい技術革命だった。一九九〇年代を象徴するIT革命とかドット・コム革命と称されたのも不思議ではなかったし、ニューエコノミーの牽引車でもあったし、カリフォルニアのシリコンバレーを象徴するものでもあった。

しかし、二一世紀に入り、テロ戦争が頻発し、アフガニスタン戦争やイラク戦争が勃発し、しかも、そこでのハイテク技術が日常生活にも浸透するようになると、その闇の部分に注目が集まるようになった。横田基地勤務だったエドワード・スノーデンが、米軍基地が常習的に、世界の通信網（とりわけ横田は日本を標的）を盗聴していたことを暴露した。インターネットを始めとするIT技術は、ハッキングという遠隔操作で、相手のメールやPC操作を読むことができるとなれば、セキュリティ網は難なく破られ、国家や企業の安全も、個人のプライバシーもずたずたに崩壊してしまう。

国家の安全も、企業も個人もハッキングの対象となるとすれば、利便性どころか、まさに恐ろしい監視社会そのものである。情報に詳しい山崎文明によれば、証券取引所の売買注文やダム爆破や自動車の運転時、ハッカー犯罪が起こる可能性に警鐘を鳴らす。いや、可能性だけではない。現に、スノーデンの内部告発後は、世界各国では、諜報活動と結びつくアメリカ製のSNS（social networking service）や通信システム使用に懐疑的になる「スノーデン効果」が起きている、と。パスワードでロックしたつもりでも、すべてのハッキングを阻止できるわけではない。山崎は、「初期パスワードほど危険なものはない」[25]と断じる。

現に、個人情報流出の被害は日常茶飯に起こっているし、個人を狙った詐欺・脅迫メールの横行も跡を絶たない。詐欺狙いといった単純なものから、国家の威信を傷つける中央官庁システムへのハッキングまで、サイバー空間の脅威は、最早、誰も無縁なものはいないと言えるほどに、重大な問題になりつつある。

二〇一八年五月に施行された、欧州が提起する「プライバシー保護の世界標準」であるGDPR（General Data Protection Regulation EU一般データ保護規則）は、「欧州が、米国のグーグルやフェイスブックと、〝一戦〟を交える覚悟を決めたということ」[26]を意味する。

日本では、もっぱらGDPRによるコスト増負担といったテクニカルな問題ばかりが取り上げられ、個人データ保護やプライバシー侵害への対処といった文脈で語られることが少ない。そもそも、欧州では、プライバシーに関する権利は、EUの基本的人権（fundamental human rights）であるが、こうした認識は、プライバシーに相当する日本語が見出しにくい日本社会で、どれほど根付いているだろうか。(27)

プライバシーといえば、胡散臭く見られる傾向は、今もある。エドワード・スノーデンが挙げる、プライバシーについての次の問いかけを聞こう。

「隠すべきものがなければ、何も恐れることはありません。プライバシーのことを心配する必要はありません」(28)

この言葉を発したのは、第二次大戦時のナチの宣伝大臣ヨーゼフ・ゲッペルスだったという。

イギリスのシンクタンク「デモス」のディレクターのジェイミー・バートレットは、「民主主義はデジタルではなくアナログ」だと喝破し、「民主主義は……テクノロジーの発展に順応できなかった制度として、静かに消え去っていく」と警鐘を鳴らす。

そしてバートレットは、「サンフランシスコ流の自由奔放な文化」「企業家らしい自由市場への熱情」の組み合わせをカリフォルニアン・イデオロギーだと言いながら、内実はIT技術による経済社会のユートピアではなく、人間がテクノロジーに支配されるディストピア（ユートピアの反対概念で暗黒世界のこと）だったのではないか、と問題を投げかける。

グーグルやフェイスブックという独占体に支配され、政府の統治能力が蝕まれ、民主主義が危険に晒される、これがデジタル化世界に対するバートレットの認識である。[29]

デジタル化社会が生み出す悪影響といえば、一般的に、ネット通販増大がもたらす雇用破壊や、携帯電話の過剰使用がもたらす交通事故等が浮かぶかもしれない。しかしながら、民主主義そのものが蝕まれる危険性について、海外では多くの議論が交わされている。しかも、シリコンバレーでの滞在経験があり、技術革新の中心で活躍した人材が、そのディストピア状態に絶望してシリコンバレーを去る事例が増えている、と。今や、デジタル技術の危険性そのものが、焦点になりつつある。

スノーデンが日本人読者に伝える重たいメッセージは、現代社会が直面する「自由の死」という脅威を証明したものだ、とウルリッヒ・ベックは評した。スノーデンやベック、さらにはバートレットの鳴らす警鐘を噛みしめ、欧州が掲げるGDPRという提起を重く受け止め、デジタル世界が民主主義の土台を蝕む危険性について考えなくてはならない。その突破口となったのがスノーデンだった。IT技術の最先端を担う「勝ち組」GAFAが、進歩の面だけでなく、闇の部分を担う役割を果たしていることを教えてくれた意義は大きい。

結局、タックス・ヘイブンも、戦争も、市場も、そしてサイバー空間の脅威も、人類が長い歴史のなかで、失敗を繰り返しつつも、育んできた民主主義を蝕む脅威として、論じなければならないという、きわめて重要な真理に行き着く。市場の現場、そのプラス面とマイナス面のいずれも熟知したうえで、近未来を語るべき時が、すでに到来しているのである。しかし、こういった文脈で冷戦後世界を語る向きは、残念ながら、日本ではまだまだ少数である。

第8章
歴史観の見直し

†西欧近代とは「脱中世」

近代とは何だろうか。そして、いつ始まったのか。それは、たんなる時代区分だけではなく、近代を近代たらしめる価値観や思考様式を随伴する重要な問題提起である。「暗黒の中世」とは対照的に、近代は、「扉が開いた」「生産的な」という明るい形容詞や「脱中世」という前向きな気分が覆い、何よりも資本主義と同義語として認識される。

この時代を区分する場合、西欧では通常、古代、中世、近代という三つの区分である。しかしながら、日本では、中世と近代とのあいだに、近世という区分が入る。この近世というのは江戸時代のことであり、これは西欧的な捉え方では初期近代とでも言えようが、あくまで近代である。

だが、日本の歴史を区分するとき、室町時代後期や安土桃山期、あるいは江戸時代を近代と称するには、いかにも無理だろう。領主や侍が社会を仕切り、商工業が十分に発達せず、資本主義たる市場経済も未熟で、封建制の物納経済（自給自足経済）で非貨幣経済の時代を、とても近代とは言えない。とすれば、明治期以降を近代という区切りで認識するのが、一応合理的だろう、ということになる。

近代のメルクマールは、市場経済の発達であり、資本主義の成立であり、その社会構成者は資本家と労働者である。明治時代は、紋付袴を脱ぎ捨て、ズボンやスカートを身につけ、肉食が一般化し、転居の自由も、職業選択の自由も始まった。明治期を近代だという時期区分を疑う者は、まずいないだろう。

ところが、これは西欧的なる近代解釈とは、中身がずいぶん異なる。コロンブスによる一四九二年のカリブ海サンサルバドル島到着によって始まった大航海時代こそが、脱中世の始まりであり、近代の幕開けであり、また欧州・アジア・南北アメリカという文字通り地球全体を巻き込むグローバリゼーションの開始時期だった。

フランスの歴史家ジャック・アタリは、千年にわたる中世の眠りから目覚めた欧州が世界征服に乗り出したのは、一四九二年、欧州最後のイスラム王国（グラナダ）の崩壊を機縁とすると言う。(1)アメリカの歴史家マクニールの標準的世界史テキストも、(2)一五〇〇年頃の地理上の発見と宗教改革が中世にとどめを刺した、と見る。

†アジアを求めた西欧近代

欧州にはなかった香辛料は長寿や消臭の薬味として珍重され、欧州の不老不死を願う富裕層はアジア交易に期待を寄せた。このブームは香辛料革命（Spice Revolution）と称され、東西交易の原動力となった。香辛料とは、コショウ、ショウガ、サフラン、シナモン、クローブ、ナツメグ等々で、資本主義の原理たる複式簿記も株式会社も、この東西交易なしでは、登場しなかっただろう。

その社会制度の大きな変革、つまりは革命こそがルネサンス（「再生」や「復活」を意味するフランス語）なのである。西欧近代の出発点が、一八―一九世紀の産業革命よりも、むしろ一六世紀に置かれる背景にはこうした理由がある。

一方、漠としたアジアのイメージの代名詞がインドであり、現在の本国インド以外に、地球上に多くのインドという地名・人名を刻んだことも興味深い。西インド諸島、インドネシア、インディオ、インドシナ、インディアン等々、インドという語源を痕跡に残す地名・人名は数多いが、クリストファー・コロンブス本人ですら、「自分はインドに着いた」と誤解したまま世を去った。西欧のアジア取引への欲望の大きさを表している。

インドと言っても、興味こそあれ、どこがインドなのかは誰も知らなかった。歴史家のウィリアム・バーンスタインは、「中世ではひと口にインド諸国といっても、それはエジプトかもしれず、日本かもしれず、あるいはこの二国間のどこかかもしれないというくらい曖昧だった」と言う。(3)

コロンブス後も、「地理上の発見」と呼ばれる大冒険は続いた。一四九八年、ヴァスコ・ダ・ガマは喜望峰経由でインドに着いたが、その歴史的意味合いはこう語られる。

「ヴァスコ・ダ・ガマの航海は、イスラームの世界支配を覆すための、一世紀にわたるキリスト教徒の戦いの突破口だった。ガマの三回の航海で東西関係は劇的に変わり、ムスリムの時代とキリスト教の優勢時代（西洋の言う中世と近代）を分ける分岐点となった(4)」

フランスを代表する識者ジャック・アタリが「近代の序曲」を描く筆致は、欧州近代が孕む欲望の渦を赤裸々に語る。

「あるときヨーロッパは自分を取り囲む者たちを追い払って世界征服に乗り出し、手当り次第に民衆を虐殺し、彼らの富を横領し、彼らからその名前、過去、歴史を盗み取る。一四九二年がそのときである。この年、……ヨーロッパ最後のイスラム王国が崩壊する。ユダヤ人がスペインから追放される(5)」

インドという地名は漠然としていたが、アジア交易による香辛料取引が、莫大な富をもたらすのは周知のことだった。中世で、その交易を支配したのは「アドリア海の女王」と言われたヴェネチアだった。海路や陸路をへて、エジプトのアレクサンドリアに着いた香辛料は、地中海を隔てた対岸に、ヴェネチアとジョノヴァの船が待ち、そこから欧州全域に運ばれた。

したがって、一六世紀に入って、ポルトガル経由でのアジア交易が盛んになると、中世で栄華を誇った両都市は没落した。『東方見聞録』を著し、欧州にアジアを紹介したマルコ・ポーロはヴェネチアの商人、そしてコロンブスはジェノヴァ出身だった。アジア交易で栄えた中世都市国家の繁栄がかれらの冒険心を鼓舞したのだろう。たとえば、一五一五年の時点で、ポルトガルの香辛料交易で儲けた額は、ポルトガルの全教会収入に匹敵する巨大さだったという(6)。

ヴァスコ・ダ・ガマによる喜望峰経由航路の発見で、中世の陸路と地中海交易を支配したヴェネチアの地位は後退した。東西交易を掌握した者が、世界市場の覇権を握ったからである。中世の終焉は、地中海の地位を下落せしめ、大航海ルートを掌握したイベリア半島西端に位置するポルトガルとスペインの台頭へ、歩を進めた。

そもそも当時の社会変動が革命だと呼ばれるのは、地理上の冒険だけに由来するものではない。「天動説」が支配的だった中世において、地球が動くとする「地動説」が正しく、しかも地球は球体だという主張は、教皇に異を唱える命がけのことだった。

「地動説」「地球球体説」といった科学技術上の発見があって初めて、コロンブスやヴァスコ・ダ・ガマのような冒険家による渡航が可能になり、社会革命につながったのである。これまでインドが欧州の東側に位置することは知られていたが、地球が球体ならば、西回りでも東に行けるということになる。同時に、ガリレオのような地動説を支持する命がけの主張が、天動説が教義だったローマ教皇の権威を失墜させた。

だが日本の標準的認識では、ルネサンスという脱中世の欧州ダイナミズムは、アジア交易に着目して香辛料革命と呼ぼうと、地理上の「発見」に擬《なぞら》えて大航海時代と呼ぼうと、一九世紀の産業革命に比べ、革命性に乏しい印象が拭えない。

産業革命が、技術革新のテンポや広域性において、革命と言えるほど広範囲にわたり、技術上の革新によって生産力が向上し、資本主義確立の原動力になったことは疑いない。手織機で織っていた綿工業（綿糸→綿布）が自動織機代わり、生産力が大きく躍進した。交通運輸は馬車や船から鉄道になり、エネルギーにも電力が登場した。まさに、科学技術革命の勃興と言える状況が出現したのである。

また、戦後日本の代表的経済史学者・大塚久雄の説く、農民層の分解による農工間分業によって市場が出現し、労働者と消費市場が登場するという論理展開は、豊かな国内市場をベースに発展した近代資本主義のパイオニアとしてのイギリス経済像の威力を高めた。そうした豊かなイギリス像は、貧しさゆえに侵略を余儀なくされたという戦前日本への反省と重なり、日本の戦後モデルとして目指すべき目標の一端ともなった。

一方、ルネサンスは文芸復興と訳され、ダ・ヴィンチ、ミケランジェロ、ラファエロといった天才芸術家の文芸や芸術レベルに限定された印象が強い。ルネサンスという語彙から革命性が剝げ落ち、天才芸術家の創造した絵画・彫刻よりも、社会の生産力を一変させた産業革命が、資本主義を生んだ革命と呼ぶには相応しいと解釈されたのではないか。

これは、日本の知的風土、あるいは日本の支配的西欧史解釈の反映でもある。ダ・ヴィンチの「モナリザ」「最後の晩餐」に始まる一連の作品は、今日に至るも、人類の至宝である。だがルネサンスの歴史的意義は、天と地が逆転するほどの思考様式のコペルニクス的転回が人類にもたらした時代の熱狂であり、それが中世を終焉させ、近代を生み出したという事実である。ルネサンスとは、中世的価値観を終わらせ、近代の扉を開いた時代の総称であり、だからこそ、近代とは脱中世なのである。

この視点を欠く日本の経済学的常識では、生産力や技術の発達ばかりに目が行き、この西欧的近代の精神を真正面から取り上げる学問的意義が、あまりにも軽視されてはこなかっただろうか。

しかしながら、近代とは、単に産業技術の発展による生産力の拡大ではなく、価値観や思考様式に大転換をもたらした革命的時代の総称なのである。教皇や王朝といった中世的価値観からの脱出と解放が、近代を生み出す新たな価値観だった。「脱中世」が近代を生んだ社会のエネルギーだったのである。

†イギリス像の虚実

アカデミズムでは、経済学の泰斗アダム・スミスが『国富論』で、分業過程がいかに生産力を引き上げるかを説明した。それを継いだデヴィッド・リカードも、国際分業による生産力の増大（比較生産費説）を主張した。

そこでは、奴隷貿易で酷使される非人間的差別も、それによって実現できた綿製品への爆発的需要増大という負の遺産にも触れず、近代的産業革命による生産力増大という輝かしいイギリス資本主義のパイオニア的側面だけが強調されがちだった。

香辛料や絹綿茶といったアジアの物産は、もともと陸路（シルクロード）でイスラム商人の仲介をへて、交易されていた。ところが、一四五三年、ビザンツ帝国（東ローマ帝国）がオスマン帝国に滅ぼされ、現在のトルコを中心とする一帯がイスラム支配になってしまった。コンスタンティノープルの陥落である。その結果、キリスト教勢力は、失地回復の機会を窺わねばならなかった。

それこそが、一四九二年、「レコンキスタ（国土回復運動）」によるイスラム勢のイベリア半島からの追放だった。イベリア半島の南端に位置するイスラム勢の拠点だったグラナダのアルハンブラ宮殿、その幻想的な美しさに、攻撃したクリスチャンの軍隊を率いたカスティーラ王国女王イサベルは、破壊するのを躊躇《ちゅうちょ》し、逆に自分の居城としたという。その余勢を駆って、西回りの航海でインドを目指すコロンブスの資金提供者になることを決意した女王イサベルは、自分の宝石を質に入れて、コロンブスの渡航資金を捻出したという逸話《いつわ》が残っている。(7) キリスト教徒からすれば、ビザンツ帝国の都コンスタンティノープル陥落から三十九年ぶりの名誉挽回が成った瞬間だった。

ちなみに、一九九〇年代に多くの旧東欧諸国がEU加盟を果たすなか、数十年にわたってトルコは何度もEU加盟を申請したが、申請が受理されることはなかった。これは、欧州というアイデンティティが、トルコとギリシャの間で線引きされているからではないか。ギリシャはローマと並ぶ欧州文明発祥の地であり、トルコは華麗なるビザンツ帝国を破壊したという五百年以上も前の怨恨《えんこん》を、引き摺っているかのようである。

レコンキスタという意味は「再征服」「国土回復」であるが、勝利を収めた欧州側に立つ価値観が、遠く離れた日本でも刷り込まれている。イベリア半島で敗れ去ったイスラム勢の残像は、フラメンコ・ダンスに織り込まれた歌声とリズムが、その哀愁を受け継ぐ。

日本でも戦後歴史学の泰斗大塚史学が、イギリスを国内市場依存モデルとした。しかも、オランダ型との比較で、イギリスは産業革命で成功し、一方の商業の中心だった貿易国家オランダは産業革命に失敗し、没落したという際立つ対照性を辿って見せた。イギリスの近代化＝資本主義発展の成功モデルというエッセンスは、産業革命における生産力の飛躍的上昇を際立たせた。ところが、実際の史実では、イギリスの代表的史家のエリック・ホブズボームが言うように、その市場は、一貫して国内ではなく、海外だった。

北米、南米、アジア等々、産業革命を牽引した安価なイギリス綿を始め、イギリスの工業力は当初より海外市場依存度が大きかった。産業革命の主役だった綿工業は、一九世紀初頭で半分以上を海外市場に依存し、一九世紀末には、その比率は五分の四に、鉄鋼業は一九世紀中葉以降、総生産高の四〇％を海外市場に依存していた(8)。巨大な海外市場がイギリスの綿工業の需要を支え、国内市場が中心になることはなかったのである。

もちろん、産業革命が果たした役割は大きく、多くの技術革新が連続したことは間違いない。科学技術の特許数を年代別に追うと、一七六〇年代に突如として急増し、一七八三年には六十四、一七九二年に八十五、一八〇二年に百七、一八二四年に百八十、一八二五年は二百五十へと急上昇している(9)。

歴史家のニーアル・ファーガソンは、ジェームズ・ワットの改良型蒸気機関（一七六四年）、ジョン・ハリソンの経度測量クロノメーター（一七六一年）、リチャード・アークライトの水力紡績機（一七六九年）を、「世界の三大技術革新」と評した。しかも、すべてが同じ時代だった。ファーガソンは、「科学革命はいくら科学的に考えても、ヨーロッパ中心主義にならざるを得ない」と言う。[10]

一方、対照的に、歴史家エリック・ウィリアムズ『資本主義と奴隷制』[11]は奴隷労働に支えられたイギリス像を提起した。大西洋を挟んだイギリス—アフリカ—北米を結ぶ三角貿易である。イギリスからアフリカまで綿製品を運び、そこで調達した奴隷をアメリカ大陸のプランテーションで労働力として酷使、安価な原材料や食糧の生産を実現させた。綿花やタバコや砂糖といった諸商品である。

リヴァプールは一八世紀から奴隷貿易に参入、世紀末には、イギリスの奴隷貿易の八分の五、欧州全体の奴隷貿易額の七分の三を扱っていた。当時のイギリスの世論といえば、国王、政府、教会、一般世論はあげて奴隷貿易を支持した。奴隷労働の投入こそが、イギリスの工業発展を支え、ひいては近代資本主義の基礎を築いたというウィリアムズ史観が生まれたのである。

現在、イギリスのリヴァプール港には、奴隷貿易という先祖の犯した罪を謝罪する博物館が建つ。リヴァプールとマンチェスターを結んで一八三〇年に開業した鉄道は、綿花と綿布が鉄路と海路を継いで往復する史実を物語る。

かくのごとく、イギリスの巨大な綿工業は、国内市場に依拠したのではなく、巨大な海外市場向けだった。その際、一六世紀の大航海時代に開発された世界市場の存在がモノを言ったのである。大航海時代以降の世界市場は、狭隘なイギリス国内市場ではなく、イギリス綿を需要する巨大市場だったのである。

しかも、その労働現場には、奴隷という非近代的で苛酷な労働力が不可欠だった。その頂点に立ったのが、一九世紀のパックス・ブリタニカで、一六世紀にイベリア半島の二大勢力が切り開いた東西交易のネットワークのうえに、近代資本主義のパイオニアたるイギリスの覇権は築かれたのである。

†情報と金融の大英帝国

イギリスが先進的な産業革命によって近代資本主義のパイオニア役を担ったという史実はその通りだが、一九世紀におけるイギリスの貿易収支が一貫して大幅赤字だったという重大な事実を忘れてはならない。

その赤字額を大幅に上回る黒字をサービス・金融取引で稼いでいたために、経常収支は大幅黒字となり、その結果、当該黒字を元手に巨大な海外投資国家となったのである。図8-1を参照されたい。イギリスの国際競争力の要は、一貫して、サービス・金融取引だったのであり、産業革命の原動力となった綿工業ではなかった。

サービス取引の黒字は海外投資収益の受取りであり、金融取引は金融や保険の巨大な受

図8-1　イギリスの国際収支

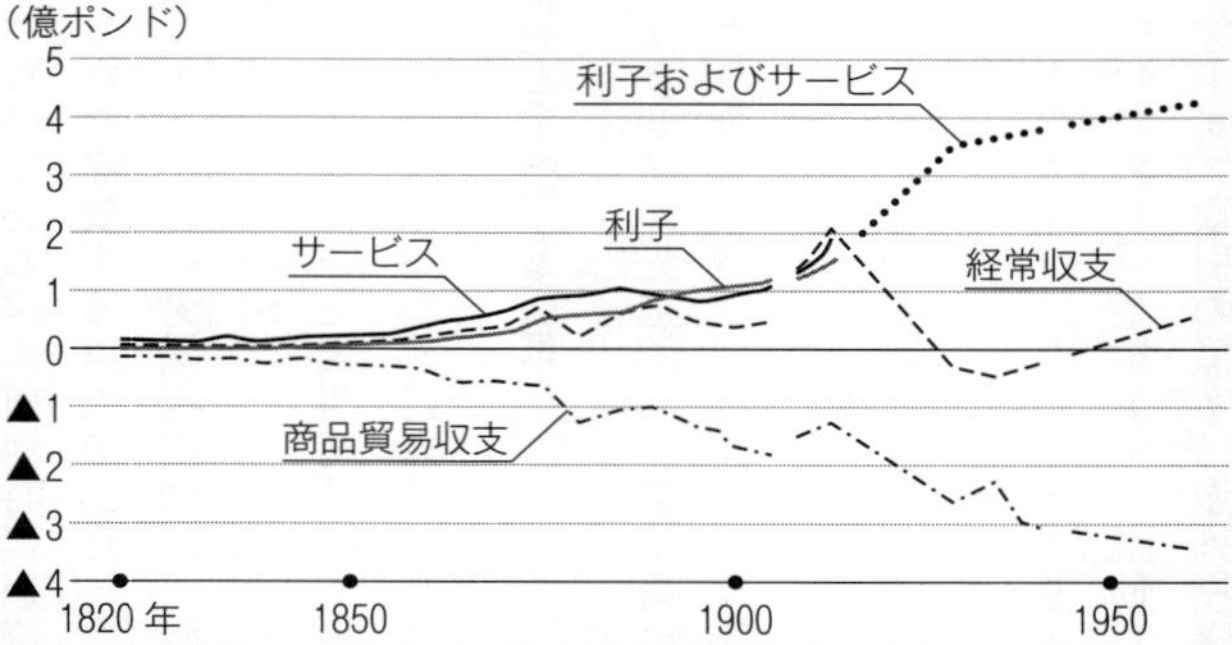

出典：拙稿「グローバリズムの誕生」『週刊東洋経済』2015年4月4日。
資料：E. Hobsbawm, *Industry and Empire*, Penguin Books. 1969.

取りである。ロスチャイルドのようなマーチャント・バンカーからロイズのような保険業者まで、多彩な金融業者が顔を揃える場所、それが国際金融市場ロンドンだった。海外投資収益が経常収支黒字を生み、そしてまた海外投資の源泉となるという循環こそが、ロンドンの国際金融力を支え、そして英ポンドの基軸通貨としての信頼を支えたのである。

各国の資金調達のために発行された公社債引受け（underwriting）も、振り出された貿易手形の引受け（acceptance）も、ともに、英ポンド建てだった。ロンドンで取引され、非居住者が保有するロンドンの英ポンド預金振替で決済されるという英ポンドの基軸通貨機能こそが、イギリスの莫大な金融収益を保証したのである。

さらに、ロンドン金市場による値決めも国際金本位制の要だった。戦後も、ロンドン自由金市場の果たした役割は大きかった。しかも、地金《じがね》ゴールドの産金採掘は植民地南アフリカからだった。そしてこの金融覇権の背景には、世界中に張り巡らされたネットワークによって集められる情報が大きく寄与した。

その一例が日露戦争で、対日債権の不良債権化を認容できない大英帝国の情報網を抜きに、日本の勝利はありえなかった。日本海海戦における東郷平八郎の武勇伝だけが勝敗を分けたのではない。巨大な借り手（日本）の勝敗次第で天国と地獄が別れる、というカネの論理を支える大英帝国の情報ネットワークに、留意すべきである。

イギリスは製造業によるもの作りによって、大英帝国を維持したわけではない。もっぱら金融とサービスに特化した国家として、換言すれば、「世界の銀行」「世界の取引所」として、世界を仕切る帝国性に発する「情報・金貸し」国家として本領を発揮し、富を築いた。現在、多くの製造業の競争力を失っても、なおその存在感や発言力が衰えない理由はここにある。産業革命を牽引した綿工業だけでイギリス産業の盛衰を論じると、イギリスの本質を見失ってしまう。

一九世紀フランスの画家ジャン＝フランソワ・ミレーの作品「晩鐘」の、一日の労働を終えて神に祈る風景は、敬虔《けいけん》なクリスチャンを想像させる。その節欲と勤労こそが生産力の原動力だという意味合いが籠もっている。

この絵画のイメージは、『プロテスタンティズムの倫理と資本主義の精神』の著者マックス・ヴェーバーの論調（節約や節欲こそが、資本主義のエッセンス）に通じる。そして、プロテスタンティズムの倫理が、余剰を生み出し、拡大再生産という資本主義勃興の素地を育んだ、という敬虔なクリスチャン像の論理が導かれるのである。

しかし実際は、中世を終わらせ近代の序曲を奏《かな》でたのが、ヴェネチアの富を奪取するスペインやポルトガルの欲望であり、インド交易をベニスの商人から奪い取り、世界市場を生み出したという歴史的事実にほかならない。そこには香辛料交易を独占しようとする、満ち溢れる欲望があった。

そうした荒々しい欲望こそが、世界市場を切り開き、欧州近代への幕を開けたのである。ポルトガルやスペインが冒険で切り開いた史上初のグローバリゼーションを、大英帝国の覇権で奪い取ったのが、一九世紀パックス・ブリタニカだとすれば、そのエッセンスを禁欲的な農夫像に求めることはできない。

西欧が牽引するグローバリゼーションの端緒となった一四九八年、ヴァスコ・ダ・ガマの一行がインドに近づいたとき、水夫たちが上げた歓声は、「おお神よ、スパイスよ！」だったという。(12) 中世におけるアジア交易から上がる膨大な利益によって繁栄を築いたヴェネチアの富を、今度はポルトガルが奪取できるという歓喜である。これが、中世を脱し、近代への移行の原動力だったのである。

現在も、ロンドンは、外国為替取引でニューヨークを凌ぎ世界一である。ユーロ取引でもユーロダラー取引の中心である。自由金市場ロンドンは、金先物取引のニューヨークCOMEXと分業し合う。そして圧巻は、膨大な後背地を抱えるタックス・ヘイブンの元締め的立場である。金融と情報で生きてきたイギリスの精髄は、二一世紀の今日でも、なお健在である。イギリスは、マネーと情報を車の両輪として生き抜いてきたのである。

国際情報に強いということは、国際社会の表裏を知ることでもある。ここで取り上げた時々刻々と変化する世界の政治経済事情を教えてくれる膨大な情報が、欧米から、とりわけ民主主義や自由といった個人の人権に関わる情報は、イギリスを始め、欧州発のものが多い。市場の内実にせよ、タックス・ヘイブンの実際にしろ、あるいは戦争の現場にせよ、欧州が誇る膨大な情報収集の歴史的蓄積は計り知れないものがある。

エピローグ——日本の通奏低音

†浮遊する危機意識

日本は、米国債保有では相変わらず世界一（あるいは中国に次ぐこともある）で、それは世界一の債権大国の証しでもある。だが、それははたしてジャパンマネーのパワーを示すものなのか、それとも売却できない政治的弱点の象徴なのか。

同じく米国債への巨大な投資国家中国が、対米交渉の武器に使っている姿勢とは対照的である。大量の米国債売却は、アメリカ市場での債券価格を引き下げ、金利を高騰させ、景気を失速させる。アメリカにとって、この恐怖のシナリオは十分な政治的圧力となる。

現に、一九九七年の香港ドル危機では、米国債売却を匂わせて、ヘッジファンドによる香港ドル叩きを未然に防いだことは、本書第3章で見た通りである。その結果、ヘッジファンドは、叩き売りの標的を、タイ・バーツに移し、これが、アジア通貨危機の幕開けとなった。政治力なき経済力は現実のパワーたりえないということである。

二〇一一年三・一一の東日本大震災からの復興に際し、米国債売却で資金調達を、という内外の声が一部に上がったものの、実際に採用されることはなかった。国が資金繰りに窮したときですら、売却できない在外資産とは、まるで上納金ではないのか。

本書第4章で論じたように、二〇〇二年九月のニューヨークで開かれた小泉・ブッシュ首脳会談におけるブッシュ大統領（当時）の要求は、不良債権の迅速処理、米国債買増しといった経済問題に集中した。これを機に、日本の支配的世論は、ビジネスでは不良債権処理による景気回復期待へ、片や、北朝鮮の核開発疑惑が浮上して、拉致問題解決意欲の冷え込みへ、と向かっていった。さらに、その三年後の二〇〇五年には、郵政民営化解散一色となり、民営化フィーバーとも言うべき空気が世論を覆った。

この小泉・ブッシュ首脳会談に関する大手メディアの報道姿勢は、事前に神経質なまでに警戒していた、自衛隊のイラク戦派兵（Boot on Ground）を要求されなかったことへの安堵感からか、柳澤伯夫から竹中平蔵への金融担当大臣交替劇は、形式的な報告だけだった。この大臣交替劇の背景にある重大な局面に気付いた人はどれだけいただろうか。

この時期に、なぜ不良債権問題なのか、なぜ米国債買増しなのか、また金融担当大臣交替の意図は何か。肝心要の報道は素通りされたまま、その後はすぐに拉致問題へ、そして北朝鮮の核疑惑問題へ、さらに郵政民営化論議へと移っていった。

このときの日米首脳会談といえば、エルヴィス・プレスリーの真似を演じて見せた小泉首相の姿が印象に残るだけかもしれないが、その後、日本を襲ったのは、本格的なファンド・ビジネスの対日進出だった。かつて解決困難の極みだったリスキーな不良債権問題は、日本の税金を投入した後、不良債権ビジネスという「蜜の味」へと変身したのである。

†情報力というソフトパワー

国際政治力学は情報で動く、と言っても過言ではない。日本が生き残るには、何よりも正確な情報の収集が最重要なはずである。しかし、実際は情報通と言うにはほど遠い光景が頻発する。

たとえば、二〇一五年十二月に中国主導のＡＩＩＢ（アジアインフラ投資銀行）が発足した際も、首相に近い官僚筋の見解は、Ｇ７の中で参加する国はないだろう、との読みだった。ところが実際、蓋を開けてみると、イギリスを始め欧州主要諸国が、続々と加盟に手を挙げた。日本は、中国からの事前の根回しでは副総裁格のポジションを打診されていたと報じられたが、結果的に、Ｇ７では日米だけが不参加ということになった。

そもそも、ＡＩＩＢは、かつて日本が目論んだ一九九七年のＡＭＦ（アジア通貨基金）の一種の再版だと考えられるが、なぜＡＭＦは潰され、ＡＩＩＢは成功裏に発進したのか。

残念ながら、それは、日中の国際政治力の差異であろう。

さらに、二〇一七年初頭には、トランプ大統領相手に日米両首脳は蜜月だとかいう表現が躍った。だが、二〇一六年九月に候補者だったヒラリー・クリントンを表敬訪問したにもかかわらず、予想が外れてトランプが勝利したために、慌てて同十二月に大統領就任前のトランプに会いに行ったということを忘れてはならない。この失敗は、ヒラリー・クリントンの当選確実を予想した官僚の予測能力の劣化であるとともに、予想が外れた場合の危機管理能力の欠如でもあることは否めない。

対照的にアメリカでの事例を見てみよう。たとえば、米朝の軍事的緊張に揺れた二〇一七年五月、米CIAはヴァージニア州本部に、「コリア・ミッションセンター」を立ち上げた。それ以後、安全保障関係者との連携を軸に、北朝鮮を二十四時間監視下に置き、一日に二回、ホワイトハウスに連絡を入れる、という、北朝鮮を対象にした情報収集を強化した。(1) CNNによれば、これまで米CIAには地域別に十のセンターがあり、一国の情報分析に特化したセンターは異例だという。(2)

こうした戦略研究やエリア研究においては、アメリカは帝国としての歴史的経験もあり、きわめて長《た》けている。たとえば、冷戦下にあったアメリカは覇権を維持するために、旧ソ連の経済力や軍事力を徹底的に分析し、旧ソ連の弱体化した経済力では、不釣り合いに巨大化した軍事力は維持できないことを予見していた。アメリカの戦略を練った「帝国の参謀」と称される面々は、アメリカの国益を死守するために、敵に戦争という選択肢をとらせないことを最重要事項としていた、という。情報を重視するアメリカの強さであろう。(3)

あるいは、イギリスのGDPはもはや日本の半分程度にすぎないが、その情報通ゆえに、イギリスの発言力や存在感はいまだ侮れない。英語は世界最大の共通言語であり、イギリスでの金取引もユーロ取引も国際取引の多くがいずれも米ドル建てだが、グローバルに広がるタックス・ヘイブンの中心も英王室領に属する。しかも、HSBC(旧香港上海銀行)は、中国に返還された香港を脱してイギリスに本拠を構え、イギリス大手のミッドランド銀行を買収し、世界の多国籍銀行最大手の一角に座る。

日本の歴史との関わりを言えば、日露戦争の折、日本ではもっぱら日本海決戦における東郷平八郎の勇名ぶりが喧伝されるが、ロシアのバルチック艦隊の日本海までの航路において、世界中に広がった大英帝国の港湾に寄港させず、バルチック艦隊に休息を与えなかったことが、ロシア敗因のひとつだと言われる。

もし日本が敗れたら、対日債権(日本はロンドンで英ポンド建て債券を発行し、軍需資金を調達した)が焦げ付く。それを懸念したイギリスの外交判断だろう。日露戦史も情報とカネというフィルターを通すと、これまでとは異なる局面が浮かび上がってくる。

†情報の偏在

先に見たように、二〇二〇年の東京オリンピックを控え、東京都心の地価が上昇し続けている。歴史的な超低金利が長期に続けば、潤う業界もある。

その勢いに、実需を欠くバブル再来を嗅いだのか、ここ数年、バブル回顧の評論に人気が集まる。対象時期は、本書で描いた時期とほぼ重なるが、本書と決定的に異なるのは、国内的要因でもって説明されがちなことである。しかしながら、歴史的に日本は、その最重要な決定において対外的要因が絡まなかったことはなく、バブルの醸成と破裂のストーリーも、また同じである。

最近でも、東芝問題が耳目を集めながらも、その決定的原因となったウェスティングハウスとの絡みを詳細に抉《えぐ》った論考は少なく、東芝役員の複雑な人間関係や、興味本位の経歴に頁を割くものが多い。

かつて興銀は、「金融界のエスタブリッシュメント」とか、「大蔵省証券局を上回る存在」と評されるほど権力をもっていたにもかかわらず、経営危機に直面し、そして長銀や日債銀ともども、歴史の舞台から消えたのはなぜか。

それは、金融界における人間関係上の駆け引きや人物像から説かれるべきものではあるまい。ユーロ円債がもたらした国内社債市場の空洞化との関連や、長期金融は資本市場の仕事であり、それを銀行が担うのは非合理的だという論理等、海外絡みの本質論で説かなければ、時代のダイナミズムは見えてこない。

先物取引にせよ、一九九〇年代初頭に支配的だった「先物悪者論」は、いまも監督官庁の脳裏に残っているのではないか。先物市場とは依然、一種の「日陰者」的な扱いであり、その存在の意義に気付かないまま、「失われた三十年」を過ごしてきたのではないか。

人気のある歴史評論にしても、この点で罪なしとは言えない。たとえば国民的作家だった司馬遼太郎は、坂本龍馬をはじめ数多い幕末の志士を好意的に描いた。しかし龍馬がどんなに魅力的な人物だったにせよ、パックス・ブリタニカを仕切る大英帝国の論理（たとえばグラバーの働き）を抜きに、江戸幕末像は描けない。

司馬は、第二次大戦時を率いた軍部の司令塔の面々が、あまりにも戦術に無知で、思考停止状態だったことに絶望し、作品の対象として描く気持ちにさえなれなかった、と吐露している。そこで、歴史を回顧したときに、江戸幕末の志士のなかに、魅力的日本人として「竜馬」を見出し、その奔放な「竜馬」に日本人の希望を託したのである。「日本の歴史の中でも、坂本竜馬のことを考えると、本当にそこだけ陽が照っているような思い」を抱く、と司馬は語っている(4)。

元財務官（発言時は大蔵省国際金融局長）の榊原英資が言う、「形式化し、透徹したリアリズムを失ってしまった権威・政治に対する憎しみにも似た軽蔑」(5)という司馬史観評に、筆者は同意する。故郷を離れ都会の喧騒に生きた大勢の戦後日本人も、ムラから解放された「竜馬」に、自らの人生を重ねたのではないか。

幕末論や司馬史観論は、本書の射程を超えるが、ともかく時代を越えて共通するのは、この「失われた三十年」という時代推移を決したのも、外的要因だったということである。興銀の盛衰、二〇〇二年の小泉・ブッシュ会談の顚末、シンガポールSIMEXでの先物規制交渉、さらには、リーマンショック直後の三菱UFJのモルガン・スタンレーへの出資、二〇〇九年に登場した民主党政権が短命に終わった失敗劇等々、これらはすべて外因が決定打となって、日本を取り巻く状況を変貌せしめたのである。

しかし、多くの人々はそれに気付いていない。いや、薄々は気付きながら、気付かなくてもいいと思っているのかもしれないが。

†「階層性崇拝」が動かす市場主義

総じて、日本社会における出身や経歴に対する執拗なほどの拘泥は、ターガート・マーフィーの言う、「階層性崇拝」のなせる業《わざ》だろう。それは、「する人」ではなく「である人」が蔓延《はびこ》る社会の後進性のことであり、日本社会の古層であり、日本の通奏低音だと論じた戦後民主主義の旗手、丸山眞男の言説を思い出す。(6)

丸山が説いた一九六〇年代初頭から半世紀以上を経た二一世紀の今も、そういった、いわば精神の封建制は変わっていない。朱子学的「階層性崇拝」という封建制を身に付けたまま、市場主義を操縦しているようなものである。本書は、そういう日本社会のアナクロニズムを封建的市場主義と性格づけしたのである。

「階層性崇拝」という社会的空気は、「上」には屈辱的なほどの従順や従属を作り出し、「下」には不遜なまでの差別を伴う風土を生む。そして、正義や真実や公平といった理念を、青臭い、ただの綺麗事に追いやってしまう。弱者が犯した失敗には「自己責任」のバッシングが吹き荒れるが、権力者の失敗には、責任を問うこと自体が空騒ぎに終始する。だからこそ、封建制と市場主義が矛盾なく併存できるのである。

マーフィーは言う。この「階層性崇拝」という価値観は、日本では政治的立場を問わない、と。社会に対しては民主主義を叫ぶ面々も、あるいはどんなに権力から遠い人々も、権威には無条件に恭順の意向を示す傾向が強い。

GHQ(連合国軍最高司令官総司令部)とは占領軍でありながら解放軍でもあったという謎は、いまだ解けない。敗戦直後に、膨大な数の民衆がマッカーサー宛てに送った手紙の内容は、そのほとんどが新たな権力者への媚びだった。それをどう評すべきか。江戸幕末期、徳川幕府方と、薩長に担がれた新政府との権力争いの落ち着き先を注意深く見守りながら、「勝ち馬に乗る」という明治初期を覆った風土は、みごとに再現されたのである。
一九二七年生まれの俳優・鈴木瑞穂が、「憲法は戦死者の遺言」だと訴える肝の据わった義憤に、耳を傾けたい。[7]
「自分は安全な場所にいて青少年を戦地へと駆り立て、敗戦後は手のひらを返したように「民主主義」を唱え始めた。そんな「信用のならない大人」の一人として、日本のかいらい政権・満州国の総務庁次長として辣腕（らつわん）を振るった岸信介元首相を挙げる」「満州では、自分たちに都合よく法律を作り、東条英機内閣では商工相として戦争を遂行した人物です。それが戦後になって「民主主義者だ」という。ウソつけ、ですよ」[8]
安倍晋三首相は、母方の祖父である、岸信介の孫だとは言うものの、なぜか父方の祖父で反戦論者として地元山口県で人気のあった安倍寛の孫だとは、あまり言いたがらない。[9]
岸信介は、満州にいた三年間、経済問題の専門官僚として、満州産業の基軸を鉄鋼業に置き、日中戦争拡大に対応する生産力拡大を鉄鋼生産で対応し、その中心的役割を担った。
岸は、満州を、「俺の描いた作品」[10]と言ったが、自身でも、傀儡《かいらい》国家・満州を動かす主役だったという自負が強かった。

あるいは、一九三〇年代における岸信介の位置づけが、満洲映画協会理事長だった甘粕正彦とともに、東条英機を支えた中心人物であり、しかもその資金源は満州における阿片取引と関わっていたという事実はよく知られている[11]。

結局、この三人のうち、甘粕は一九四五年八月の敗戦直後、満州で青酸カリを飲んで自殺し、東条は東京裁判をへて、一九四八年十二月に巣鴨拘置所で処刑された。そして戦後生き残って権力を握り続けたのが、A級戦犯として服役した巣鴨拘置所から釈放され、首相の座に上り詰めた岸だった。

米CIA研究で名高いニューヨーク・タイムズ記者のティム・ワイナーは、岸に率いられた出発時における戦後自民党の性格をこう記す。

「岸が舵を取る新しい自由民主党は自由主義的でも民主主義的でもなく、帝国日本の灰の中から立ち上がった右派の封建的な指導者たちをそのメンバーとしていた。……CIAと自民党の間で行われた最も重要なやりとりは、情報と金の交換だった[12]」

†日本型近代はフィクションだったのか?

日本の近代といって、まず思い浮かぶのは明治維新だろう。明治維新は、たしかに、日本史上最大の変革だった。が、実際には、サムライ内部のクーデターだったというのが、より正確かもしれない。不平不満の募る下級武士が不遇をかこった公家と組んで、江戸幕府打倒に奔走したことが、「王政復古」へ向けた時代の勢いを作ったのである。

しかし、そこには、看過できない問題が潜む。江戸幕末には、そもそも西欧近代の中核だった「脱中世」という理念や気運はなかったし、自由や博愛を掲げて封建制や君主制へ異議を申し立てる民衆の姿も、近代の主役であるはずの富を求めるブルジョアの姿もほとんどなかった。担い手の中心は、封建制下の下級とはいえ、支配階級の武士だったからである。

たとえば、江戸期大坂は米流通の中心地で、世界に先駆けて一七三〇年に堂島米会所が開設された。豪商淀屋は、この堂島での米取引の中心人物であり、江戸期にあって、「天下の台所」大坂を支えた。しかも、興味深いことに、そこでは米帳簿の差金《さきん》決済（売買の差額を清算する取引）である帳合米《ちょうあいまい》取引という先物取引が盛んに行われていた。米切手と称される売買の指図書は、実際の米よりも多く振り出され、しかも、売買の差額を決済するという、先物取引の原型を成していたと考えられている。

江戸の米は農民が収める年貢だったが、大坂に集まってくる米は取引商品であり、そこで先物取引が活発だったことは、封建制下においてすでに大坂には市場が発達していたことを物語る史実である。[13] 現在、堂島米市場跡記念碑が、大阪市北区の堂島川沿いに建つ。もちろん、淀屋橋という地名は、豪商淀屋の名前に因む。

ここで筆者に、時代を無視した勝手な空想を許していただけるなら、もしも、豪商淀屋が、たとえば江戸幕末期の反乱一揆の旗を上げた大塩平八郎と組んで、大坂で徳川幕府に異を唱え、大勢の民衆が一緒に立ち上がったとすれば、もしかしたら、日本版ブルジョア革命、日本版フランス革命の凱歌が上がったかもしれない。大阪に残る、「権威」「権力」に盾突く空気（たとえば、「それがなんぼのもんじゃい」という啖呵）は、大阪という風土に流れる反骨の心意気を伝えてくれる。

ちなみに、近代における東京という「権威」に対する大阪の異議申し立ては、作家の織田作之助や将棋の阪田三吉に継承されているかもしれない。江戸幕府に潰された淀屋のように、そこには、中央の権力や権威に異を唱える大阪の意気込みがあるからである。通天閣に象徴される大阪ディープ・サウスに凝縮される大阪文化の気迫は、官僚的東京とは相容れない。[14]

しかし日本の歴史で、封建制に異を申し立てたブルジョアを見出すのは難しい。「お上」への異議申し立てと言えば、幕府による大弾圧で、天草四郎を始め立ち上がったキリスト教信者が皆殺しにされた一七世紀の島原の乱を思い出す。現在、潜伏キリシタンの教会群が世界遺産に指定され喜びの声が上がるが、潜伏キリシタンの忍従の生活が明らかにされても、弾圧した江戸幕府を非難する視点はあまりない。

江戸幕末において、西南雄藩の志士がどんなに勇壮に時代を動かしたとはいえ、かれらだけで幕末を動かすパワーを持てたわけではない。一九世紀半ばの世界は大英帝国率いるパックス・ブリタニカの時代であり、アジアにもそのパワーは及んでいた。江戸期の出島で、一手に西欧の顔を演じていたオランダは、幕末期にはもはやパワーを失っていた。

幕末の日本を動かす原動力とも言うべき大きな枠組みを作った主役こそが、当時の大英帝国下の大商社ジャーディン・マセソン商会（前身は東インド会社）の、長崎代理店であるグラバー商会だった。その代表トーマス・グラバーは、スコットランドのアバディーン郊外にある辺鄙《へんぴ》な寒村からやってきた。グラバーは、血気盛んな幕末の志士に巨大な資金を貸し付け、膨大な武器を売りつけ、明治政府の設立へ一役も二役も買い、「スコットランドのサムライ」と呼ばれた。

かくて、日本的近代の出発点を考えれば、近代化の中身自体が体裁のいい建前でしかなかったのかもしれない。そこには、西欧が経験した王や教皇の絶対権力から権利や権力を奪い取る命懸けの意気込みも、「脱中世」へ疾走する時代の高揚もなく、武士内部のクーデターという権力闘争であり、「王政復古」でしかなかった。

†日本型近代を支える前近代

イギリス史で大転換期となったのは、一五八八年、フェリペ二世率いるスペインの無敵艦隊アルマダを破ったエリザベス女王による治世だろう。同女王の「わたしは国家と結婚した」という名台詞は歴史に残る。それ以来、王朝でも教皇でもなく、イギリスという国民国家がアイデンティティの帰属先となる、まさに近代の登場に向かった。

一方、日本型近代を象徴する明治維新は、開国か鎖国かを迷い続け、外圧に押される形で開国に踏み切り、江戸幕府は倒れ、明治維新後、近代特有の諸制度を積極的に採り入れはした。しかしながら、メンタリティにおいて、ターガート・マーフィーの言う朱子学流「階層性崇拝」はそのままだったのではないか。

日本の支配的世界観として、現代も欧米を崇拝し、アジアを見下す不遜な姿勢はなくなっていない。一方、首都圏上空には、日本の民間機が立ち入れずアメリカが管理する広大な横田空域が広がっている。つまり、富士山上空は日本ではないという状況でも、主権侵害を抗議する人々の声は聞こえない。

そして現代、会社員という帰属意識は、江戸期の藩意識の再版である。三菱や三井や住友という旧財閥系は、ブルジョワとして封建制と闘った経験がない。明治初期、西欧資本主義の体制を導入するにあたって、その西欧の進んだ技術や制度の採り入れにこそ熱心だったが、西欧近代を特徴づけた封建制打倒の精神は、置き去りにされてしまったのではないか。

江戸期の日本を特徴づける和魂漢才という理念が、明治以降近代における和魂洋才に、つまり中国を西洋に入れ替えても、葛藤なく引き継がれた。思想家の竹内好は、その精神的乗り換えをこう評する。

「江戸の市民文学は明末の市民文学なしには考えられない。芭蕉、西鶴、馬琴、みなそうだ。国学者は伝統を拒否したが、それは構造を変えたのではない。新しい主人であるヨーロッパが抵抗なしにのっかるべく土台を掃除したに過ぎないようなものだ。日本の封建制の上に日本の資本主義がのっかったように、儒教的構造（あるいは無限の文化受用の構造）の上に日本の近代は心地よくのっかっている(15)」

戦後についても、竹内はこう言う。

「（日本は——引用者）近代をのせている構造はやはり問題にしない。つまり主人を取りかえようとしているので、独立を欲しているのではない。東条を劣等生あつかいすることで、優等生文化そのものを保存するために別に優等生が居すわろうとしているのと同じだ。……一九四五年を錯誤と主張するものは、そのことで優等生文化を保存しようとしているのだ。士官学校の優等生のかわりに帝国大学の優等生を認めるだけだ。日本文化のドレイ的構造をそのままにして[16]」

この竹内好の言説は、本書でたびたび語ってきた、マーフィーの言う「階層性崇拝」という日本的メンタリティと同義である。日本的な優等生崇拝文化はドレイ的構造であり、その構造を遺棄しないかぎり、明治維新だろうが戦後改革だろうが、すぐまた失敗して水泡に帰すだろう、と。わたしたち日本人にとって、なんとも重い警鐘である。

このようなメンタリティが生み出す現下の重要問題を、ひとつだけ付言しておこう。韓国では、有事に際しての在韓米軍から韓国軍への指揮権移動（韓国軍が在韓米軍を指揮・命令するというもの）について、再三、協議が進む。しかし日本では、こういった主権の存立を左右するほどの協議・交渉自体が考えられない。有時において、自衛隊に対する指揮権が、日本側ではなく、在日米軍にあるということ自体が、問題にもされないのである。

この「戦作権」をめぐる日韓の温度差について、大手メディアはどこも取り上げない。その結果として、情報を知らない人々は主権を左右する重要な権利である「戦作権」なる言葉に無関心である。

†日本を覆う「勝ち組」意識

冷戦崩壊後、資本主義国家である日本は、「勝ち組」だと見なす世論が席巻した。たとえば、政治的風刺で名高いアメリカの映画監督のマイケル・ムーアが来日した際、ムーアにインタビューしたテレビ司会者が、「あなたは資本主義が嫌いなのか？」とストレートに質問して失笑を買ったことが印象に残っている。

全米に広がる格差や、アメリカの権力腐敗について、批判的メッセージを映像で発信するムーアのような著名映画監督に、いきなりこんな高圧的で大仰な質問ができるのも、日本は「勝ち組」にいるという驕《おご》りだったのだろうか。

実は大学でも、同様な問答に直面したことがある。卒論発表会で学部学生が格差問題の深刻さを報告した折り、ある教授が、「君は資本主義が嫌いなのか？」と、ニヒルなムードで学生を問い詰めた。ムーアに質問したテレビ司会者と同じトーンだった。だが、司会者と映画監督という関係とは異なり、教授が学生相手に資本主義への好悪を問い詰める威圧的姿勢に、同業者として溜息を禁じ得なかった。

権威や権力を笠に、「勝ち馬」に乗る姿勢は、おそらく一九三〇年代もこうだったのではないかと窺わせる「下からのファシズム」にほかならない。せめて大学くらい、民主主義の砦を守るべきではないのか。「下からのファシズム」とは、権力筋の意向を嗅ぎ取った民衆が、お互いを監視し合い、異を唱える異端をあぶり出す。そのことを痛感させる大学での一コマだった。

多くは繰り返さないが、拙論で重視したのは、「失われた三十年」の中心的物語は、かつて困難を極めた不良債権処理（実際に多くの関係者が自殺や殺人で亡くなった）が、二〇〇〇年前後からなぜ「蜜の味」と称されるほどの高収益案件に変化したのか、という謎にある。

日本語には、主語を曖昧にしたまま、重要な因果関係を見えなくするところがある。たとえば、二〇一六年五月、広島を訪問したオバマ大統領（当時）は、「七十一年前のよく晴れた朝、空から死が降ってきて世界は変わった」(17)と述べた。もしもハワイで、「一九四一年十二月、空から死が降ってきてハワイは変わった」と、日本の首相が言おうものなら、非難囂々《ごうごう》だったにちがいない。

ところが、オバマに、アメリカの原爆投下に対する謝罪を求める日本人の声はほとんど聞こえなかった。そして、同年十二月のハワイ真珠湾への首相訪問で、両者の「和解」が演出された。

これほど重大なことであるにもかかわらず、いや重大なことであるからこそ、明記せず曖昧にしたまま、七十数年をやり過ごしてきた。不良債権処理の深層が明かされないのも、この文脈から想像がつくだろう。

†日本の国際ポジション

日米を冷戦の勝利者だと位置づける認識は、敗戦や占領という歴史的屈辱に目を背けることによって成り立つ。その象徴が、二〇一五年四月、日本の首相による米議会演説だろう。それは、かつて敵対し合った日米が、ともに手を携えて冷戦に勝利したという趣旨だった。(18)

だが、日本を除く世界各国に、そういった認識は通じない。現に、同講演の直後、ニューヨーク・タイムズの「日米同盟」と銘打った風刺画には、アメリカの前で、頭を垂れて露払いに勤《いそ》しむ僕《しもべ》が描かれていたが、その服には、ＡＢＥと書かれていた。(19)

アメリカ在住の思想史家・酒井直樹は、戦後日本とはアメリカにとっての満州だったのであり、それは満州を手本とした戦後版であり、だからこそ、戦前の満州経営の設計者たる岸信介を、統治するに相応しい傀儡として利用したのだ、と読む。謂わば、「下請けの帝国」として日本を位置づけ、日本はその役割を忠実に演じたのだ、と。(20)

日本が「下請けの帝国」なら、日本人の精神的特徴はどういうことになるのか。これに関しては、ターガート・マーフィーの、政治的立場や社会的地位の如何を問わず、日本人が「階層性崇拝」に呪縛され、相似形の価値観を持つという指摘は、日本人として深く胸に突き刺さる。

かつてゲバ棒を振るった学生運動のリーダーたちは、卒業後はたちまちスーツに身を包み、ビジネス・エリートの階段を上り、学生時代のことには、「若気の至り」とばかりに頰かむりを決め込んだ。権力を批判しながらも、仲間への殺人を繰り返して社会を戦慄させた一九七二年の浅間山荘事件でも、連合赤軍という首謀者の内部は、軍隊並みの階層序列の組織だった。そして一九八九年を境にした冷戦後には、多くのかつて左翼的だった人物が、我先にとばかり、「勝ち馬」に鞍替えし、保守回帰を果たした。

それは、かつて明治期に髷を切り落とした元サムライや、敗戦後にそれまでの軍国主義者が一夜にして民主主義者に変貌した歴史的経験と同様の文脈だろう。「空気が支配する」日本、という評論家の山本七平が残した名言は亡霊のごとく、日本人の脳裏を縛っているということだろうか。

筆者の経験でも、かつてシカゴ連銀に客員として在籍していた折、シカゴ市街中心部にある邦銀に、その活動内容調査の訪問をしたことがある。名刺を渡し所属や関心を日本語で告げたところ、「そういう訪問は受けない」と門前払いを食ってしまった。ところが、同じ邦銀相手に、シカゴ連銀調査部経由でインタビューの申し込みをしてもらったところ、返事は即座にOKだったことを思い出す。

今もって、封建制が社会の真ん中にデンと座り、そうした封建的思考様式が、社会的階層や序列ばかりを神経質に値踏みしながら、市場主義という車を運転しているのである。筆者が日本社会の基本的性格を「封建的市場主義」と名付ける所以はここにある。

†隣り合わせの希望と絶望

日本に希望の一端が覗くとすれば、ちょっとした「松本清張ブーム」が起きていることかもしれない。政財界という権力に潜む数々の「闇」を描いた清張が注目されるのは、かつて目覚ましい経済発展を遂げた日本が、これだけ行き詰まって衰えていくカラクリを教えてもらいたい、その謎解きを期待する社会的気分が高じているからではないだろうか。あまりの激動と政府筋への忖度《そんたく》ばかりが幅を効かせ、対処する術《すべ》を見出せないまま、萎縮する日本人に残された、最後の正義感が覗く。その現下の空気を、文学者の高橋敏夫はこう表現する。

「歯止めが効かなくなった一強政治の暴走に加え、……戦後において最悪ともいうべきマスメディア偏向時代の到来は、「何故だろう、何故だろう」という日々の疑問からはじめて、人と社会と国家の暗闇を独力かつ執拗に暴きつづけてきた松本清張を呼びもどさないわけにはいかない。この時代を憂うる者の頼もしい「なかま」としての松本清張を」(21)

筆者も、この清張ブーム評に頷《うなず》く。清張は権力の闇を暴き、社会における人間の葛藤をめぐる心理を描いた。軽いテーマや面白可笑しいネタが受ける時代にあって、腐臭漂う権力によって民主主義が窒息死させられそうな時代に対する、清張の本格的論評を聞いてみたい。戦時期の二・二六事件や戦後の帝銀事件等々、権力の闇を描かせたら、清張の右に出る作家はいなかった。

窒息死というのは、けっして大袈裟な表現ではない。大盤振る舞いの対米武器購入、あるいは外遊のたびに支出を約束する大型援助とは裏腹に、社会福祉予算は減額に次ぐ減額が続く。年金支給額が減らされたうえに、相続税控除額は大幅に削減され、さらに消費税増税が予定されている。労働者の実質賃金が下落気味のなか、所得税増税を始め、諸々の圧政が家計を直撃する。まるで、江戸期の悪代官に収奪される民衆の悲鳴が聞こえてきそうである。日本全国で、消費が冷え込み、投資も振るわず、見切りをつけた中小企業の廃業が増えるのも当然だろう。

歴史認識の欠如は、往々にして悲劇を生む。一九四一年十二月の真珠湾開戦勝利に、民衆は「勝った勝った！」と舞い上がり、提灯行列で通りは沸いた。そして一九四四年七月という日本の敗戦一年以上前のブレトンウッズ協定で、戦勝予定諸国は、すでに、戦後を見据えた国際通貨体制を協議していたにもかかわらず、日本の司令部は無視し続けた。

さらに、敗戦後は、自ら率先して送り出した在外邦人に対して、日本政府の政策は棄民でしかなかった。その結果が、中国残留日本人孤児等の悲劇であり、大陸からの過酷な引揚げ劇だった。

はたして、この歴史の哀しい教訓を活かすことができるのだろうか。今日も、かつてと同様、激しい混迷と変転を繰り返す国際情報に直面しながらも、有効な手が打たれるどころか、国中の関心が「内向き」化しているように見える。二〇一八年秋、緊迫する東アジア情勢を協議する六カ国協議から日本だけを外して五カ国協議で話し合おうとする声すら聞こえてきたのは、東アジアにおける日本の存在感のなさを表わしている。

国際戦略を描くべき司令塔が不在のまま、ガヴァナンス機能は空洞化し、権力自体が「裸の王様」なのではないか。いや、日本の国内問題を眺める見識についても、日本国内と海外の声とには差異が目立つ。たとえば、政府が進める福島原発汚染地域への帰還事業について、国連（UN）は、福島第一原発事故の汚染地域への女性や子どもの帰還について、被曝の懸念から見合わせを求めた。

二〇一一年三・一一直後、日本政府は被曝線量の許容限度を年間一ミリシーベルトから二〇ミリシーベルトへ引き上げたが、この許容限度を再び引き下げるよう、国連から要請が出ているが、日本政府は応じていない。それどころか何かと言えば「風評被害」ばかりが繰り返し報道される政府筋から聞こえてくる情報に比べ、その温度差は大きい(22)。

最後に、戦後すぐに文部省（現在の文科省）が執筆した教科書にある、民主主義の原点とも言うべき瑞々しい内容に思いを馳せたい。

「民主主義の反対は独裁主義である。独裁主義は権威主義ともよばれる。……民主主義は……一つの精神なのである。それは、人間を尊重する精神であり、自己と同様に他人の自由を重んじる気持であり、好意と友愛と責任感とをもって万事を貫ぬく態度である(23)」

敗戦直後の一九四〇年代後半、いまから七十年前、日本でも政府自らが民主主義を熱く語った時代があったことが偲《しの》ばれる。読者に、筆者が抱く危機感の一端でもお伝えし得ていることを願いつつ、本書を閉じたい。

●注

プロローグ

（1）ロバート・ホワイティング『ふたつのオリンピック——東京1964/2020』玉木正之訳、角川書店、二〇一八年
（2）ヒラリー・ローゼンバーグ『ハゲタカ投資家——不良債権は蜜の味』伴百江・松尾由美・松尾順介訳、日本経済新聞社、二〇〇〇年。なお、文献によっては、ハゲタカやハイエナと訳されるvultureは「他人を食い物にする貪欲な詐欺師」という意味合いをもつ。
（3）西日本新聞電子版、二〇一八年五月三十日
（4）帝国ホテル「有価証券報告書」、同社HP
（5）会社四季報ONLINE
（6）国土交通省観光庁「観光統計」二〇一八年二月二十八日発表
（7）鳥飼玖美子『英語教育の危機』ちくま新書、二〇一八年
（8）ベネディクト・アンダーソン『増補 想像の共同体——ナショナリズムの起源と流行』白石さや・白石隆訳、NTT出版、一九九七年

第1章

（1）トマ・ピケティ『21世紀の資本』山形浩生・守岡桜・森本正史訳、みすず書房、二〇一四年
（2）奥村宏の法人資本主義論は数多いが、企業の無責任性に的を絞った論説として『無責任資本主義』（東洋経済新報社、一九九八年）がある。
（3）ターガート・マーフィー『日本 呪縛の構図——この国の過去、現在、そして未来（上・下）』仲達志訳、早川書房、二〇一五年。ちなみに、安宅の関は、石川県小松市の日本海側にある安宅に設けられたとされる関所のこと。今もって小松は「歌舞伎のまち」と言われる。
（4）『森嶋通夫著作集13 なぜ日本は「成功」したか?』岩波書店、二〇〇四年
（5）森嶋通夫『日本にできることは何か——東アジア共同体を提案する』岩波書店、二〇〇一年、『なぜ日本は没

落するか』岩波現代文庫、一九九九年
（6）稲垣えみ子『魂の退社——会社を辞めるということ。』東洋経済新報社、二〇一六年
（7）阿部謹也『「世間」とは何か』講談社現代新書、一九九五年
（8）菊谷和宏『「社会（コンヴィヴィアリテ）」のない国、日本——ドレフュス事件・大逆事件と荷風の悲嘆』講談社選書、二〇一五年
（9）エルヴェ・ファルチャーニ『世界の権力者が寵愛した銀行——タックスヘイブンの秘密を暴露した行員の告白』橘玲監修／芝田高太郎訳、講談社、二〇一五年
（10）バスティアン・オーバーマイヤー&フレデリック・オーバーマイヤー『パナマ文書』姫田多佳子訳、KADOKAWA、二〇一六年
（11）厚生労働省ＨＰ
（12）橋本健二『新・日本の階級社会』講談社現代新書、二〇一八年
（13）会社四季報ONLINE
（14）同右、Stock Weather
（15）奥村宏『株とは何か〔改訂版〕』朝日文庫、一九九二年
（16）日本経済新聞電子版、二〇一八年六月二十九日
（17）『日本経済新聞』二〇一七年六月十一日
（18）毎日新聞電子版、二〇一八年七月三十一日
（19）日本取引所グループＨＰ「投資部門別取引状況」「二〇一七年売買状況」参照
（20）日本経済新聞電子版、二〇一七年四月六日

第2章

（1）サミュエル・ハンチントン『文明の衝突』鈴木主税訳、集英社、一九九八年
（2）チャルマーズ・ジョンソン『アメリカ帝国の悲劇』村上和久訳、文藝春秋、二〇〇四年、『帝国解体』雨宮和子訳、岩波書店、二〇一二年

（3）The World Bank, *The East Asian Miracle-Economic Growth and Public Policy*, Oxford University Press, 1993.『東アジアの奇跡――経済成長と政府の役割』白鳥正喜監訳・海外経済協力基金開発問題研究会訳、東洋経済新報社、一九九四年

（4）チャルマーズ・ジョンソン『アメリカ帝国への報復』鈴木主税訳、集英社、二〇〇〇年

（5）Paul Krugman, "The Myth of Asia's Miracle", *Foreign Affairs*, Nov. & Dec., 1994.

（6）以降の九・一一のプット・オプションの事例については、直接の引用を含め、ジェームズ・リカーズ『ドル消滅――国際通貨制度の崩壊は始まっている！』藤井清美訳、朝日新聞出版、二〇一五年参照

（7）グレゴリー・ミルマン『ヴァンダルの王冠――国際金融帝国の敗退』渡辺靖訳、共同通信社、一九九六年

（8）同右

（9）同右

（10）同右

（11）同右

（12）同右

（13）高槻泰郎『大坂堂島米市場《こめいちば》――江戸幕府vs市場経済』講談社現代新書、二〇一八年

（14）同右書、参照

（15）日本取引所グループ『日本経済の心臓　証券市場誕生！』集英社、二〇一七年

（16）ジョセフ・スティグリッツ『世界を不幸にしたグローバリズムの正体』鈴木主税訳、徳間書店、二〇〇二年

第3章

（1）European Union（欧州連合）、一九九一年十二月にマーストリヒト条約合意

（2）North American Free Trade Agreement, 北米自由貿易協定

（3）Ezra F. Vogel, "Japan as Number One in Asia," edited by Gerald L. Curtis, *The United States, Japan, and Asia*, W. W. Norton & Company, New York, 1994.

（4）EAEG（East Asia Economic Group）は、マレーシア提唱の東アジア経済グループ、後にマレーシア主導

を嫌うインドネシアの提唱により、ＥＡＥＣ（East Asia Economic Caucus 東アジア経済協議体）と呼ばれる構想に発展した。

（5） 進藤榮一『アジア力の世紀――どう生き抜くのか』岩波新書、二〇一三年

（6） Asia-Europe Meeting. アジア欧州会議

（7） 大泉啓一郎『消費するアジア――新興国市場の可能性と不安』中公新書、二〇一一年

（8） データは『日本経済新聞』二〇一八年四月一日

（9） 太田康夫『没落の東京マーケット――衰退の先に見えるもの』日本経済新聞社、二〇一八年、BIS, *Triennial Survey of foreign exchange and OTC derivatives trading*, May 3, 2018.

（10） ニーアル・ファーガソン『文明――西洋が覇権をとれた6つの真因』仙名紀訳、勁草書房、二〇一二年

（11） 前掲『東アジアの奇跡』

（12） ＡＰＥＣはAsia-Pacific Economic Cooperation の略で、日本語ではアジア太平洋経済協力会議

（13） 田村秀男『人民元・ドル・円』岩波新書、二〇〇四年

（14） ステファン・ハルパー『北京コンセンサス――中国流が世界を動かす？』園田茂人・加茂具樹訳、岩波書店、二〇一一年

（15） 前掲『帝国解体』

（16） Hillary Clinton, "America's Pacific Century", *Foreign Policy*, Nov. 2011.

第４章

（1） 森嶋は金融システムにおける官と民の関係の特徴として、いかに官は民間に対して指導や監督をするかという思惑が強いとして、そのために間接金融優位の理由を説いた。そして、そうした行政指導を受け入れる民間も、これまた「私的官僚制」という性格が強いという点に特徴を見た。森嶋通夫『なぜ日本は行き詰ったか』岩波書店、二〇〇四年。一方、野口悠紀雄は、一九四〇年前後の国家総動員体制の継続こそが戦後の金融システムだったとする論説を示した（『一九四〇年体制――さらば「戦時経済」』東洋経済新報社、一九九五年）

（2） グループ21『不良債権の正体』講談社、一九九八年

（3）坂野常和『私と証券』（非売品）、二〇〇四年
（4）ケント・カルダー『戦略的資本主義――日本型経済システムの本質』谷口智彦訳、日本経済新聞社、一九九四年
（5）永野健二『バブル――日本迷走の原点』新潮社、二〇一六年
（6）拙著『ジャパンマネーの内幕』岩波書店、一九九一年
（7）『日本経済新聞』二〇一八年五月十三日
（8）ロナルド・ドーア『金融が乗っ取る世界経済』中公新書、二〇一一年
（9）スーザン・ストレンジ『カジノ資本主義――国際金融恐慌の政治経済学』小林襄治訳、岩波書店、一九八八年、『マッド・マネー――世紀末のカジノ資本主義』櫻井公人・櫻井純理・高嶋正晴訳、岩波現代文庫、二〇〇九年
『国家の退場――グローバル経済の新しい主役たち』櫻井公人訳、岩波書店、一九九八年、
（10）上坂郁「竹中ショック 日米金融〝舞台裏〟の攻防」『中央公論』二〇〇三年二月号
（11）手嶋龍一「小泉訪朝 破綻した欺瞞の外交」『文藝春秋』二〇〇七年三月号
（12）財務省HP「外貨準備等の状況」
（13）上坂、前掲稿
（14）佐野眞一編著『戦後戦記――中内ダイエーと高度経済成長の時代』平凡社、二〇〇六年
（15）池上彰「新聞ななめ読み」『朝日新聞』二〇一八年八月三十一日
（16）『FACTA』二〇一八年十月
（17）「毎日新聞 経済プレミア」二〇一六年十一月六日
（18）『選択』二〇一八年九月
（19）相田英男『東芝はなぜ原発で失敗したのか』電波社、二〇一七年
（20）Yahoo Japan

第5章

（1）『日本経済新聞』二〇一七年六月十一日参照

（2）不動産投資を考えるメア「二〇一八年全国の路線価ランキング」二〇一八年七月二日
（3）川合一郎『インフレーションとは何か』岩波新書、一九六八年
（4）一九八〇年代における広東省での開放・改革路線を描いた著作に、エズラ・F・ヴォーゲル『中国の実験――改革下の広東』（中嶋嶺雄訳、日本経済新聞社、一九九一年）がある。中国の経済改革の担い手が、それまでの人民公社方式から郷鎮企業へバトンタッチされてゆく現場が興味深い。
（5）Diamond online 二〇一八年九月七日
（6）時事通信、二〇一八年八月七日
（7）藤田知也「スルガ銀行不正融資追及百六十日」『文藝春秋』二〇一八年八月号
（8）「スルガ銀行『預金流出』危機」『FACTA』二〇一八年十一月号
（9）『日本経済新聞』二〇一八年九月八日
（10）『週刊東洋経済』二〇一八年四月十四日
（11）三浦展『都心集中の真実――東京23区町丁別人口から見える問題』ちくま新書、二〇一八年
（12）橋本健二『階級都市――格差が街を侵食する』ちくま新書、二〇一一年
（13）*MAG2 NEWS* 二〇一八年九月十九日
（14）本間龍『ブラックボランティア』角川新書、二〇一八年。なお一九四四年のインパール作戦は、インドとマレーシアの国境沿いにあるインパールでの英軍との戦闘において、従軍した日本兵九万人のうち三万人が戦病死するという悲劇を残した。その後、日本軍の無策の代名詞ともなった。NHKスペシャル取材班『戦慄の記録 インパール』岩波書店、二〇一八年参照
（15）金融広報中央委員会（事務局は日銀内）による、全国八千世帯（世帯主が二十歳以上でかつ世帯員が二名以上の世帯）対象のアンケート調査。二〇一七年版
（16）総務省統計局『家計調査報告』（二〇一七年）、二〇一八年五月
（17）荻原博子『老前破産――年金支給70歳時代のお金サバイバル』朝日新書、二〇一八年
（18）『日本経済新聞』二〇一八年五月十三日

(19) 内閣府世論調査(二〇一七年度)、および朝日新聞デジタル、二〇一七年八月二十七日
(20) 須田慎一郎『偽装中流——中間層からこぼれ落ちる人たち』KKベストセラーズ、二〇一六年
(21) 日本経済新聞電子版、二〇一六年十月四日
(22) 国税庁「民間給与実態統計調査」二〇一七年九月発表
(23) AERA dot. 二〇一八年七月十四日
(24) BBC NewsJapan「死ぬまで働く日本の若者「karoshi」の問題」二〇一七年六月六日
(25) NHKスペシャル取材班『老後破産』新潮社、二〇一五年
(26) 朝日新聞デジタル、二〇一八年九月十八日
(27) アンソニー・アトキンソン『21世紀の不平等』山形浩生・森本正史訳、東洋経済新報社、二〇一五年
(28) 小田実『中流の復興』生活人新書、NHK出版、二〇〇七年

第6章

(1) サスキア・サッセン『グローバル・シティ——ニューヨーク・ロンドン・東京から世界を読む』伊豫谷登士翁・大井由紀・高橋華生子訳、筑摩書房、二〇〇八年
(2) 前掲『世界の権力者が寵愛した銀行』
(3) 橘玲「国家とグローバル企業の不都合な情報を暴いた「脱税のスノーデン」」(前掲『世界の権力者が寵愛した銀行』へのイントロダクション)
(4) ニコラス・シャクソン『タックスヘイブンの闇——世界の富は盗まれている!』藤井清美訳、朝日新聞出版、二〇一二年
(5) リチャード・マーフィー『ダーティ・シークレット——タックス・ヘイブンが経済を破壊する』鬼澤忍訳、岩波書店、二〇一七年
(6) 前掲『タックスヘイブンの闇』
(7) 同右
(8) 同右

(9) 同右
(10) 同右
(11) 前掲『ダーティ・シークレット』
(12) 前掲『パナマ文書』
(13) International Consortium of Investigative Journalists＝ICIJ（国際調査報道ジャーナリスト連合）、本部ワシントン
(14) 前掲『タックスヘイブンの闇』
(15) 同右
(16) ウェンディ・ブラウン『いかにして民主主義は失われていくのか――新自由主義の見えざる攻撃』中井亜佐子訳、みすず書房、二〇一七年
(17) 前掲『ダーティ・シークレット』
(18) 同右
(19) 同右

第7章

(1) マーシャル・ゴールドマン『強奪されたロシア経済』鈴木博信訳、NHK出版、二〇〇三年
(2) ダニエル・ヤーギン&ジョゼフ・スタニスロー『市場対国家（上・下）――世界を作り変える歴史的攻防』山岡洋一訳、日本経済新聞社、一九九八年
(3) 前掲『国家の退場』
(4) 前掲『ダーティ・シークレット』
(5) ジャン・ジグレール『私物化される世界――誰がわれわれを支配しているのか』渡辺一男訳、阪急コミュニケーションズ、二〇〇四年
(6) ジョン・ピルジャー『世界の新しい支配者たち――欺瞞と暴力の現場から』井上礼子訳、岩波書店、二〇〇四年

(7) ウルリッヒ・ベック『変態する世界』枝廣淳子・中小路佳代子訳、岩波書店、二〇一七年
(8) ジャック・アタリ『新世界秩序——21世紀の〝帝国の攻防〟と〝世界統治〟』山本規雄訳、作品社、二〇一八年
(9) スコット・ギャロウェイ『the four GAFA——四騎士が創り変えた世界』渡会圭子訳、東洋経済新報社、二〇一八年
(10) 横田増生『潜入ルポ アマゾン・ドット・コム』朝日文庫、二〇一〇年
(11) エリック・シュローサー『ファストフードが世界を食いつくす』楡井浩一訳、草思社、二〇〇一年
(12) 前掲『世界の新しい支配者たち』
(13) ブルース・カミングス『戦争とテレビ』渡辺将人訳、みすず書房、二〇〇四年
(14) ジョン・K・ガルブレイス『悪意なき欺瞞——誰も語らなかった経済の真相』佐和隆光訳、ダイヤモンド社、二〇〇四年
(15) ナオミ・クライン『ショック・ドクトリン(上・下)——惨事便乗型資本主義の正体を暴く』幾島幸子・村上由見子訳、岩波書店、二〇一一年、『NOでは足りない——トランプ・ショックに対処する方法』幾島幸子・荒井雅子訳、岩波書店、二〇一八年
(16) ダロン・アセモグル&ジェイムズ・A・ロビンソン『国家はなぜ衰退するのか(上・下)——権力・繁栄・貧困の起源』鬼澤忍訳、早川書房、二〇一三年
(17) ジョン・ダワー『アメリカ 暴力の世紀——第二次大戦以降の戦争とテロ』田中利幸訳、岩波書店、二〇一七年
(18) ジェニファー・ウェルシュ『歴史の逆襲——21世紀の覇権、経済格差、大量移民、地政学の構図』秋山勝訳、朝日新聞出版、二〇一七年
(19) P・W・シンガー『戦争請負会社』山崎淳訳、NHK出版、二〇〇四年
(20) アンドルー・ファインスタイン『武器ビジネス(上・下)——マネーと戦争の「最前線」』村上和久訳、原書房、二〇一五年

(21) ジョージ・パッカー『イラク戦争のアメリカ』豊田英子訳、みすず書房、二〇〇八年
(22) 前掲『アメリカ帝国の悲劇』
(23) 前掲『アメリカ　暴力の世紀』
(24) 前掲『武器ビジネス（上・下）』
(25) 山崎文明『情報立国・日本の戦争――大国の暗闘、テロリストの陰謀』角川新書、二〇一五年
(26) 『週刊ダイヤモンド』二〇一八年六月二日
(27) 包括的解説に、『欧州GDPR全解明』日経BP社、二〇一八年
(28) エドワード・スノーデンほか『スノーデン　監視大国　日本を語る』集英社新書、二〇一八年
(29) ジェイミー・バートレット『操られる民主主義――デジタル・テクノロジーはいかにして社会を破壊するか』秋山勝訳、草思社、二〇一八年

第8章

(1) ジャック・アタリ『1492　西欧文明の世界支配』斎藤広信訳、ちくま学芸文庫、二〇〇九年
(2) ウィリアム・マクニール『世界史（上・下）』増田義郎・佐々木昭夫訳、中公文庫、二〇〇八年
(3) ウィリアム・バーンスタイン『華麗なる交易――貿易は世界をどう変えたか』鬼澤忍訳、日本経済新聞出版社、二〇一〇年
(4) ナイジェル・クリフ『ヴァスコ・ダ・ガマの「聖戦」――宗教対立の潮目を変えた大航海』山村宜子訳、白水社、二〇一三年
(5) 前掲『1492　西欧文明の世界支配』
(6) マージョリー・シェファー『胡椒《こしょう》――暴虐の世界史』栗原泉訳、白水社、二〇一四年
(7) 前掲『華麗なる交易』
(8) エリック・ホブズボーム『産業と帝国』浜林正夫・和田一夫・神武庸四郎訳、未來社、一九九六年
(9) C・P・キンドルバーガー『経済大国興亡史――一五〇〇―一九九〇』中島健二訳、岩波書店、二〇〇二年参照

（10）ニーアル・ファーガソン『文明――西洋が覇権をとれた6つの真因』仙名紀訳、勁草書房、二〇一二年
（11）エリック・ウィリアムズ『資本主義と奴隷制――ニグロ史とイギリス経済史』中山毅訳、理論社、一九六八年
（12）ペニー・ルクーター＆ジェイ・バーレサン『スパイス、爆薬、医薬品――世界史を変えた17の化学物質』小林力訳、中央公論新社、二〇一一年

エピローグ

（1）米CIA、HP
（2）CNN、二〇一七年五月十二日配信
（3）アンドリュー・クレピネヴィッチ＆バリー・ワッツ『帝国の参謀――アンドリュー・マーシャルと米国の軍事戦略』北川知子訳、日経BP社、二〇一六年
（4）司馬遼太郎『「昭和」という国家』NHK出版、一九九八年
（5）文藝春秋編『司馬遼太郎の世界』文藝春秋、一九九六年
（6）丸山眞男『日本の思想』岩波新書、一九六一年
（7）袖井林二郎『拝啓マッカーサー元帥様――占領下の日本人の手紙』岩波現代文庫、二〇〇二年
（8）鈴木瑞穂「この国はどこへ行こうとしているのか」『毎日新聞』二〇一八年八月十四日夕刊
（9）青木理『安倍三代』朝日新聞出版、二〇一七年
（10）小林英夫『関東軍とは何だったのか――満洲支配の実像』KADOKAWA、二〇一五年
（11）太田尚樹『満州裏史――甘粕正彦と岸信介が背負ったもの』講談社、二〇〇五年
（12）ティム・ワイナー『CIA秘録（上・下）――その誕生から今日まで』藤田博司・山田侑平・佐藤信行訳、文藝春秋、二〇〇八年
（13）日本取引所グループ『日本経済の心臓　証券市場誕生！』集英社、二〇一七年
（14）酒井隆史『通天閣――新・日本資本主義発達史』青土社、二〇一一年
（15）竹内好『日本とアジア』ちくま学芸文庫、一九九三年
（16）同右

(17) 挨拶全文は、『日本経済新聞』二〇一六年五月二十八日
(18) 首相の米議会演説の全文は『日本経済新聞』二〇一五年四月三十日参照
(19) *The New York Times*, May 3, 2015.
(20) 酒井直樹『ひきこもりの国民主義』岩波書店、二〇一七年
(21) 高橋敏夫『松本清張「隠蔽と暴露」の作家』集英社新書、二〇一八年
(22) AFP時事電子版、二〇一八年十月二十六日
(23) 文部省『民主主義』角川ソフィア文庫、二〇一八年。初版本は、文部省著作教科書として一九四八年および一九四九年に、上・下の二冊本で刊行された。

あとがき

二〇一八年の暮れ、目の前に広がる東京都心の高層ビル群の夜景を眺めながら、入院中の病棟で、この文章をつづっている。

窓の外には東京タワーが見え、その西側に、六本木ヒルズ、東京ミッドタウン等々の高層ビルが聳え建っている。さらに、地下鉄日比谷線の駅名ともなる「虎ノ門ヒルズ」があり、そこから東の汐留方面に向かう通りは、通称「マッカーサー道路」と言うらしい。そして、多くの高層ビルには、瀟洒な外資系ラグジュアリーホテルや富裕層向けアパートメントが入っている。同時に、老いが進む高齢化社会を象徴するかのように、周辺にはいくつもの大病院が林立する。

はたして、この国家戦略特区の中枢に位置する壮大な光景は、二〇二〇年東京オリンピックに向けて疾走するグローバル・シティ東京の繁栄を物語るものか、それとも、外資に呑み込まれ、没落を強いられつつあるＴＯＫＹＯが放つ眩しい残照なのか。日本人一人ひとりが考えなければならない、重い問いかけだろう。

私事ながら、この二年あまり、頻繁に入退院を繰り返した。厳しい腰下肢痛から、杖なしでは歩くこともできなかった。一時は厳しい疼痛に耐えかね、手術も考えたが、周りに、術後の経過が思わしくない事例があまりにも多く、リハビリ（歩行や整体）中心に、回復を期す毎日を送った。しかしながら、自宅周辺や近くの公園で、日々、疼痛に耐えて歩行訓練に勤しむものの、疼痛からの快方は遠く、自暴自棄になることもあった。しかし、痛みを引き摺りながらの朝晩の歩行訓練中も、危機が切迫する日本の状況が頭から離れることはなかった。そうこうしながら本書の構想と執筆に費やしたこの二年間は、肉体的苦痛と学者としての醍醐味とがないまぜになった不思議な時間だった。

振り返れば、日本長期信用銀行破綻のニュースに日本全体がパニックに陥った、一九九八年のことを思い出す。銀行に多くの預金者が解約を求めて殺到する光景を見ながら、「なぜ、何兆円もの税金で不良債権を処理した銀行を、わずか十億円で外資に売るのですか？」という近所の歯科医師の質問に、経済学者として答えることができなかった。そして、どこのメディアも、そういった素朴な疑問を投げることがなかった。あれからちょうど二十年、本書を以て、その頃からの宿題に、自分なりの解答が出せたように思う。

日本の「今」を理解するには、身近な会社論や資本市場論や地域経済論から、現在の国際政治力学や国際経済事情、さらには市場観や歴史観までをフォローする大枠の世界観が必要だと痛感するあまり、風呂敷を広げてしまったかもしれない。ただ各章は単独で読んでもいいように、比較的独立した内容になっている。それで、テクニカルなことで分かりにくいとか、興味がないと思われたら、そこは飛ばして、次章へ読み進んでいただけたらと思っている。

たまたま、「失われた三十年」を振り返るこの年末、当時の責任者だった政治家が、「外資ファンドに売ったあの決断は間違ってなかった」と言っている報道番組を見て、驚いてしまった。ほんとうにそう思っているのか、問うてみたいという衝動に駆られた。

かつて、客員として滞在したシカゴ連銀での日米摩擦や日本のバブルをめぐる議論、バンコクでの日本やタイをめぐる議論、北京の中国人民大学での集中講義で大学院生と交わした議論は、いずれも、つい興奮して身を乗り出すほどに楽しかった。

残念ながら、最近、そうした経験をすることがなくなってしまった。皆が皆、萎縮して、展望を見出せず、社会や政治、さらに国際事情に興味を失い、意気が上がらない空気（精神的「引きこもり」）が支配的ではないだろうか。不安が膨らみ、関心は身近な生活のことだけとなり、社会や人間の将来を語るだけの気力もなくなりつつある。もはや、格差ではなく階級だという声も聞こえてくるようになった。

空売りや不良債権処理といった市場の論理が吹き荒れた結果を総括することもなく、ふと気が付けば、ガラパゴス化とか周回遅れだと揶揄される。そうした社会的気分を醸成する中核で、変貌著しい市場の現場には対応できないにもかかわらず、階層や序列ばかりを神経質に値踏みするばかりの、本書で名付けた封建的市場主義という旧弊が社会を蝕んではいないだろうか。

今年度は、勤務先の明治学院大学から休みをいただいたおかげで、リハビリと執筆に専念することができた。同大学スタッフの方々には、激励や事務的援助等々、多くを助けていただき、感謝している。本書執筆開始からの二年間は、疼痛と闘う日々でもあった。まだ全快とは言えないが、痛みと付き合っていく方法は分かったような気がする。

末尾になったが、いつも傍らで支えてくれる妻の澄子、そして旧知の湯原法史氏をはじめ、ちくま新書編集部の皆様へ、心からお礼を申し述べ、これからこの国を背負って立つ若者へエールを送りつつ、筆を擱きたい。

二〇一八年十二月

中尾茂夫

ちくま新書
1394

日《に》本《ほん》が外資《がいし》に喰《く》われる

二〇一九年三月一〇日 第一刷発行

著者 中尾茂夫（なかお・しげお）

発行者 喜入冬子

発行所 株式会社 筑摩書房
東京都台東区蔵前二―五―三 郵便番号一一一―八七五五
電話番号〇三―五六八七―二六〇一（代表）

装幀者 間村俊一

印刷・製本 株式会社 精興社

ISBN978-4-480-07205-4 C0233